東大生のノートから学ぶ

天才の思考回路をコピーする方法

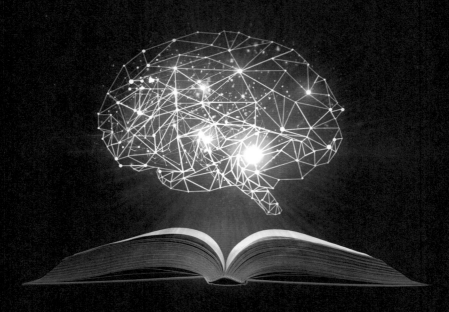

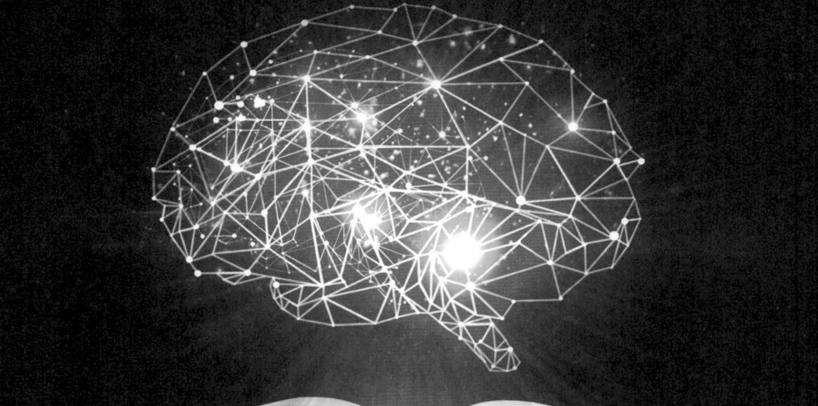

片山湧斗

日本能率協会マネジメントセンター

第2回 東大実戦

Date

第 1 問

kは実数とする。関数$f(x) = x^4 - 6x^2 - kx$が異なる2つのxの値において極小値をとるものとする。

(1) kのとり得る値の範囲を求めよ。

(2) $f(x)$が極小値をとるxの値をα, βとするとき，xy平面上で2点$(\alpha,\ f(\alpha))$，$(\beta,\ f(\beta))$を結ぶ線分の中点の軌跡を求めよ。

(1) $-8<k<8$

(2) $f'(x)=4x^3-12x-k$ において，

$f'(\alpha)=f'(\beta)=0$ である。（∵ $f(x)$ は $x=\alpha, \beta$ で極小値）

$$\therefore \begin{cases} f'(\alpha)=4\alpha^3-12\alpha-k=0 \\ f'(\beta)=4\beta^3-12\beta-k=0 \end{cases} \iff \begin{cases} \alpha^3=3\alpha+\frac{k}{4} \\ \beta^3=3\beta+\frac{k}{4} \end{cases}$$ であるから，

$$\begin{cases} f(\alpha)=\alpha^4-6\alpha^2-k\alpha \\ \quad =\alpha\left(3\alpha+\frac{k}{4}\right)-6\alpha^2-k\alpha \\ \quad =-3\alpha^2-\frac{3}{4}k\alpha \\ f(\beta)=-3\beta^2-\frac{3}{4}k\beta \end{cases}$$

となる（次数下げ）　㋭ 計算の簡略化！

ここで，点$(\alpha,\ f(\alpha))$と点$(\beta,\ f(\beta))$の中点を$M(x, y)$とおくと，

$x=\dfrac{\alpha+\beta}{2} \iff \alpha+\beta=2x$ ㋭ —①

"代入しやすい"形に！

$y=\dfrac{1}{2}(f(\alpha)+f(\beta))$

$=-\dfrac{3}{2}(\alpha^2+\beta^2)-\dfrac{3}{8}k(\alpha+\beta)$

$=-\dfrac{3}{2}(\alpha+\beta)^2+3\alpha\beta-\dfrac{3}{8}k(\alpha+\beta)$ —②

Date

ここで、$f'(x)=0$ は解に α, β をもつから、

$f'(x) = 4x^3 - 12x - k$

$= 4(x-\alpha)(x-\beta)(x+\alpha+\beta)$ ― ③ ※1 と因数分解でき、

$$\therefore \begin{cases} 4\{\alpha\beta - \alpha(\alpha+\beta) - \beta(\alpha+\beta)\} = -12 & (x\text{の係数}) \\ 4\alpha\beta(\alpha+\beta) = -k & (x^0\text{の係数}) \end{cases}$$

$$\Leftrightarrow \begin{cases} (\alpha+\beta)^2 - \alpha\beta = 3 \\ k = -4\alpha\beta(\alpha+\beta) \end{cases}$$

$$\Leftrightarrow \begin{cases} \alpha\beta = (\alpha+\beta)^2 - 3 \\ k = -4\alpha\beta(\alpha+\beta) \end{cases}$$

$$\Leftrightarrow \begin{cases} \alpha\beta = (\alpha+\beta)^2 - 3 & \text{― ④} \\ k = -4(\alpha+\beta)^3 + 12(\alpha+\beta) & \text{― ⑤} \end{cases}$$

(◎ 本番ではテンパる & 計算ミスでボロボロだった…。
このような複雑な計算を求められる問題では、いかに計算を簡略化しスピードを上げるかが鍵になるので、
2つの ⓟ と※3で示したような計算の工夫を日常的に行っていこう。
方針は合っていたので、もう一歩である。)

①、④、⑤を②に代入して、※2

$y = -\frac{3}{2}(\alpha+\beta)^2 + 3\{(\alpha+\beta)^2 - 3\} - \frac{3}{8}\{-4(\alpha+\beta)^3 + 12(\alpha+\beta)\}(\alpha+\beta)$

$= -\frac{3}{2}\cdot 4x^2 + 3(4x^2 - 3) - \frac{3}{8}(-32x^3 + 24x)\cdot 2x$

$= 24x^4 + (-6 + 12 - 18)x^2 - 9$

$= 24x^4 - 12x^2 - 9$ となるが、

③のグラフは右図のようになるから、※3

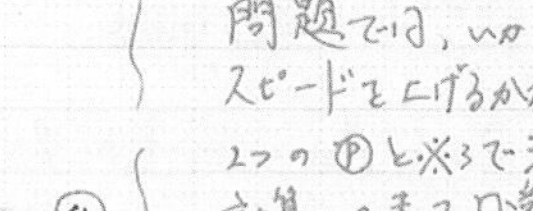

$-1 < -(\alpha+\beta) < 1$

$\Leftrightarrow -1 < \alpha+\beta < 1$

$\Leftrightarrow -\frac{1}{2} < x < \frac{1}{2}$ である //

(※1 3次方程式の解と係数の関係で表示するのがベスト！(部分点が入りやすい)
($f'(x)=0$ のもう1つの解を γ などと置き、)
※2 ①は②を出した段階で代入した方が、式が短くなって良い…かも。
※3 ①を求めた時に定義域まで一緒に出すのが◎)

(オ)

四〜国 河川経験の説明 身体を通して多様な経験

四〜因 固有な空間であってはいけない

因 ←

国 河川は創造的空間

四〜回 河川は時間を超越する

四〜四 河川は履歴を与える

国 人の経験と河川の経験が交わる

河川は訪れた人々に河川風景を知覚を通して多様な経験を与える空間であると同時に、時の経過につれて河川は人々の経験が蓄積される空間であるから、河川はその人自身の経験と河川に蓄積された多様な経験が交わる空間であるということ。

$\frac{2n-3}{2n+1} a_{n-1}$

$\frac{1}{5} \cdot \frac{1}{3} = \frac{1}{15}$

$= \frac{1}{35}$

$= \frac{1}{63}$

$= \frac{2n-3}{2n+1} \cdot \frac{2n-5}{2n-1} a_{n-2}$

$= \frac{2n-3}{2n+1} \cdot \frac{2n-5}{2n-1} \cdot \frac{2n-7}{2n-3} a_{n-3}$

⋮

$\frac{1}{(2n+1)} \cdot \frac{1}{(2n-1)} \cdots \frac{3}{7} \times \frac{1}{5} \times a_1$

$a_{n+2} = \frac{1}{2} a_{n+1} + \frac{1}{8} a_n$ ―①

$x^2 - \frac{1}{2}x - \frac{1}{8} = 0$ の2解を α, β

①: $a_{n+2} - \alpha a_{n+1} = \beta (a_{n+1} - \alpha$

∴ $a_{n+1} - \alpha a_n = \beta^{n-1} (a_2 -$

同様: $a_{n+1} - \beta a_n = \alpha^{n-1} (a_2 -$

$(\beta - \alpha) a_n = (a_2 - \alpha a_1) \cdot \beta^{n-1}$

$\alpha = \frac{1-\sqrt{3}}{4}$ $\beta = \frac{1+\sqrt{3}}{4}$

$\beta - \alpha = \frac{\sqrt{3}}{2}$, $a_2 - \alpha a_1 = \frac{1}{2} - \left(\frac{1-\sqrt{3}}{4}\right) = \frac{1+\sqrt{3}}{4} = \beta$

$a_2 - \beta a_1 = \frac{1}{2} - \left(\frac{1+\sqrt{3}}{4}\right) = \frac{1-\sqrt{3}}{4} = \alpha$

$\sqrt{x^2 - 2x + y^2 + 1}$ $\sqrt{x^2}$

$\frac{(x^2 - x + y^2 + y)^2}{x^2 - 2x + y^2 + 1} = \frac{(x^2}{x^2}$

☆(P)

これが成立つ条件は

i) $x^2 - x + y^2 + y$ と $x^2 -$

ii) ① が成立つこと

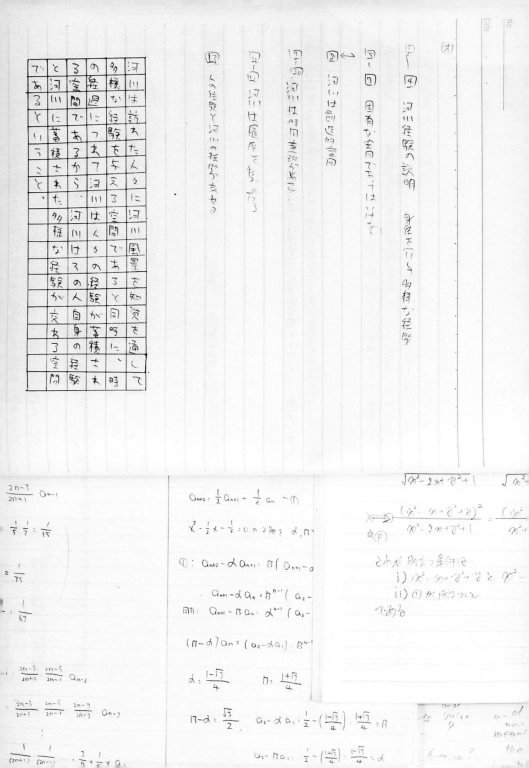

である

（一）　（二）　（三）　（四）　（五）

年

C(0, −1)に対し,

∠BPC

A, B, Cとする。

90°<θ<180°で対応できない.

∠BPC

―①　☆ⓟ 十分条件にすぎない！

↓

必要性を保障しなければならない！

が同符号であること.

i) について,

$x^2 - x + y^2 + y \gtreqless 0 \iff \left(x-\frac{1}{2}\right)^2 + \left(y+\frac{1}{2}\right)$

$x^2 + x + y^2 + y \gtreqless 0 \iff \left(x+\frac{1}{2}\right)^2 + \left(y+\frac{1}{2}\right)^2$

ii) について,

$s = x^2 + y^2 + y,\ t = x^2 + y^2 + 1$ を用いて整

$① \iff \dfrac{(s-x)^2}{t-2x} = \dfrac{(s+x)^2}{t+2x}$

$\iff (t+2x)(s-x)^2 - (t-2x)(s+x)^2 = 0$

$\iff t\{(s-x)^2 - (s+x)^2\} + 2x\{(s-x)^2 + (s$

$\iff t\cdot(-4sx) + 4x(s^2+x^2) = 0$

$\iff 4x(s^2 + x^2 - st) = 0$

$\iff 4x\{s(s-t) + x^2\} = 0$

$\iff 4x\{(x^2+y^2+y)(y-1) + x^2\} = 0$

$\iff 4xy\{(x^2+y^2+y) - y - 1\} = 0$

$\iff 4xy(x^2+y^2-1) = 0$

$\therefore\ x=0$ or $y=0$ or $x^2+y^2=1$

求めるのは ② ∧ ③ をみたす部分だから, 点Pの軌

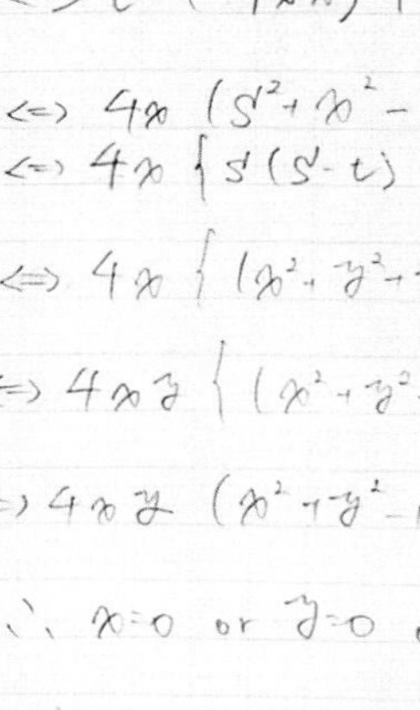

Q 難問。本番で
とにかく最後の図,
難しい部分はないが,
これは方針 → 部分

Y rezzled
ms. they were called
groups. then
Private lessons to individual students
charge for
the hour $40 or
an hour

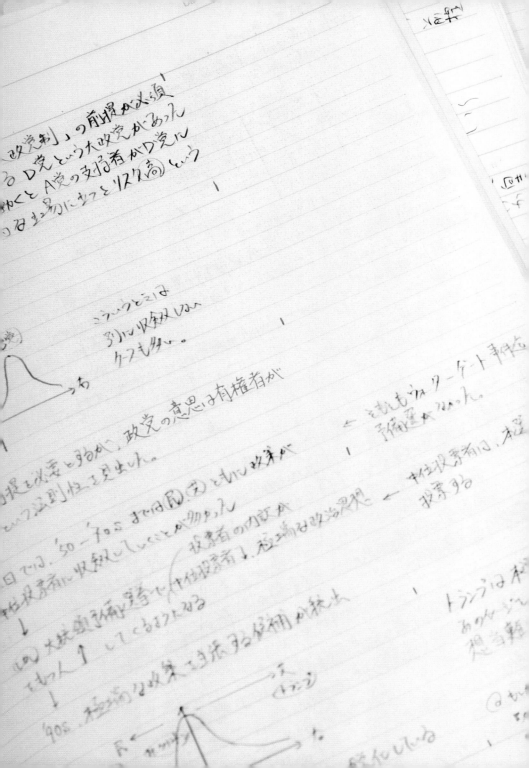

…政党制」の前提が必須
…るD党という大政党があった
…動くとA党の支持者がD党に
…の立場になるとリスク高 という

こういうときは
列に収斂しない
ケースも多い。

…党)

→右

…提を必要とするが、政党の意思は有権者が
…という法則性を見出した。

← そもそもウォーターゲート事件な…
予備選がなかった。

…目では、'50−'70s までは民・共ともに政策が
…位投票者に収斂していくことが多かった

投票者の内訳が

…大統領予備選挙で中位投票者↓、極端な政治思想 ← 中位投票者は、本選で投票する

…していくようになる

…もった↑
…極端な政策を支持する候補が続出

'90s

トランプは本…
あのケース…
想当…

共
トランプ

左 中位投票者 右

…化している

上皇
平氏
鎌倉
建武

はじめに

アウトプットするためのノート

突然ですが、東大生の書いたノートというと、どのようなものをイメージするでしょうか。難しい英文や数式がぎっしり詰まったノートや膨大な量の文章を書き連ねているノート、それともとてもキレイにまとめられたノートでしょうか。

実際の東大生のノートは、みなさんが思っている以上に多種多様です。イメージ通りにきちんとキレイにまとめられた見本のようなノートから、適当に殴り書きしただけのような本人以外は解読不能なノートまで、東大生のノートと言ってもさまざまな種類があります。

ただ、見た目がまったく違っても、東大生のノートにはある共通点があります。それは「再現性を意識してノートをとっている」ということです。私はより効果的なノートの取り方を探るため、東大生100人以上にノートの取り方について聞いたところ、この「再現性」というキーワードが高頻度で出てきました。

学校の授業を受けるときはノートをとるのが当たり前、そう思ってしまいがちです。しかし、そもそもなぜノートをとる必要があるのでしょうか。学校で習ったことを覚えるためでしょうか。たしかに一般的なノートをとる目的として、覚えるためということはあげられると思いますが、東大生がノートをとる目的はただ覚えるだけにとどまりません。知識を覚える、内容を理解すると同時に、これらのことをアウトプットできるようになる、言い換えれば、勉強したことがそのまま結果につながるようにノートをとります。このアウトプットを行うために授業内容を再現するわけです。

東大生のノート=東大生の思考回路

このように東大生は創意工夫を凝らしてノートを作ります。そして、そのノートの取り方を学ぶことは、同時に東大生の思考回路をコピーすることにつながります。
「頭の良い人になりたい」「自分も賢くなりたい」と望んでも、具体的に何をすればいいのかと考えると、それは意外に難しいものだと気づくと思います。しかし、東大生のノートには彼らの思考の本質が詰め込まれています。まさに東大生の知恵の宝庫なのです。

そうはいっても普段の生活では東大生のノートを見る機会はなかなかありません。そこで本書では選りすぐりの東大生のノートを54冊集めました。そのノートから東大生の思考回路を抽出し、学校の勉強はもちろん資格試験や英語学習、会社の会議といった幅広い場面でも役に立つテクニックをお伝えします。

ノートの恩恵は勉強以外にも

私は今でこそ効果的なノートの研究をしていますが、本来ノートをとることがあまり得意ではありませんでした。中学時代もノートをとることに意義を感じられず、授業中にノートをとらないことすらありました。「教科書の内容をそのままノートに書いて、一体なんの意味があるのか?」、そう疑問に思っていたからです。すると、先生に目をつけられ、内申点は下がっていきました。

しかし、私はこの疑問を解決するまでノートをとらず、テストの点数で挽回しようと思いつきました。そのために、テスト前は教科書を丸暗記しようと意気込むのですが、当然すぐに忘れてしまいます。「どうすれば覚えられるようになるのか?」――そう考え、まず頭の中に入れた知識を可視化することから始めました。こうして私の効果的なノート作りの探究が始まりました。

英語に関してはまず、教科書からテストに出そうな単語を抜き出してノートに書き込みました。そして、その単語でオリジナルの例文を作り、いくつかの文をつなげてストーリーを作りました。ノートの書く位置にもこだわり、追加の情報を付せんで貼っていきました。そうしているうちに、知識が数珠のようにつながっていき、1つの単語を思い出そうとすれば、ほかの単語や付随した情報もするすると出てくるようになりました。

数学に関しては、時間内に解き切るスピード、ミスをしない正確さについて重点的に考えました。闇雲に問題を解くことをやめ、ノートを用いて、テスト本番できちんと再現できるようになることを意識したのです。たとえば、計算過程で「なぜ、ここでこの公式が必要なのか」を色ペンやイラストを用いて追加する、細かい計算を別の場所に分けるなどの工夫をしました。そして、出来上がったノートは私の頭の中の思考そのものであり、テストのときにはそのノートの通りに再現することができました。

こうしたことを各科目行うことで、私はノートの重要性に気づくことができました。授業の板書は、先生の頭の中や教科書の中のものです。それらを自分のものにするには、自分なりのノートに書き換えなければならなかったのです。頭の中の思考を整理し、工夫を凝らしてアウトプットすることで、再現性をいつまでも持続させることができ、記憶力も自然と上がりました。どのような内容も当然のことだと丸呑みするのではなく、「なぜ、こうなるのか?」と考え、解決しようとあれこれ調べることで、想像力や理解力が身につくこともわかりました。

また、ノートが勉強だけに活きているわけではありません。人と話すときにいかに上手く伝えるか、与えられたタスクの優先順位を決め、いかに効率的に進めるか………こうした日常生活や仕事でも役に立っています。私の成績が急上昇したことや、日常生活で円滑に物事が進められるようになったことは、ノートを工夫した恩恵と言っても過言ではありません。

このような方法をお伝えすることで、みなさんが望む結果を得るための一助になればと思い、この本を執筆することになりました。それでは、東大生によってさまざまな工夫が凝らされた珠玉のノートをお楽しみください。

片山湧斗

第2章 記憶定着ノート

第3章 理解定着ノート

第4章 進捗管理ノート

第5章 試験合格ノート

第6章 科目別 勉強ノート

序章

東大生のノート取扱説明書

天才の思考回路をコピーする方法 ―この本の使い方―

本書では、各章に分かれてたくさんのノートが紹介されています。その中には、「暗記に効くもの」「思考を深められるもの」「情報整理ができるようになるもの」「進捗の管理ができるようになるもの」「試験対策ができるもの」と、さまざまな東大生の、さまざまなノートがあります。みなさんは自分に合ったノートを選び、自分の勉強や思考に活かせると思うものを真似してみてください。

この本のタイトルは「天才の思考回路をコピーする方法」です。「コピーする」とは、型として踏襲するということにほかなりません。

たとえば、みなさんがなんらかの機械を買ったとします。そのときに、何も見ずに、何も参考にせずに機械のボタンを適当に押していけば使えたい機能が使える、ということはありえませんよね。取扱説明書があって、そこに書かれている通りにボタンを押して、初めて機械を扱えるようになります。

人間の脳も同じです。取扱説明書がない状態で情報を整理したり思考したりしようとしても、大抵の場合上手くはいかないのです。自分以外の人がどのように頭を回し、問題を解決しようとしているのかということがわからない状態では、自分の脳という機械もうまく動かすことができないのです。

そう考えたときに、ノートというのは「頭脳の取扱説明書」だと言えます。ノートとは、頭の中で考えたことを整理して紙に落とし込んだもの。何か思考をするときに、どう頭を回転させたのか――その「痕跡」がノートです。ということは、それをそのまま真似してみれば、東大生の頭の使い方をコピーすることができるということになります。

さて、それを前提として、本書では基本的に「悩み」をベースにしてさまざまなノートをご紹介しています。「暗記ができないときに」「情報をまとめられないときに」「三日坊主で終わってしまうときに」といった悩みを解決する手段としてのノートを掲載しています。

本書に登場する54冊の東大生のノートは悩みを解決するために作られた（ときには望みを叶えるために）。

東大生はノートを、「悩み」を解決するために使っている場合が多いです。先生の話を忘れてしまうから授業中にノートをとり、問題が解けず思考を整理するためにノートをとり、より高い点数をとるためにノートをとり……。このようになんらかの勉強の悩みがあったときに、ノートを使って解決しようと試みているのです。

だからこそ、この本にあるノートを知れば、「東大生たちが、いろいろな悩みをどのような思考回路で解決しているのか」がわかるということです。

6つの悩みを解決するノート —各章の特徴—

「東大生はノートを、『悩み』を解決するために使っている」と述べました。それに沿って本書では、6つの大きな悩みを各章に振り分けて構成し、各章で6~13冊のノートを紹介しています。各章の特徴を1つずつ見ていきましょう。

第１章　情報整理ノート

普段の生活で「授業を聞く」「議事録をとる」ときに、ノートやメモをとるという行為を当たり前のように行っていると思いますが、学校で国語や算数は教えてもらっても、ノートの取り方を教えてもらったことはあるでしょうか。

ノートの取り方は勉強する上でとても大切であるにもかかわらず、学校で教えてもらうことはありません。また、社会人になってもお客さんの話を聞いたり、上司の指示を覚えたりとメモをとる機会はたくさんあるにもかかわらず、できて当然といったような風潮があります。

しかし、世の中にはノートの取り方が上手い人と下手な人に分かれてしまっています。この差はどこで生じるのでしょうか。もちろん自分で必死に研究して最適なノートの取り方を見出した人もいると思いますが、それはごく少数です。ノートの取り方が上手な人は、上手なノートの取り方を誰かから学んだからこそ上手になっているのです。とはいうものの、まわりにノートの取り方を教えてくれる優秀な先生や上司はなかなかいないものです。だからこそこの章で、厳選された東大生のノートの基本的な取り方を学んでください。

ノートをとる一番の目的は情報整理です。先生の発言や教科書に書かれている内容、自分の思いついたことなど、さまざまな形の情報を整理して一元化するためにノートをとります。この章に書かれている内容はシンプルなものが多く、当たり前のことだと思うかもしれませんが、この当たり前のことこそが大切なのです。言われたら当たり前のことを、みなさんは言われなくても実践できていますか？　ノートの取り方が上手な東大生たちは、このような当たり前のことを無意識に実践できています。この章を読んで、自分に足りていないもの、自分が実践したいノートの取り方を真似してみてください。真似したことを繰り返していく中で、それが自らの中に染み込んでゆき、無意識のうちに実践できるようになります。この章はあなたのノートに足りていないものを見つけ、改善させる処方箋のようなものです。あなたにぴったりのノートの取り方を見つけて改善していきましょう。

▼このような悩みを持つ方におすすめ

- □ **そもそもノートの取り方がよくわからない**
- □ **ノートをとるとグチャグチャになってしまう**

第２章　記憶定着ノート

勉強の基本は暗記です。どの科目の勉強であっても、どのような仕事であっても暗記はつきものであり、避けて通ることはできません。では、ノートの取り方と同様に暗記の仕方を学んだことはありますか?やはり、ほとんどの人が暗記の仕方を学んだ経験はないと思います。

暗記に関しては、仕方を学ぶものではありません。暗記の仕方の「工夫」を学ぶのです。世間的な東大生のイメージは大量の知識をすぐに覚えられるほど頭が良いといったものかもしれませんが、残念ながらそのような人はごく一部です。暗記が得意だと感じている東大生は3人に1人程度しかおらず、むしろ暗記に苦手意識を持っている東大生のほうが多数なのです。東大生なのに暗記が苦手であることに違和感を覚える人もいると思いますが、これが現実です。ではなぜ東大生は暗記が苦手であるにもかかわらず、東大に受かるほどの学力を身につけることができたのでしょうか。それは、東大生は「暗記が苦手だからやらない」と考えるのではなく、「苦手だからこそ工夫をしよう」と発想するからです。

工夫の方向性は、たくさん時間をかけて何度も暗記するといった努力に向けられる場合もありますが、無闇に努力することは得策ではありません。暗記の効率が上がるノートを作成する、そんな正しい方向性の努力をすることが大切です。第2章では、効率的に暗記するためのさまざまなノートテクニックが掲載されています。暗記といっても、歴史の年号や英単語といった1つひとつのキーワードを覚えるものから、操作マニュアルや舞台の台本のような全体の流れを覚えるものまでさまざまです。ただ暗記しようとするのではなく、どういった性質のものを暗記するのかを考えて最適なノートテクニックを探してみてください。もちろん複数の方法を組み合わせてみることも有効です。

▼このような悩みを持つ方におすすめ

□ 暗記が苦手

□ 効率の良い暗記法を知らない

第3章　理解定着ノート

この章では物事の理解に焦点を当てたノートを紹介します。勉強においておそらく一番難しいのが、この理解するということです。

物事の理解は複雑な過程を通して行われますが、その前提として必要な知識を知っておかないといけません。たとえば英語の文章を読むためには、単語や文法事項が頭に入っていることが必要です。たしかにインターネットや辞書を使えば知らない単語の意味を検索することはできます。しかし、すべての単語を調べるわけにはいかないですし、翻訳ソフトを使ってもうまく日本語に直せない場合もあります。ほかの例として数学の問題は、必要な公式をきちんと覚えていないとどう解けばいいのかわかりません。公式を知っているからこそ問題の解き方がわかるのです。つまり、知識が頭に入っているという状態が整って初めて理解することが可能になるのです。

そして、知識が整い理解するフェーズに移るわけですが、そこで重要なのは「粘り強く切り崩す」ということです。どんなに難しい概念であっても、理解するためには、少しずつ切り崩していくことが大切です。わかりやすい部分や具体的な部分といった取っつきやすい部分から少しずつ理解をしていく。この地道な作業が大切になります。

この章では前提知識を増やすことと、円滑な内容理解に役立つノートが掲載されています。みなさんが理解を深めたい分野、使いやすさに応じて最適なノートテクニックを選び、曇りのない理解ができるようになってください。

▼**このような悩みを持つ方におすすめ**

- □ **理解力に自信がない**
- □ **応用問題が苦手**

第４章　進捗管理ノート

ノートをとる目的は勉強することにとどまりません。自分の勉強や仕事の進捗を管理する目的でノートを活用することも非常に有効です。

なぜ、ノートを使うことが有効なのでしょうか。基本的に失敗をすれば誰しも現状の自分を見つめ直し、改善しようと思うはずです。しかし、いくら頭の中でそう思っても人間は忘れる生き物。時間が経つと忘れてしまいます。せっかく思いついた良いアイデアや改善点も、記録をしなければ忘れてしまい意味がなくなってしまいます。また、自分の目標や反省点を実際に書き出そうとすることで、じっくりと自己分析する機会が得られます。文字に残して記録するという側面と、ノートに書いて言語化することでより一層自己分析が鮮明になるという側面の両方の観点から、ノートを使って進捗を管理することは有効なのです。

そしてこの章のノートテクニックは、おそらく一番幅広い分野で役立つと思われます。勉強や仕事に限らず、食費や貯金の管理といった日常生活から音楽やゲームなどの趣味まで、自分が成長したいと思う分野であれば活用することができます。

▼**このような悩みを持つ方におすすめ**

- □ **自己管理が苦手**
- □ **勉強のモチベーションが上がらない**
- □ **なかなか成長や成果を実感できない**

第５章 試験合格ノート

勉強の最終目的は、試験や発表の場で成果を上げることです。ただ、本番で実力を100%発揮することは簡単そうでとても難しいものです。みなさんも同様の経験をしたことがあるのではないでしょうか。「覚えたはずなのに、テスト中に思い出すことができなかった」「わかっているはずなのに、なぜかテストで間違えてしまった」「プレゼンの準備はばっちりだったのに、本番で緊張してしまい、うまく発表できなかった」……。多くの人は実力があるのにもったいない、本当の実力ではないと思うかもしれません。しかし、残念ながらそれが本当のあなたの実力です。

東大生はテストできちんと点数をとる練習、すなわち本番を想定した勉強に相当の時間をかけています。テスト内容の勉強はもちろん、テストで点をとるための勉強をたくさん行います。この章では東大生がテストで点をとるため、本番で成功するために工夫していたノートを紹介します。キーワードは「本番の想定」です。それは問題形式をただ模倣することにとどまらず、自分の弱点を補強するための自己分析も含まれます。ただ本番を頑張れば実力を出し切れるというほど単純なものではありません。この章を読んで、しっかり実力を出し切るためのノートテクニックを学び、望む結果を得られるようになりましょう。

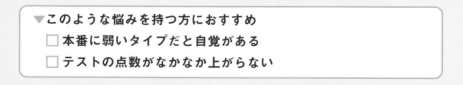

▼このような悩みを持つ方におすすめ

- □ **本番に弱いタイプだと自覚がある**
- □ **テストの点数がなかなか上がらない**

第６章　科目別　勉強ノート

最終章では主要科目である英語・数学・国語を中心に、効率の良い勉強ができるノートテクニックをご紹介します。この科目別ノートで大切なことは、手間をかけるべきノートと簡潔に作成すべきノートを区別することです。一生懸命に勉強することはもちろん大切ですし、時間をかけて勉強することも必要です。しかし時間は有限ですから、時間をかけるべき勉強とそうではない勉強を分ける必要があります。

とくに社会人で仕事をしながら勉強しないといけない人は、効率が求められます。十分な勉強時間がとれない分、ノートの取り方を工夫し、自分の頭を一生懸命に働かせて勉強する必要があるのです。目的意識に基づいたノートの取り方を学び、自分の勉強したい科目の成績を向上させましょう。

▼このような悩みを持つ方におすすめ

- □ 科目別の勉強法、ノートテクニックを知らない
- □ 時間がなくて満足に勉強することができない

そのほかにこの本では、「どのように使えるノートなのか?」「どんなタイミングで使うノートなのか?」ということを「#」で説明しています。ここを見て、みなさんは自分が見るべきノートかどうかを確認してみてください。

#全体像をつかめる#深い理解ができる

タイトルの下の「#」を見れば、「どのように使えて」「どんなタイミングで使う」ノートなのかがわかる。

アウトプットとしてのノート 一ノートをとる意味一

「はじめに」でも触れましたが、この本の執筆にあたって、50冊以上のノートを集め、100人以上の東大生のノートの取り方を取材しました。そしてその中で、「東大生たちに共通するノートテクニックとは何か?」と考え続けました。「東大生たちにとって、そもそもノートとはなんな

のか?」「勉強や思考の整理に、どんな風に役立てているのだろうか?」と。その中で見えてきたのは、東大生がノートをとる理由です。単刀直入に言うと、東大生はアウトプットのためにノートをとっています。

インプットとは、情報を自分の中で整理して頭に入れること。反対にアウトプットとは、インプットしたことを自分の頭の中から外に出すことです。では、ノートはインプットとアウトプット、どちらのためのものなのでしょうか。

大抵の場合、ノートはインプットのためのものとして使われます。授業で聞いた話を後から見返すためにノートをとる、人の話を後から復習できる状態にするためにメモをとるなど、「後からインプットし直すため」という意図が大きいと思います。

しかし、それは間違いです。多くの人が勘違いしていることなのですが、ノートはインプットのためのツールではありません。後から振り返って勉強するためだけにノートをとっているわけではないのです。というよりも、それだけが目的であれば、もう授業の黒板を写真で撮ればそれで事足りてしまいます。時間をかけて紙に文字を書く必要はありませんし、むしろ効率が悪いと言えます。

それにもかかわらず、東大生は自分なりのノートをとります。ひと工夫もふた工夫もあるノートを日夜作って、勉強に活かしています。それはどうしてなのかと言えば、東大生はノートを「インプットのためのツール」だけではなく、「アウトプットのためのツール」としても使っているからです。単純な話、ノートを書くという行為それ自体が、勉強になったり記憶の定着につながったりしているのです。また、先ほども言いましたが、東大生のノートは思考の型になっています。そのノートのフォーマットに従って書いている中で、自分の思考が整理されて、新しいものが見えてくることがあるわけです。

「アウトプットのためのツール」としてノートを使っていることには、もう1つの意味があります。それは、「インプットした内容を再現できる」ということです。頭の中に入っていたとしても、それを再現できなければ意味がありません。多くの場合、試験で点をとるために勉強することが多いと思いますが、試験のときに答えられないのならばその勉強はムダになってしまいますよね。3時間教科書とにらめっこしてなんとなく話の流れはわかったとしても、それでその次の日にあるテストで0点だったら意味がないのです。同じように、本を読んだり誰かの話を聞いたりしたとしても、その次の日に自分1人でその内容をアウトプットすることができないのならばインプットした意味がないのです。

私たちはよく、「インプットしないとアウトプットできない」と考えがちです。知識量がないからテストで点がとれない、理解力がないから頭が悪いと考えてしまいます。しかしそうではなく、知識があってもそれを応用してアウトプットする能力がないということはよくあることなのです。

たとえば試験で解けない問題があったとして、その解答を見たときに「え？　この単語は知らないなぁ」という問題ばかりではないはずです。「この問題の解答はこれだったのか。やったはずなのに」ということも多いはずです。インプットが不足しているから結果が出ないのではなく、アウトプットを想定し切れていないから結果が出ないということが往々にして起こっているのです。

だからこそ、必要なのは「アウトプットを想定した思考」です。今回紹介するノートのほとんどは、「自分自身が後からその知識を使うタイミングが来る」「その知識を、自分は1から再現しなければならないタイミングが来る」という意識を持って作られています。「試験本番でド忘れしないように」「自分が誰かに説明できるように」といった、「アウトプット」を意識して「再現」するためのノートを作ろうと意識する。それが、東大生のノートに共通した特徴なのです。

再現性のあるノート ―ノート作りの4つのルール―

さて、では「再現性」のあるノートを作るために、東大生たちはどんなことを考えているのでしょうか。ここで、ノート作りの4つのルールをご紹介したいと思います。

ルール1 自分の言葉で言い換える

「再現」とは、まったく同じ言葉を暗唱できるようにするというわけではありません。自分の頭の中を通して、きちんと言葉通りに理解するということです。録音しているかのように暗唱できればいいというものではなく、きちんと自分の言葉で言い換えなければ意味がないわけです。

たとえば、人に何かを説明するときに、聞きかじった話や借り物の言葉など、誰かの説明を完全にコピーして話そうと思っても、なかなか上手く伝わらないと思います。なぜなら、それは「誰かの言葉」であって「自分の言葉」ではないからです。

自分の中でかみ砕けていないことを、アウトプットすることはできません。必要なのは、自分の頭でまとめ直し、納得することです。これが授業の「再現性」を高めてくれるのです。

ちなみに東大は、「言い換え」の能力を非常に重視しています。言い換えさえできれば東大に合格できると言っても過言ではありません。日本史や世界史、生物や物理などの科目では、長い文章や資料が与えられ、「この文章や資料は、要するにどういったことを言っているのでしょうか?　短くまとめ直しなさい」という問題が多数出題されています。問題によっては、背景となる知識がほとんどなくても、ただ文章を要約できれば満点、という問題もあるくらいです。

だからこそ、「自分の言葉で言い換える」ことを意識してノートを作る。これが、ノート作りのルールの1つ目になります。この本でも「要約ノート（118ページを参照）」や「セルフレクチャーノート（142ページを参照）」などで紹介していますが、東大生の授業のノートにはよく「この授業で先生が言いたかったのは、要するにどういうこと?」という内容が一言でまとめられていたりします。本や論文の余白にも、段落や章ごとに「要するにこの段落・章では何が言いたかったのか?」がメモされていて、そのメモを見ればその文章の内容がほぼ理解できてしまう……そういう言い換えをどんどん行っているのです。

ルール2　理由を書く

情報をただ情報として受け入れ、ただ「こういうものだ」とノートに書く、ではいけません。「どうしてそれが起こったのか?」「その結果どうなったのか?」という理由もセットで考え、それをノートの中に反映させるようにしましょう。

たとえば年号を暗記するときに、東大生は1つの時代の出来事をノートに書き、「なぜ、この年にこの出来事が起こったのか?」「この出来事の結果、何が起こったのか?」という因果関係を調べて、その情報も合わせてメモします。理由を合わせて考えるのです。「なぜ?」という問いは、非常に本質的で、必要なものなのです。

これは記憶に関しても、思考に関しても良い効果があります。まず、さまざまな知識を吸収したいとき、単独で暗記するよりも複数の情報をひとかたまりで覚えることができます。「この出来事が起こったから、次にこの出来事が起こった」「この出来事とこの出来事は、一連のものとして説明できる」と、文脈で説明がつくわけです。すると、1つの物事を忘れても、違う物事の関連性から思い出すことができます。「メモリーツリーノート（86ページを参照）」などはそれが色濃く現れているので、ぜひご確認ください。

次に、この方法によって人に説明しやすく、再現できるようになります。思考の流れがクリアなので、物事をより深く理解しやすくなるということです。つながりを理解していくと、全体像が理解できるようになります。「歴史横つながりノート（308ページを参照）」でも、時代だけでなく同時代の出来事をまとめて因果関係をわかりやすくすることで、全体として物事を理解しやすくするというノートテクニックを紹介しています。

ルール3　自分が面白いと思うものをメモする

自分の感情が動いた情報・面白いと思った話・気になったことなど、一見学習と関係なさそうなことでも、きちんとノートに書いておく、ということです。

意外かもしれませんが、東大生のノートには一見ムダと思えるようなことがたくさん書かれています。先生が授業の中でした小話、例えとして出てきた世間話に近いような内容……そうした「ちょっとしたメモ」を残しています。

なぜ、そんなことをしているのか？　それは、こうした「自分が面白いと思ったもの」は「再現」につながるからです。1つ目で紹介したように、私たちは最終的に情報を自分の言葉で言い換えます。「自分の頭で考えて」、整理しなければならないのです。その点において、この「自分が感じたことのメモ」には、その要素があります。情報を自分のものにするとっかかりを作るためのメモが、「自分が面白いと思ったもののメモ」なのです。

また、これは脳科学的にも正しいノートテクニックです。実は、自分の感情や自分の意思が入った情報は脳に残りやすいのです。情動と結びついた記憶ほど暗記できる。反対に、無感情のものほど記憶には残らないわけです。

もしそういったものがなければ、情報をより深く調べてみて面白いと思うものを探してみるのがいいと思います。わからなかったことをより深く理解するために本で調べてみたり、偉人のエピソードや公式を作った人の話でも、なんでもかまいません。与太話でもいいから調べてみましょう。

この本では、「余白たっぷりノート（32ページを参照）」のように情報を書き込むスペースを作るものや、「歴史上の人物吹き出しノート（311ページを参照）」のように一見少し手間がかかりそうだけど面白いと感じられるノートも多く紹介しています。それは、自分の感情を大切にする姿勢が、ノート作りにおいて非常に重要なことだからです。

ルール4　型の中でノート作りを楽しむ

ノートは自分で作り上げた作品だと言っていいと思います。もちろん、楽しんでばかりで勉強になっていないものはダメです。私も経験があるのですが、色ばかり使っていて、カラフルすぎて何が書いてあるかわからないようなものでは頭には定着しません。

だから、「型通りにノートを作る」というのは前提です。この本で紹介されているようにノートを作ること、そこからは決してブレてはいけないと思います。ですが、その前提の上で、それでも自分が楽しめるようにノートを作っていくのはとても良いことです。

ノートもメモも、決して人のものではなく、自分のものです。自分の感情を無視して、良いノートを作ることはできません。それに、そうなってしまってはなんの意味もありません。

この本を書くにあたって多くの東大生たちは、楽しそうに「自分はこんな風にやっていた」ということを教えてくれました。自分なりに工夫したところがあって、ノート作りによって少し勉強に前向きになることができている人が多かったです。みなさんにとっても、そのようにノート作りが楽しいものであってほしいと思います。

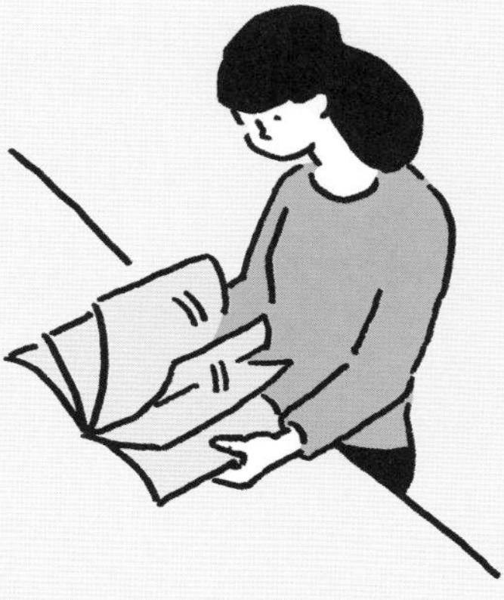

第1章 情報整理ノート

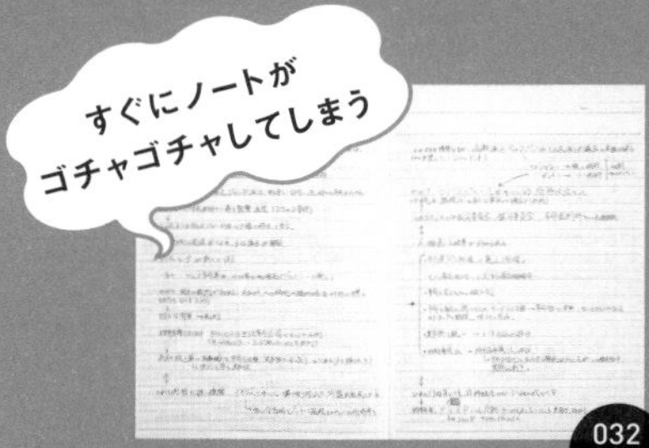

余白たっぷりノート

032ページ

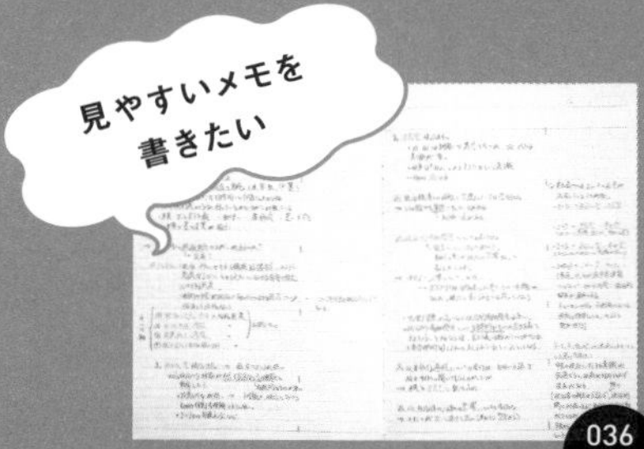

メモスペースノート

036ページ

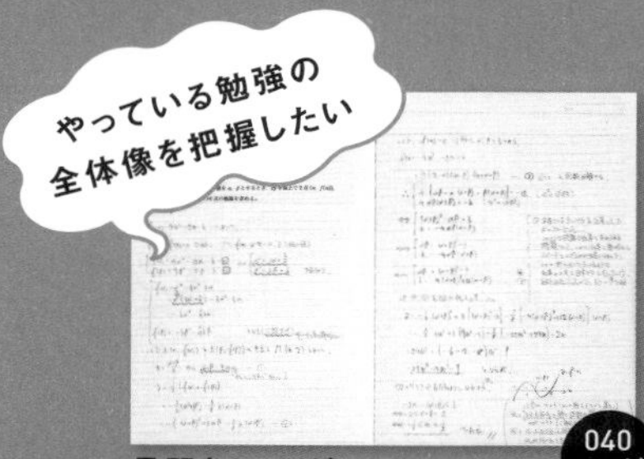

見開き1ページノート

040ページ

Note deviation value

ノート偏差値　40～50

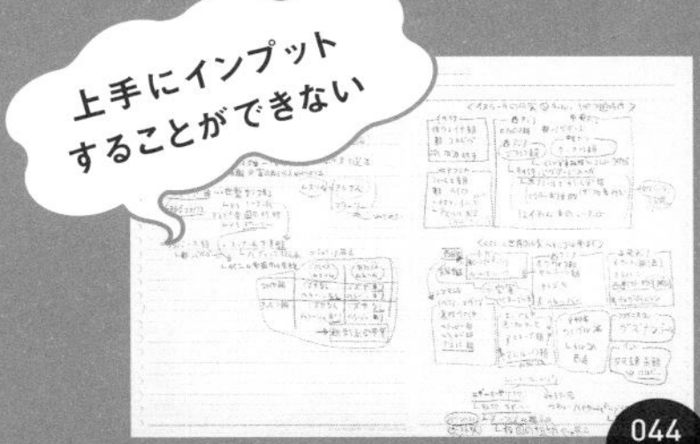

テーマ別　まとめノート

044
ページ

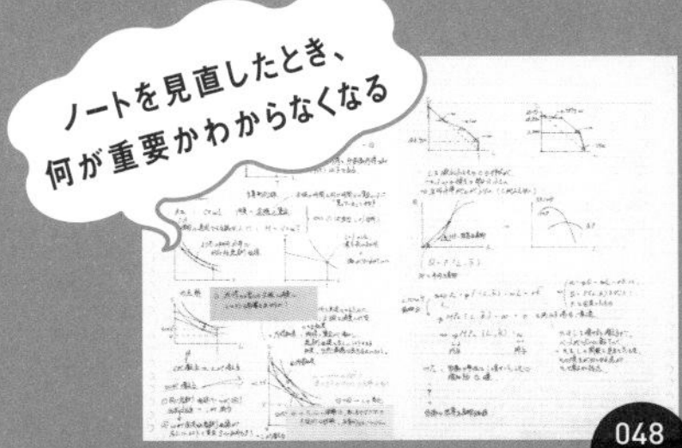

ノートを見直したとき、
何が重要かわからなくなる

付せん＋αノート

048
ページ

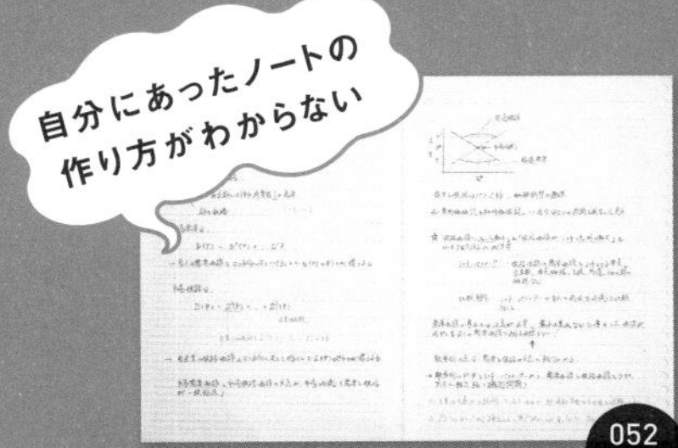

レイアウトコピーノート

052
ページ

すぐにノートが
ゴチャゴチャしてしまう

余白たっぷりノート

#汎用性が高い#整理整頓

ノートをとるのが苦手な人にありがちなのが、「内容をギチギチに詰め込み、後で見直そうとしても何が書いてあるのかわからない」というパターンです。ノートに何を書いたのか判別できず、「なんでもっと見やすくノートをとらなかったのか……」と、過去の自分にイライラした。そんな経験はないでしょうか。

ノートは見やすさが命です。ノートを見たときに、ストレスなく内容がわかるかどうかがもっとも重要です。そのような見やすいノートを作る簡単な方法が、「余白をたっぷり使う」ことなのです。

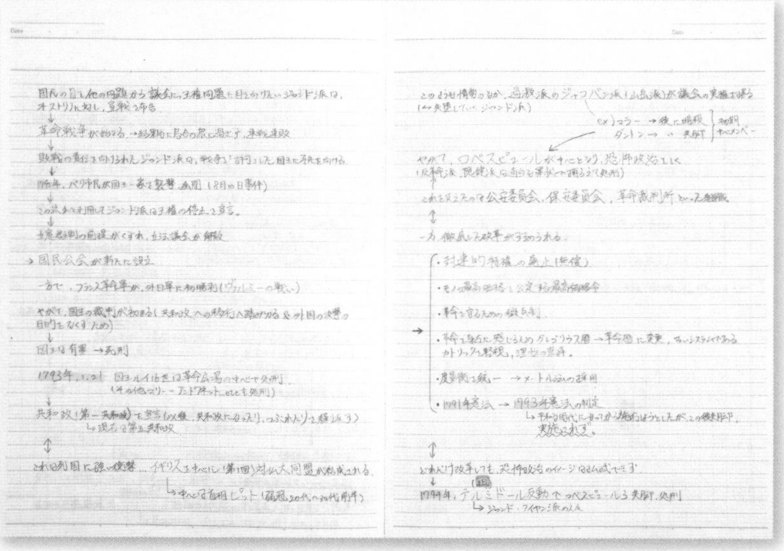

>>ノートを大きく見たいときは56ページへ

ノートの作り方

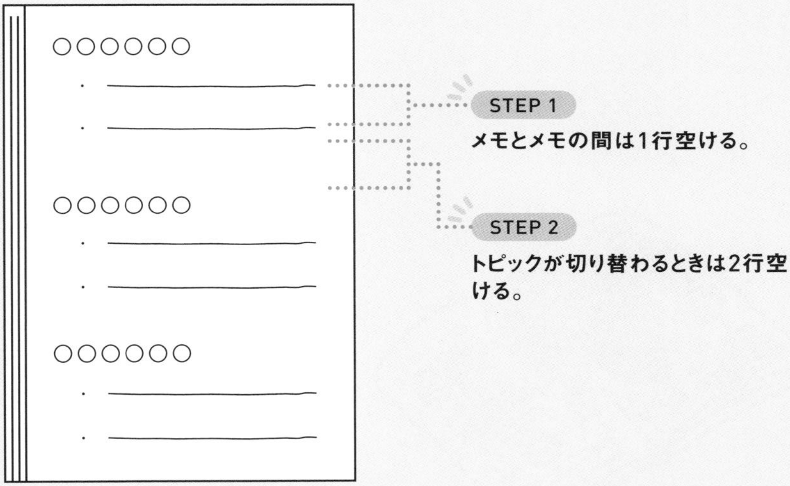
○○○○○○
○○○○○○
○○○○○○
STEP 1
メモとメモの間は1行空ける。
STEP 2
トピックが切り替わるときは2行空ける。

このノートのお役立ちポイント

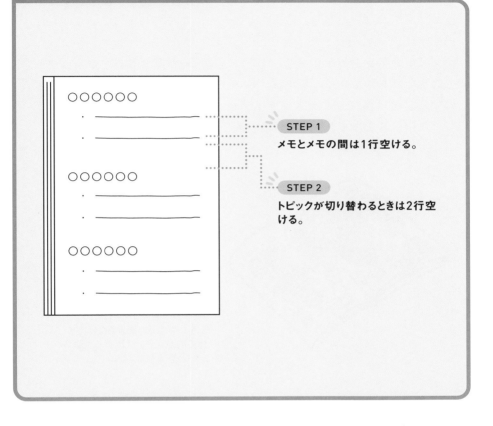

ノートに十分な余白を持たせることの最大の効果は、「ノートを見直したい」と自分に思わせることにあります。ノートにせよ本にせよ、誰だって読みやすい、わかりやすいと思うものがいいし、何が書いてあるかわからないものを読みたいとは思わないですよね。書いている内容が簡単か、難しいか以前に、ゴチャゴチャして何が書いてあるかわからな

ければ、そもそも見直したいというモチベーションが湧きません。一生懸命ノートをとったのに、結局参考書や教科書で勉強しようとするのは、ノートが自分にとって読みにくいものになってしまっているからなのです。

ノートの中身をわかりやすくするには文章力が問われますから、決して簡単ではありません。しかし、スペースを作って見やすいレイアウトにすることは誰にでもできます。ノートを無理なく勉強に役立てる上で、スペースを作るというのはきわめて重要なのです。

ノートがゴチャゴチャしていて何が書いてあるかわからなければ、見るのがストレスになって読みたいと思えなくなる。

このノートの使い方のコツ

適当にスペースを作るだけでも十分見やすいノートになりますが、せっかくなら自分なりにルールを設けてスペースを作ると、より良いノートになります。「ノートの作り方」のSTEP1､2で示した「メモとメモの間は1行空ける」や「トピックが切り替わるときは2行空ける」というのは、そうしたルールの一例です。

ほかにおすすめのルールとしては、「ノートの四隅は1文字分空けて書く」というものがあります。つまり、ノートの最初の行と最後の行は何も書かず、それぞれの行も両端を少しだけ空けておくのです。不思議なもので、ノートの隅までびっしり文字が書いてあるだけで、スペースに余裕がないように感じられます。スペースを作る上では「なんとなく読みやすい」「なんとなく読みにくい」といった感覚を大切にしてみてください。

四隅を1文字分空けて書くと、「なんとなく読みやすい」「なんとなく読みたい」という感覚を持つことができる。

このノートをもっと活かすには？

見直したときに気づいたことや疑問に感じたことがあれば、スペースに書き込んでいきましょう。ノートをとったときにはわかったつもりでいても、実は言われたことをただ書き写しているだけだったり、わかったつもりになっているだけだったりすることがよくあります。

ノートの見直しをしようとしても、ただボーッとノートを眺めるだけで終わってしまい、内容が頭に入ってこないという経験をしたことがある人は少なくないでしょう。スペースに追加情報を書き込んでいくという復習のスタイルを取り入れることで、頭を働かせながら能動的に見直しをすることもできるのです。

メモスペースノート

#汎用性が高い#整理整頓#深く理解できる

授業や会議の場で、覚えたいこと以外に先生や発言者が口頭で説明したことも吸収しようとメモをとろうとした経験はあるでしょう。しかし、手当たり次第にメモを書いた結果、自分でもどこに何を書いたのかがわからなくなる……という結果になったことはありませんか？　こうなると、テスト前にノートを見直そうと思っても、何が重要な情報で何がそうでないのかがわからず、効率的に復習することができません。

板書だけではなくメモを残したい、でもメインの内容がわかりにくくなるのはイヤだ、という人におすすめのテクニックです。

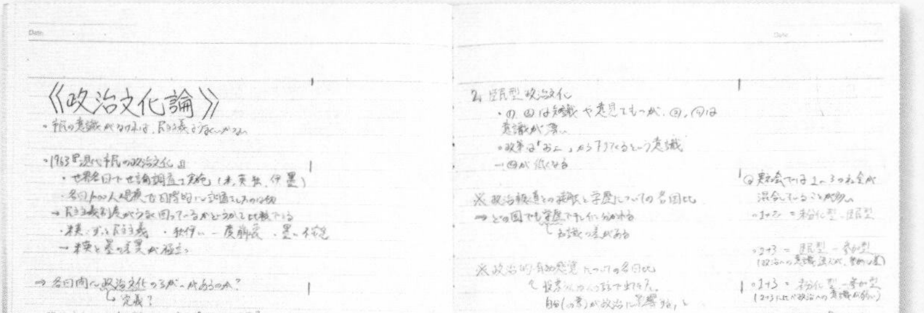

>>ノートを大きく見たいときは58ページへ

ノートの作り方

STEP 1

ノートの右3分の1くらいのところに線を引く。

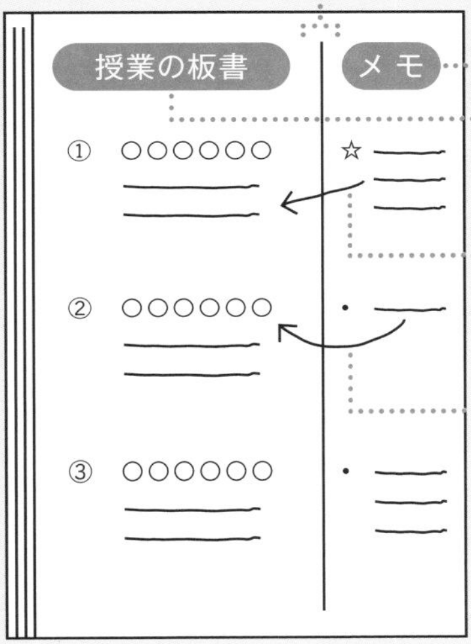

STEP 2

板書は左スペースに書き、こぼれ話や気になったことなど、メモしておいたほうがいいと思ったことは右スペースにメモする。

STEP 3

板書と関連するメモを矢印で結ぶ。

このノートのお役立ちポイント

どのような場面でも活用できますが、勉強面では、歴史などまず大きな流れを理解することが重要な科目においてとくに使えるテクニックです。授業で説明されるような大まかな流れを板書スペースに書き、先生の雑談や関連事項などをメモスペースに書き込んでいくと、授業を受けながら情報が整理されたノートをとることができます。

このノートの使い方のコツ

最低限の目標として、「ノートの作り方」のSTEP 2までは授業中にやっておきましょう。メモを丁寧に書きすぎると説明されるスピードについていけなくなるので、もし時間が足りなければ単語や短文だけ書き残しておくとよいです。そうしておくと、復習時にその単語から連想して思い出すことができます。

STEP 3の作業では、ノートを見直しながら、メモと主要な内容をつなぐことで授業の復習もすることができ、一石二鳥です。もちろん、時間に余裕があれば授業中にSTEP3の作業をやってしまってもまったく問題ありません。

復習をするときは、まずメインの板書スペースに書いてあることを確認します。それからメモスペースの内容をチェックするという流れで勉強すると効果的です。また、復習時に気がついたこと、疑問に感じたことはメモ欄に追加で記入しておくと、より情報が充実したノートになります。

メモスペースノート　使い方の流れ

授業中

板書とメモをノートに書く
※時間が足りなければ、単語や短文だけを書き残しておく

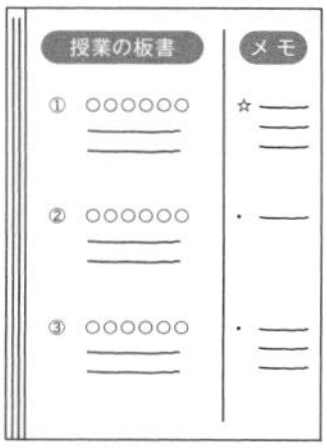

→

授業後1

板書と関連するメモを矢印でつなぐ
※授業中に書き切れなかったものがあれば書き足す

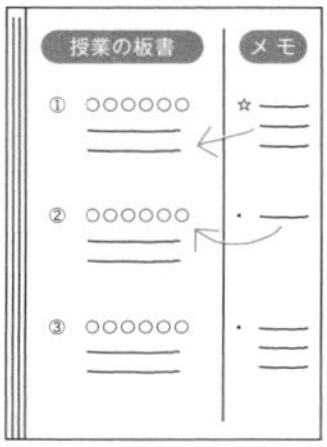

→

授業後2

復習は、まず板書スペースを、次にメモスペースを確認すると効果的

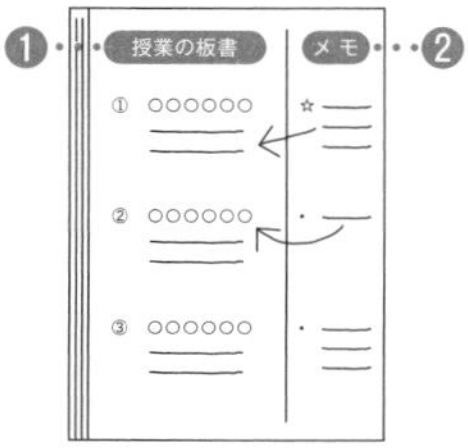

このノートをもっと活かすには？

何か疑問が出たときに、「後でどう解決するか」をメモスペースに書き込む、という使い方もある。

私は日常的にこのメモスペースをとっています。何かを学んでいて疑問が出た際に、「後でどう解決するか」という手段や解決策を簡潔に書き留めています。そうすることで、ノートを見直したときに、再度考える契機となるからです。

また、私は趣味で料理を学んでいるのですが、インターネットの映像を見て料理方法をノートに書く際、メモスペースには今用意できる材料を書いています。方法を学んでも、武器がないと戦えませんよね。冷蔵庫の中にあるものをこのスペースに書くことで、現状分析が明確になり、どうすれば主旨の内容ができるようになるか、より理解することができます。ほかには、英語の資格試験の勉強法をまとめているときには、すぐ用意できるテキストや問題集をメモスペースに書き連ねています。

さらに、私がこのノートを使うときには、補足情報を書くだけでなく、暗記したことを思い出す過程としてもメモスペースを利用しています。たとえば、一昨日の食事を思い出そうとする際に、直近の食事から記憶をたどっていき、一昨日のそのとき、どこで何をしていたかを考えることで食事内容を思い出そうとしませんか？　思い出したいことをさまざまな状況につなげることで記憶が引き出され、効率的に思い出すことができるのです。これはまさに、私がこの本を通して伝えたいことである「思考の言語化」です。このメモスペースはインプット、アウトプットの両方をフル活用するとよいでしょう。

やっている勉強の
全体像を把握したい

見開き1ページノート

#全体像をつかめる#テストのお供#1冊で完璧

勉強が得意な人の特徴として、「細かい部分を覚える以前に、自分がやっている勉強の全体像を把握できている」ということがあります。これは勉強に限った話ではありません。たとえば料理が得意な人は、カレーを作ろうとするときに、「ニンジンが何g必要で、ジャガイモが何g必要で……」という細かい情報は覚えていないかもしれませんが、料理の手順をざっくりと把握しています。

この全体像を大枠で把握する能力を養う方法こそ、「見開き1ページでまとめる」テクニックです。

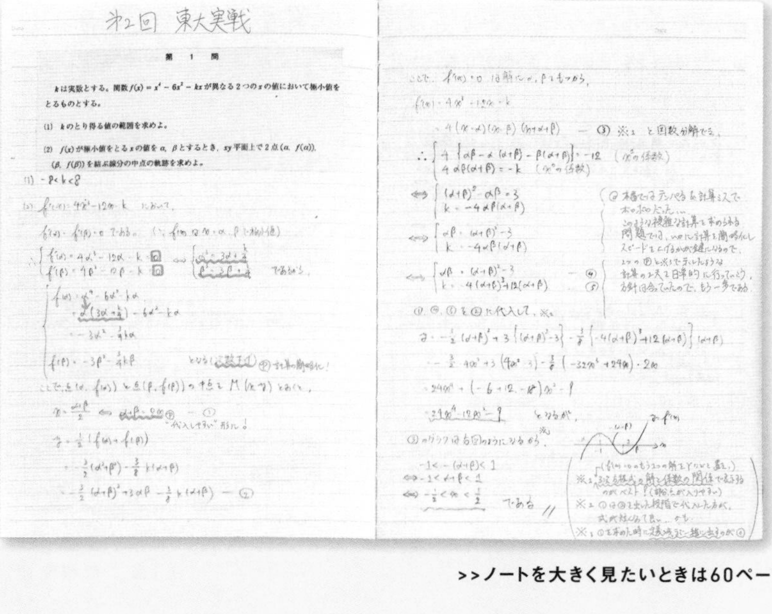

>>ノートを大きく見たいときは60ページへ

ノートの作り方

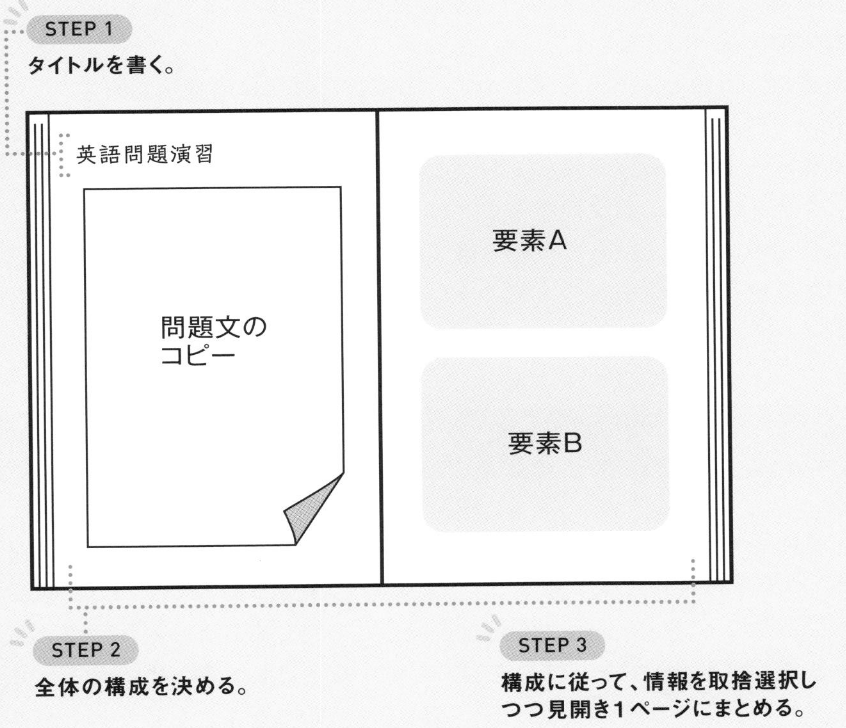
STEP 1
タイトルを書く。
英語問題演習
問題文の
コピー
要素A
要素B
STEP 2
全体の構成を決める。
STEP 3
構成に従って、情報を取捨選択し
つつ見開き1ページにまとめる。

このノートのお役立ちポイント

どんな勉強でも活用できるテクニックです。大事なのは「何がなんでも見開き1ページにおさめること」と「自分なりにフォーマットを決めておくこと」です。

「あのノートの、あのあたりには何が書いてあったっけ……」と、ノートに書いてある場所をもとに忘れかけていた知識を思い出した経験がある人もいるでしょう。このような記憶の整理の方法はかなり重要で、東大生も実際に使っています。これができるようになるには知識を秩序立てて覚えることが重要になり、その指標となるのが「見開き1ページ」なのです。

また、漫然とノートをまとめようとするだけでは内容を見開き1ページにおさめることはできません。どのスペースに何を書くのか、自分なりのノートのルールを作っておくことが大事です。

たとえば英語の長文問題のまとめノートを作るとき、ノートの左側には長文のコピーを貼って単語や構文を書き込み、右側には間違えた問題の解き直しと解説を書く、というルールを作っておけば、うまく見開き1ページでおさまります。

このノートの使い方のコツ

このノートは「一度書いたら終わり」ではありません。せっかく見開き1ページに情報をまとめるという困難な作業をしたのですから、何度も見直してインプットした知識を自分のものにしましょう。

また、見開き1ページは視覚的に記憶する上でちょうどよい大きさですから、見直しながらどこに何が書いてあるかをなんとなく覚えておきましょう。

加えて、見直すうちに「ここは表現を改めたほうがわかりやすいな」とか「この情報を追加したほうがいいかも」と思ったら、ノートの加筆・修正もしてしまいましょう。このノートは1回書いただけでは完成はしません。何度も書き直すことで、じわじわと完成に近づいていくのです。

もし一度書いたノートを書き直すのが面倒であれば、付せんに書き足したい情報を書いて貼ってしまえば手間を省くことができます。スマホアプリのように、勉強もノートもつねに情報をアップデートすることが重要なのです。

このノートをもっと活かすには？

英語の長文が長い、重要なポイントが多いなど、どうしても見開き1ページでおさめるのが難しい場合があります。

そのような場合は、いっそのことノートのスペースそのものを拡張してしまいましょう。B5サイズではなくA4サイズの大判のノートを使う、ルーズリーフを貼りつけるなどいくつか方法があります。

ただその場合も、「パッと見たときに情報が全部確認できる」ことがもっとも大事なので、見開き1ページというルールは必ず守るようにしましょう。

見開き1ページでおさめるのが難しい場合

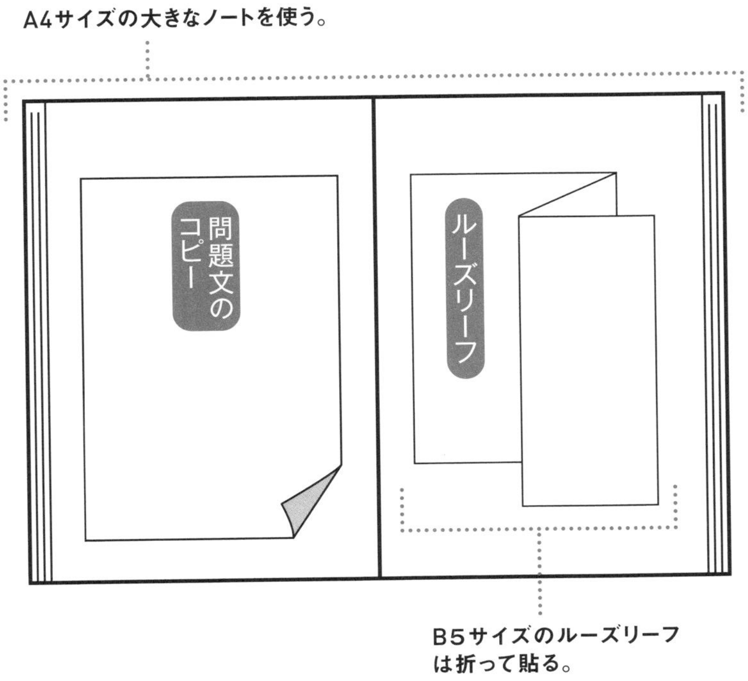
A4サイズの大きなノートを使う。
問題文のコピー
ルーズリーフ
B5サイズのルーズリーフは折って貼る。

テーマ別 まとめノート

#整理整頓#1冊で完璧#弱点補強

情報をインプットするときに、もっとも重要なことはなんでしょうか。それは、内容を整理して頭に入れることです。順番やロジックを気にせず適当にインプットすることも不可能ではありませんが、それはただの「丸暗記」にすぎません。これでは覚えた状態のままでしかアウトプットができないので、知識を応用して発展的な問題に取り組む、といったことはできません。

この問題を解決するもっとも手っ取り早い方法が、インプットしたことを1つの軸でまとめ直して、頭の中を整理することです。

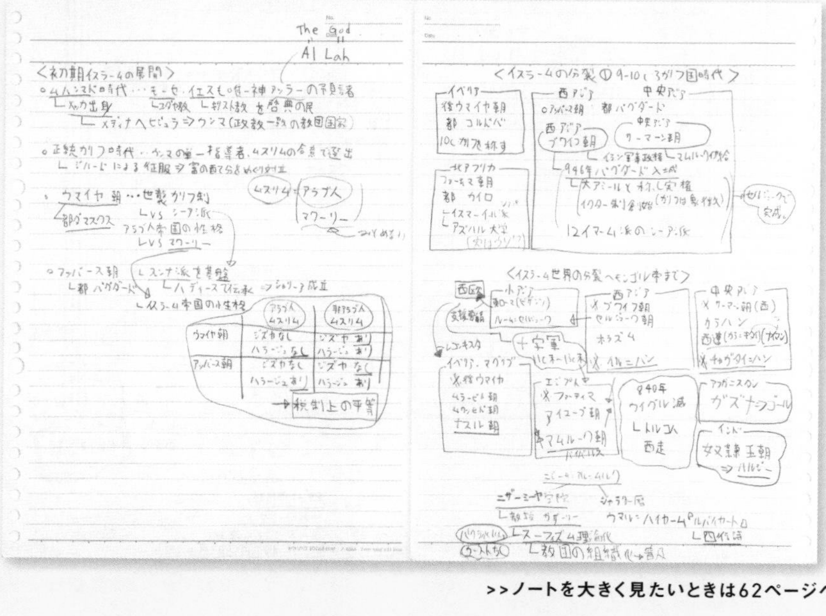

>>ノートを大きく見たいときは62ページへ

ノートの作り方

STEP 1

まとめたいテーマを決め、
タイトルを書く。

STEP 2

最初に大きなトピックを決め、箇
条書きしておく。

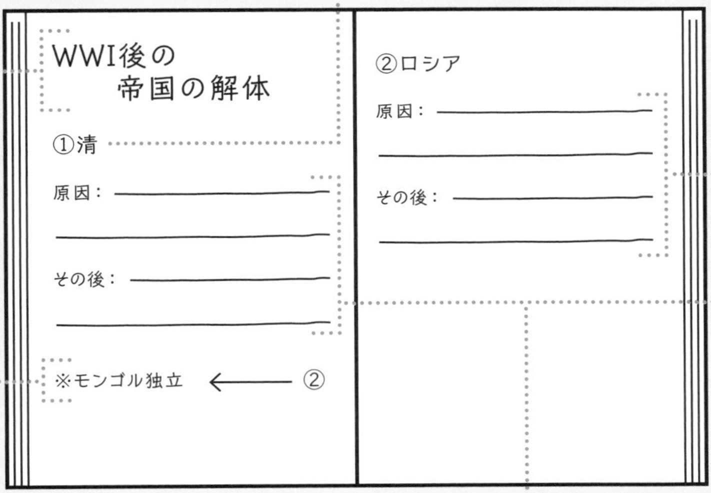

STEP 4

内容やトピックのつながりを意識
的に記入する。

STEP 3

それぞれのトピックについて内容
をまとめる。

このノートのお役立ちポイント

あるテーマについて、ミクロな具体的内容を押さえつつ、マクロな全体的内容も一緒に理解する上で役に立つテクニックです。最初に大まかなトピックだけを抜き出すことでテーマの全体像、つまりそのテーマがどのような内容を網羅しているのかをつかむことができます。その上で具体的な細かい情報を整理するので、自分が何についてまとめようとしているのかも簡単に理解することができるのです。

たとえば、古文の助動詞についてまとめてみましょう。実は、多くの古典文法書では、品詞別の分類しかされていません。そのため、意味はバラバラになっていて、まとまりがありません。そこで、「推量の助動詞」や「逆接の助動詞」などのように、意味ごとにトピックを分けてしまうのです。そうすれば、情報をまとまった形で整理してインプットすることができます。

このノートの使い方のコツ

慣れないうちは、まとめノートのテーマは授業や参考書と同じものを使い、オリジナルのテーマでノートを作らないようにしましょう。情報をまとめるというのは大変な作業で、どの情報を選び、どの情報を捨てるのかを判断しなければなりません。インプットが浅い状態でこの取捨選択をしようとすると、重要な情報を省いてしまったり、逆に不要な情

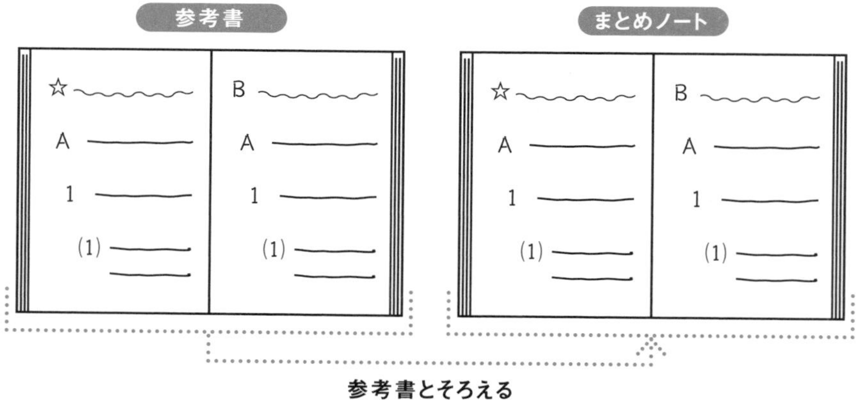

報を残してしまったりします。

一方で教科書や参考書は、そのテーマを説明する上で不可欠な情報を過不足なくまとめています。これをよりどころにすれば、必要な情報だけをコンパクトにまとめたノートが作りやすくなります。

また、まとめたノートは書きっ放しにせず、何度も見直すなど勉強の中心に据えるようにしましょう。まとめノートは、いわば自分の頭の中を整理したもののはずです。そのため、ノートを定期的に見直したり、あとで知ったことを書き足したりすることで、情報をさらに頭に染み込ませることができます。

まとめノートを作るには、どうしても時間がかかってしまいます。ノートを1回作ったきりで、見直さずに終わることほどもったいないことはありません。作った時間分の勉強時間を取り返すつもりで、まとめノートを使い倒しましょう。

このノートをもっと活かすには？

勉強科目だけでなく、資格試験のまとめノートを作ってみるとさまざまな発見があります。資格試験ではよく出題される分野や暗記しておくとそのまま点数がとれる分野があります。専門書と過去問を見比べて、自分にとって必要な内容や順序立てて覚えていく範囲をコンパクトにまとめていきましょう。たとえばTOEICの試験におけるリスニング対策をする際、漠然とではなく、何度も間違える問題だけを集めてまとめノートを作ると自分の弱点が見えてきます。

また、資格試験や入試問題においては、複数のテーマについて横断的に知識を問う問題が出題されることがあります。こうした問題は、テーマごとのインプットだけでは到底太刀打ちできません。そこで、過去問の解説やトピックを整理し、情報を異なるテーマごとに再構成してみましょう。すると、それまで見えてこなかった知識同士を関連づけて、より質の高いインプットをすることができます。

ノートを見直したとき、
何が重要かわからなくなる

付せん＋αノート

＃復習しやすい＃弱点補強＃知識をつなげる

　ノートを見直していて、情報を書き漏らしていることに気づいたり、追加で情報を書き足したいと思ったりしたことはありませんか？　ノートに何かを追記するとき、ただ書き足すだけではあまり意味がありません。後から書き足した情報というのは、言い換えれば補足情報ですから、最初にノートに書いたこととは区別しておかないと、何が重要な情報なのか判断できなくなります。

　こうした区別をつけるもっとも簡単な方法が、付せんで補足内容をノートに貼るということです。

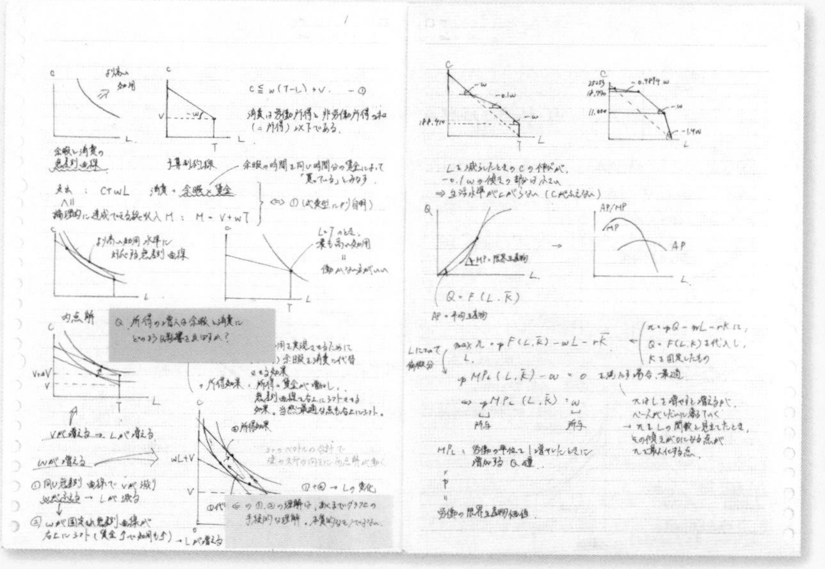

>>ノートを大きく見たいときは64ページへ

ノートの作り方

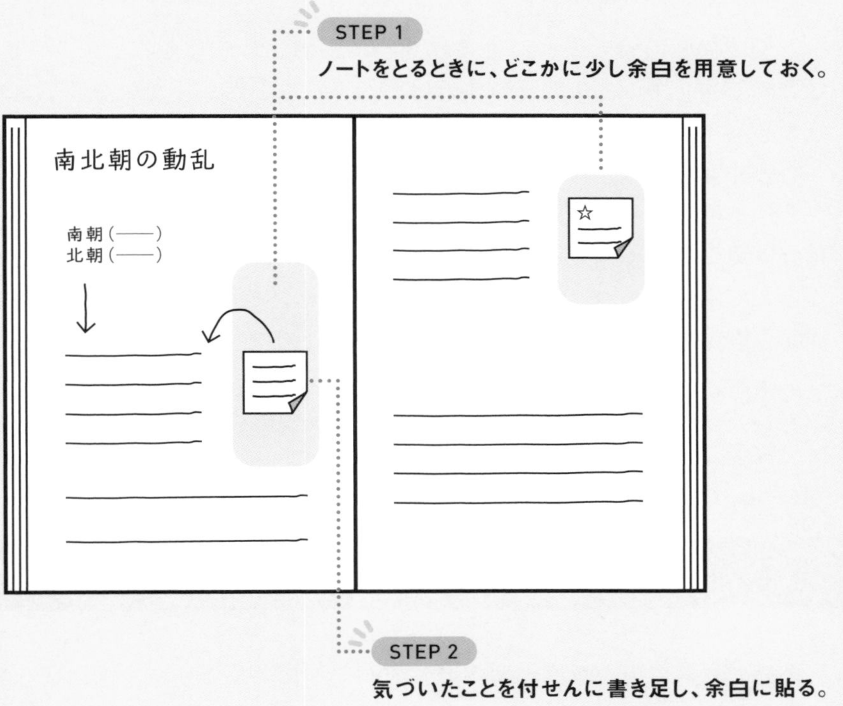
STEP 1
ノートをとるときに、どこかに少し余白を用意しておく。
南北朝の動乱
南朝(——)
北朝(——)
STEP 2
気づいたことを付せんに書き足し、余白に貼る。

このノートのお役立ちポイント

「ノートはその場で書いたらそれでおしまい、後は見直すだけ」で完結している人はたくさんいると思います。実は、その使い方ではノートの可能性を狭めてしまっています。

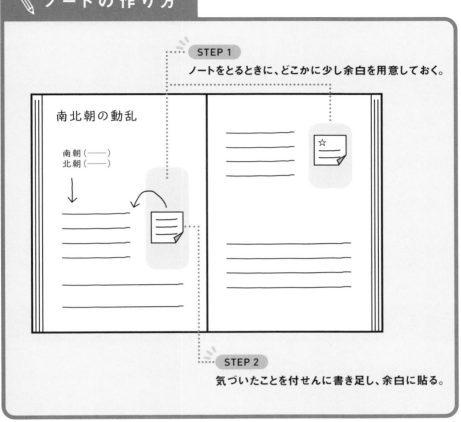

ノートは何を書き足していくかがとても重要です。限られた時間では、先生が伝えられることにも限りがあります。また、ノートをとるの

に精一杯で理解が追いついていない、わかったつもりになっているというのもよくあることです。そこで、最初は書けなかったことを後から書き足していくという手間をかけるわけですが、そうすることで自分のノートが「最強の参考書」に生まれ変わります。そう考えると、「ノートは書いておしまい、後は見直すだけ」だったことがもったいなく思えてきませんか？

この作業をするときに強い味方になるのが付せんです。付せんを使うことによってノートに直接書いた内容と、後から追加した内容を簡単に見分けることができるようになります。勉強は膨大な量を一度に覚えようとしてもすぐ忘れてしまいます。ノートと付せんとで分けることで、知識を段階を踏んで覚えていくことができるので、体系的な学習が身につきます。

また、少しずつ知識を増やしていくことは復習の機会もその分増えることになり、忘れにくくなります。

このノートの使い方のコツ

自分にとって何が本筋の情報で、何が追加情報なのかを事前に切り分けておくことが大切になります。

たとえば、英語の長文読解のノートをとるとき、単語の意味はノートに直接書くべき重要な情報になるかもしれませんが、以前にほかの授業でやった文法の復習や、文章をより理解するための予備知識は付せんに付け加えたほうがよいでしょう。

また、「10年くらい前かな、この遺跡に先生行ったことがあってな……」というように、授業中に先生が話していることが本筋からズレることがあると思います。そのときは、ノートのメインの箇所ではなく、付せんに書き留めていると、本旨と枝葉の内容が分けられるので、復習時にわかりやすくなります。

先生の話が本筋からズレたとき、補足情報を話したときは、付せんにメモしてノートに貼る。すると、ノートの見直しのときに、重要なポイントのみ復習することができる。付せんに書いた内容は、理解を深めるために使うことができる。

このノートをもっと活かすには？

勉強面だけでなく、日常生活でも「付せん＋αノート」を活用してみましょう。たとえば、新しく学校に入学したときや、新しい仕事を始めたときなどは、ノートに覚えたい情報を書きとりますよね。そのとき、気づいたことや後で人に尋ねようと思ったことなどを付せんに書いておきましょう。

付せんの良いところは取りはがしが容易な点です。補足した内容が解決したときはその付せんを捨てることができるので、継続的に必要な情報と一時的に覚えておきたい情報を分けることができます。そうすると、枝葉の情報に惑わされることなく、ノートに直接書き込んである本当に重要なポイントだけを復習することができます。

自分にあったノートの
作り方がわからない

レイアウトコピーノート

#整理整頓#復習しやすい#思考の可視化

「ここまで読んできたけど、しっくりくるノートの取り方がない」——そんな人でも簡単に始められる方法がこちらです。

ノートの目的の1つに、「情報を（自分にとって）わかりやすく整理する」ことがあげられます。本書で紹介しているテクニックは、そのほとんどが情報の整理をより効率的に行うためのものです。そのため、情報を効率的かつ効果的に行っている参考書や雑誌、資料集などのレイアウトやデザインを真似ることで、必然的に「良いノート」を作れるようになります。

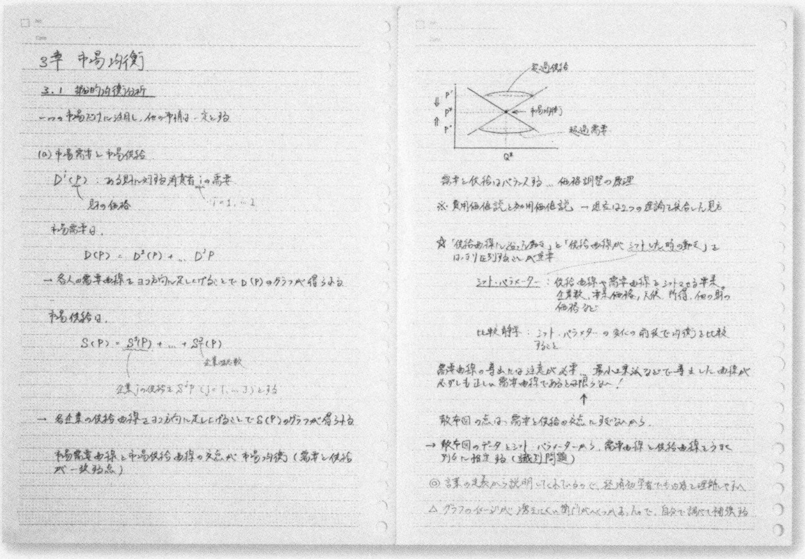

>>ノートを大きく見たいときは66ページへ

ノートの作り方

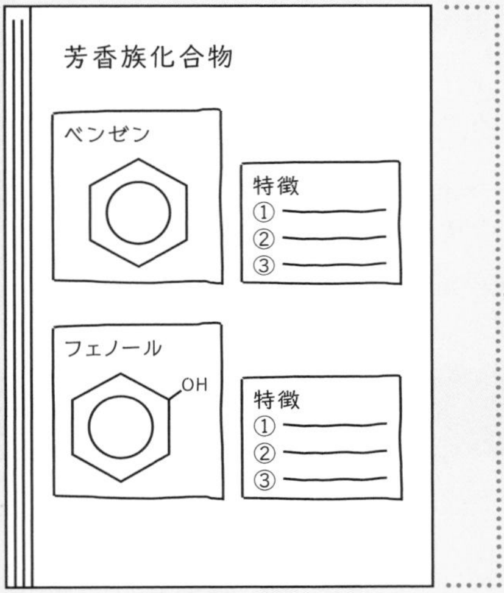

STEP 1

自分がよく使っている参考書や資料集、雑誌などから1冊選び、レイアウトやデザインの形式を写す。その形式の中に覚えたい内容を書く。

このノートのお役立ちポイント

情報整理の方法を見つけるということは、あらゆる書物のフォーマットを完全にコピーするということではありません。各々の本には特徴があるので、「自分にとってすぐに応用できそうな技術は何か」を意識しながら、書物のレイアウトを観察してみましょう。１ページまるまる真似する必要はありません。真似したいと思う箇所がページの一部だけであっても問題ありません。

このノートの使い方のコツ

　真似したいと思えるレイアウトの書物を探すために、実際に本屋さんに行ってみることをおすすめします。手持ちの本や雑誌だけだと真似しやすいレイアウトが見つからない可能性もありますので、あなたが参考にしたいと思える一冊を探してみましょう。自分が勉強したい分野と同じ分野の本のほうが見つけやすいですが、ジャンルが違っても、売れている本や自分の興味のある本といったものも参考になります。

このノートをもっと活かすには？

　真似をする対象は本だけではありません。たとえば、街中で見かけるポスターのレイアウトや教えるのがうまい先生の板書、もしくは勉強ができる友達のノートの形式などもどんどん真似してしまいましょう。

　その際、「このノートのレイアウトによって、どのように暗記が定着するか」などと考え、自分なりにアレンジすれば、あなたのノートはもっと良くなります。

真似をする対象は本だけではない。教えるのが上手い先生の板書、勉強ができる友達のノートなどでもかまわない。

良いレイアウトのポイント

❶タイトルが上部に大きく示されている
まず主要なテーマが１つに絞られていて、その中に小テーマがいくつかある形になっていると、何について学んでいるかが明確になる。

❷余白が多く、文字の間隔も広い
複雑すぎるレイアウトは真似することが困難。加えて、文字の間隔が狭いものは、情報が整理されず意識が分散されてしまう可能性があるので、シンプルでわかりやすいレイアウトを選ぶ。

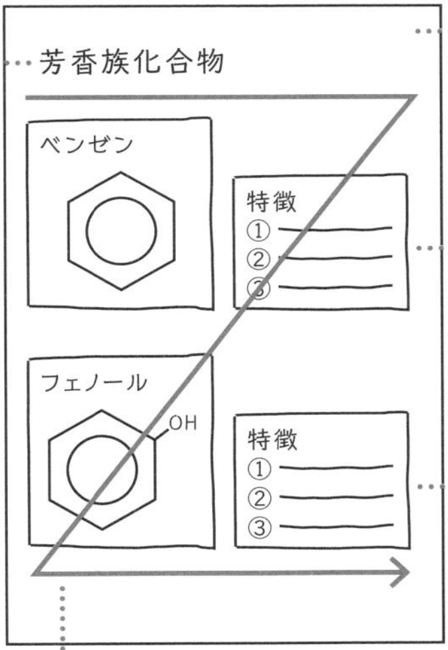

❸視線の流れに沿っている
横書きであればＺ型に、縦書きであればＮ型に、人間の視線は動くと言われている。視線が分散されると集中力が切れてしまうと言われているので、視線の先に情報が続くレイアウトを選ぶようにする。

❹図や写真の位置、サイズが整っている
図や写真は内容説明をよりわかりやすくする補足的なものなので、中心に置く、バラバラのサイズや位置に置くなどすると、何をメインにしたいのかが伝わらなくなってしまう。何度も見返したくなるノートは見た目の美しさが整っているもの。図や写真だけでなく、文字の見出しをそろえたり、各項目を枠に入れたりするのもよい。

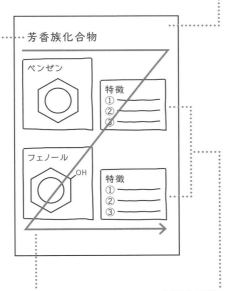

Date . .

国民の目を他の問題から議会に、王権問題に目を向けたいジロンド派は、
オーストリアに対し、宣戦を布告
↓
革命戦争が始まる →結果的に烏合の衆に過ぎず、連戦連敗
↓
敗戦の責任を向けられたジロンド派は、戦争を「許可」した国王に矛先を向ける。
↓
1792年、パリ市民が国王一家を襲撃、幽閉（8月10日事件）
↓
この流れを利用してジロンド派は王権の停止を宣言。
↓
立憲君主制の前提がくずれ、立法議会が解散

→国民公会が新たに設立

一方で、フランス革命軍が、外国軍に初勝利（ヴァルミーの戦い）

やがて、国王の裁判が始まる（共和政への移行へ踏み切る＆外国の攻撃の目的をなくすため）
↓
国王は有罪 →死刑

1793年、1.21 国王ルイ16世は革命広場の中心で処刑。
（その他マリー＝アントワネット…etcも処刑）
↓
共和政（第一共和政）を宣言（以後、共和政になったり、つぶれたりを繰り返す）
↳現在は第五共和政

↕

これは列国に強い衝撃…イギリスを中心に（第1回）対仏大同盟が結成され
↳中心は首相ピット（弱冠20代〜30代前半

Date

このような情勢のなか、過激派のジャコバン派(山岳派)が議会の実権を握る
(↔失墜していくジロンド派)

ex)マラー → 後に暗殺 } 初期
ダントン → 〃 失脚 } 中心メンバー

やがて、ロベスピエールが中心となり、恐怖政治をしく
(反革命派、穏健派は適当な罪状で捕らえて処刑)
↑
これを支えたのは公安委員会、保安委員会、革命裁判所といった組織

↕

一方、徹底した改革がすすめられる。

- 封建的特権の廃止(無償)
- モノの最高価格を公定する最高価格令
- 革命を守るための徴兵制
- 革命を身近に感じるためグレゴリウス暦→革命暦に変更、古いシステムであるカトリックを軽視、理性の崇拝。
- 度量衡を統一 →メートル法の採用
- 1791年憲法 → 1793年憲法の制定
  ↳平和な時代になってから施行しようとしたが、この後失脚、実施されず。

↕

どれだけ改革しても、恐怖政治のイメージはぬぐいされず。
↓
1794年、(7月)テルミドール反動でロベスピエールら失脚、処刑
↳ジロンド・フイヤン派の人々

Date

《政治文化論》

- 市民の意識がなければ、民主主義はうまくいかない

- 1963『現代市民の政治文化』
  - 世界各国で世論調査を実施（米、英、独、伊、墨）
  - 各国1000人規模で国際的に調査をしたのは初
  - → 民主主義制度がうまく回っているかどうかを比較できる
  - 米英：ずっと民主主義　・独伊…一度崩壊　・墨…不安定
  - → 米英と墨の差異が際立つ

⇒ 各国間に政治文化のちがいがあるのか？
　↳ 定義？

政治文化：政治システムやそれを構成する諸要素に対する態度ならびにそのシステムにおける自身の役割に対する態度。
（個別の市民が政治に対してどのような態度をとるか、はあまり注目しない）　← ここに注目する政治文化もある。

4つの軸
- ① 政治システム全体に対する態度
- ② 政治形成過程　〃
- ③ 政策執行過程　〃
- ④ 政治システムにおける自身の役割　〃

（知識中心）

1. 未分化型政治文化：①〜④全てスコアが低い
   - ex)．政治的権威が他（宗教など）の権威と重複している
     - └ 伝統的なものが多い
   - 教育レベルが低い → 知識×、政治における自分の役割も理解されていない。
   - アフリカの部族社会など。

Date

臣民型政治文化

・①、②は知識や意見をもつが、③、④は意識が薄い。

。政策は「お上」から下りてくるという意識

→④が低くなる

※政治報道との接触と学歴についての各国比

⇒どの国でも学歴でキレイに分かれる

└知識の差がある

※政治的有効感覚についての各国比

↑投票うんぬんの話で出てきた。自分(の票)が政治に影響する、と考えるかどうか。

⇒・ドイツ：法律について、が低い

→臣民的(政治報道はよく見ているので知識はあるが、政治で変えられるとは思っていない)

。やっぱり学歴が高いほど政治的有効感覚は高い。

。政治的有効感覚という主観的なものが民主主義を支えている、とするならば、民主主義は極めて心理的な(非合理的な)システムに支えられている、ということになる。

※政策執行過程についての各国比：自分の主張を権力サイドに聞いてもらえるか、どうか

⇒米英と臣民型の独で高め

※国、自治体の活動の影響についての各国比

⇒メキシコがズバ抜けて低い(未分化型だから)

②実社会では1〜3の社会が混合していることが多い

。1+2＝未分化型－臣民型

。2+3＝臣民型－参加型
(政治への意識強いが、参加に差)

。1+3＝未分化型－参加型
(2+3に比べ政治への意識が弱い)

。1+2+3＝シビック・カルチャー
(最適。政治が最重要課題ではないので、他の問題で政治的欲求が緩和される
トルーマンのグループ理論における、複数の団体に入る…の話と親和性アリ)

アーモンド、ヴァーバ、ハンチントン、トルーマンの主張の共通性：
市民の政治に対する意識が強過ぎると、政府が対応しきれず混乱が生じる。
(政治家の視点から言えば、市民の政治的関心が低い方が自由な政治活動ができるが、あまりにヘマをすると、市民からの反発を買うので注意しよう、ということになる)

>>ノートの作り方を知りたいときは36ページへ

Date　第2回　東大実戦

第　1　問

kは実数とする。関数$f(x)=x^4-6x^2-kx$が異なる2つのxの値において極小値をとるものとする。

(1)　kのとり得る値の範囲を求めよ。

(2)　$f(x)$が極小値をとるxの値をα，βとするとき，xy平面上で2点$(\alpha,\ f(\alpha))$，$(\beta,\ f(\beta))$を結ぶ線分の中点の軌跡を求めよ。

(1)　$-8<k<8$

(2)　$f'(x)=4x^3-12x-k$　において，

$f'(\alpha)=f'(\beta)=0$　である。（∵ $f(x)$ は $x=\alpha,\beta$ で極小値）

$$\therefore \begin{cases} f'(\alpha)=4\alpha^3-12\alpha-k=0 \\ f'(\beta)=4\beta^3-12\beta-k=0 \end{cases} \iff \begin{cases} \alpha^3=3\alpha+\frac{k}{4} \\ \beta^3=3\beta+\frac{k}{4} \end{cases}$$ であるから，

$$\begin{cases} f(\alpha)=\alpha^4-6\alpha^2-k\alpha \\ \quad=\alpha\left(3\alpha+\frac{k}{4}\right)-6\alpha^2-k\alpha \\ \quad=-3\alpha^2-\frac{3}{4}k\alpha \\ f(\beta)=-3\beta^2-\frac{3}{4}k\beta \end{cases}$$

となる（次数下げ）　Ⓟ 計算の簡略化！

ここで，点$(\alpha,\ f(\alpha))$と点$(\beta,\ f(\beta))$の中点を$M(x,y)$とおくと，

$x=\frac{\alpha+\beta}{2} \iff \alpha+\beta=2x$ Ⓟ　—①

"代入しやすい"形に！

$y=\frac{1}{2}(f(\alpha)+f(\beta))$

$=-\frac{3}{2}(\alpha^2+\beta^2)-\frac{3}{8}k(\alpha+\beta)$

$=-\frac{3}{2}(\alpha+\beta)^2+3\alpha\beta-\frac{3}{8}k(\alpha+\beta)$　—②

Date

ここで、$f'(x)=0$ は解に α, β をもつから、

$f'(x) = 4x^3 - 12x - k$

$= 4(x-\alpha)(x-\beta)(x+\alpha+\beta)$ — ③ ※1 と因数分解でき、

$$\therefore \begin{cases} 4\{\alpha\beta - \alpha(\alpha+\beta) - \beta(\alpha+\beta)\} = -12 & (x^1\text{の係数}) \\ 4\alpha\beta(\alpha+\beta) = -k & (x^0\text{の係数}) \end{cases}$$

$$\Longleftrightarrow \begin{cases} (\alpha+\beta)^2 - \alpha\beta = 3 \\ k = -4\alpha\beta(\alpha+\beta) \end{cases}$$

$$\Longleftrightarrow \begin{cases} \alpha\beta = (\alpha+\beta)^2 - 3 \\ k = -4\alpha\beta(\alpha+\beta) \end{cases}$$

$$\Longleftrightarrow \begin{cases} \alpha\beta = (\alpha+\beta)^2 - 3 & \text{— ④} \\ k = -4(\alpha+\beta)^3 + 12(\alpha+\beta) & \text{— ⑤} \end{cases}$$

(ⓐ 本番ではテンパる&計算ミスでボロボロだった…。
このような複雑な計算を求められる問題では、いかに計算を簡略化しスピードを上げるかが鍵になるので、
2つの Ⓟ と※3で示したような計算の工夫を日常的に行っていこう。
方針は合っていたので、もう一歩である。)

①、④、⑤を②に代入して、※2

$y = -\frac{3}{2}(\alpha+\beta)^2 + 3\{(\alpha+\beta)^2 - 3\} - \frac{3}{8}\{-4(\alpha+\beta)^3 + 12(\alpha+\beta)\}(\alpha+\beta)$

$= -\frac{3}{2}\cdot 4x^2 + 3(4x^2 - 3) - \frac{3}{8}(-32x^3 + 24x)\cdot 2x$

$= 24x^4 + (-6 + 12 - 18)x^2 - 9$

$= 24x^4 - 12x^2 - 9$ となるが、

③のグラフは右図のようになるから、※3

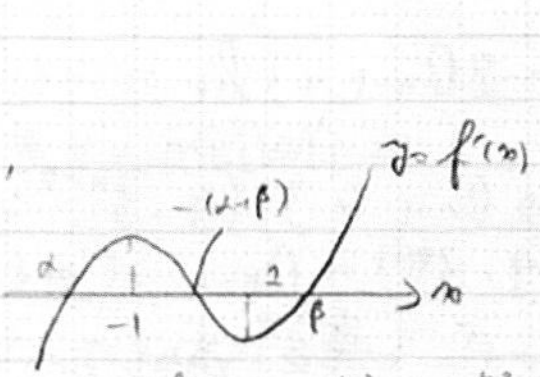

$-1 < -(\alpha+\beta) < 1$

$\Longleftrightarrow -1 < \alpha+\beta < 1$

$\Longleftrightarrow -\frac{1}{2} < x < \frac{1}{2}$ である //

(※1 3次方程式の解と係数の関係で表示するのがベスト!(部分点が入りやすい)
($f'(x)=0$ のもう1つの解を γ などと置き、)
※2 ①は②を出した段階で代入した方が、式が短くなって良い…かも。
※3 ①を求めた時に定義域まで一緒に出すのが ⓞ)

No.
Date

The God
＝　＝
Al Lah

＜初期イスラームの展開＞

○ムハンマド時代…モーセ、イエスも唯一神アッラーの預言者
└メッカ出身　　└ユダヤ教　└キリスト教　を啓典の民
└メディナへヒジュラ ⇒ ウンマ（政教一致の教団国家）

○正統カリフ時代…ウンマの単一指導者、ムスリムの合意で選出
└ジハードによる征服 ⇒ 富の配分をめぐり対立

ムスリム＝アラブ人
　　　　　マワーリー ← みとめ

○ウマイヤ朝…世襲カリフ制
└都ダマスクス　└vs シーア派
アラブ人帝国の性格
└vs マワーリー

○アッバース朝　└スンナ派を基盤
└都バグダード　└ハディースで伝承 ⇒ シャリーア成立
└イスラーム帝国の性格

	アラブ人ムスリム	非アラブ人ムスリム
ウマイヤ朝	ジズヤなし ハラージュなし	ジズヤあり ハラージュあり
アッバース朝	ジズヤなし ハラージュあり	ジズヤなし ハラージュあり

→ 税制上の平等

KOKUYO LOOSE-LEAF ノ-836A 7 mm ruled

<イスラームの分裂① 9-10c カリフ国時代>

イベリア
後ウマイヤ朝
都 コルドバ
10c カリフを称す

北アフリカ
ファーティマ朝
都 カイロ
└イスマーイール派（シーア派）
└アズハル大学
(実はウソ!?)

西アジア　中央アジア
○アッバース朝　都 バグダード
西アジア ブワイフ朝
└イラン軍事政権
└946年 バグダード入城
└大アミールと称し実権
イクター制創始（カリフは象徴）→セルジュークで完成。
12イマーム派のシーア派
中央アジア サーマーン朝
└マムルーク供給

<イスラーム世界の分裂 ～モンゴル帝まで>

西欧
支援要請
十字軍 11c末～13c末
レコンキスタ

小アジア
東ローマ(ビザンツ)
ルーム＝セルジューク

西アジア
※ブワイフ朝
セルジューク朝
ホラズム
※イル＝ハン

中央アジア
※サーマーン朝(西)
カラハン
西遼(カラキタイ)(ナイマン)
※チャガタイ＝ハン

イベリア・マグリブ
※後ウマイヤ
ムラービト朝
ムワッヒド朝
ナスル朝

エジプト
※ファーティマ
アイユーブ朝
マムルーク朝
バイバルス

840年
ウイグル滅
└トルコ人西走

アフガニスタン
ガズナ　ゴール

インド
奴隷王朝
⇒ ハルジー

ニザーム＝アル＝ムルク
ニザーミーヤ学院
└教授 ガザーリー
└スーフィズム理論化
└教団の組織化→普及
バクティと似てる
カーストなし

ジャラリー暦
ウマル＝ハイヤーム『ルバイヤート』
└四行詩

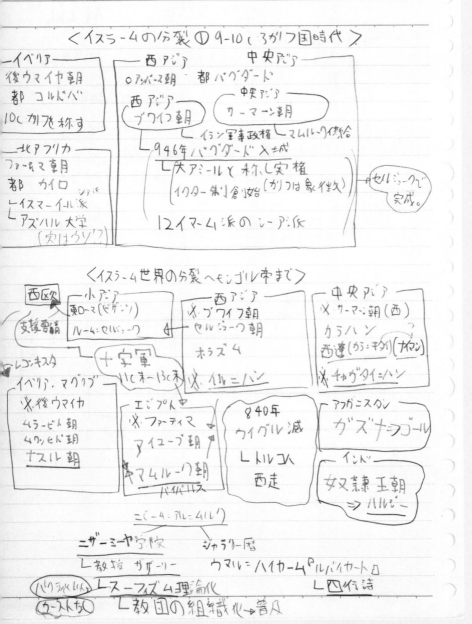

>>ノートの作り方を知りたいときは44ページへ

No. 1
Date

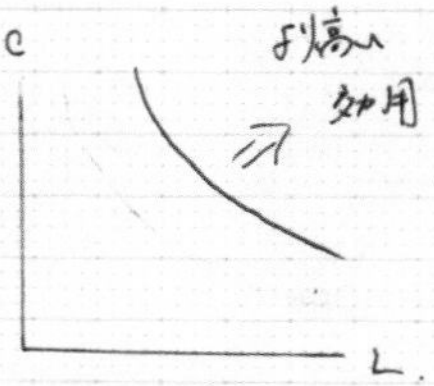

余暇と消費の無差別曲線

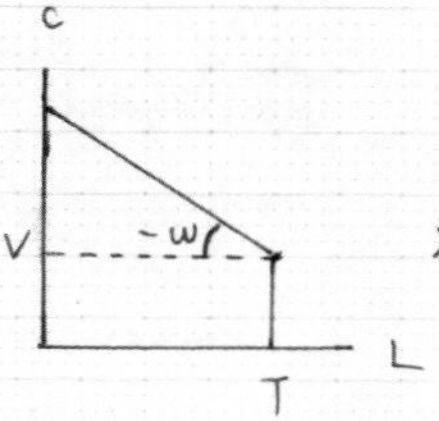

予算制約線

$C \leqq w(T-L)+V$. —①

消費は労働所得と非労働所得の和（＝所得）以下である。

余暇の時間を同じ時間分の賃金によって「買っている」とみなす。

支出：$C+wL$　消費＋余暇×賃金

∧||

論理的に達成できる最大収入M：$M=V+wT$

⟺ ①（式変形により自明）

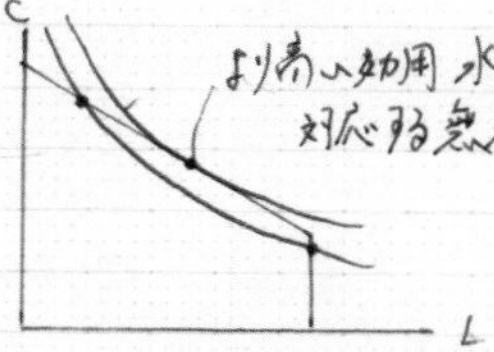

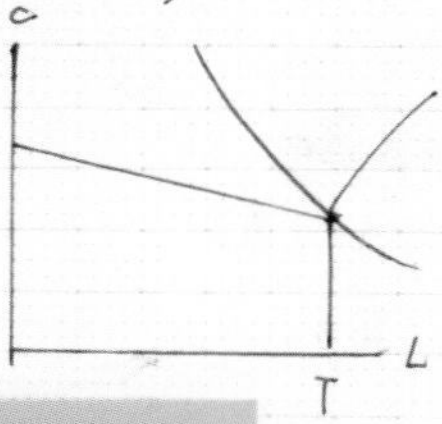

内点解

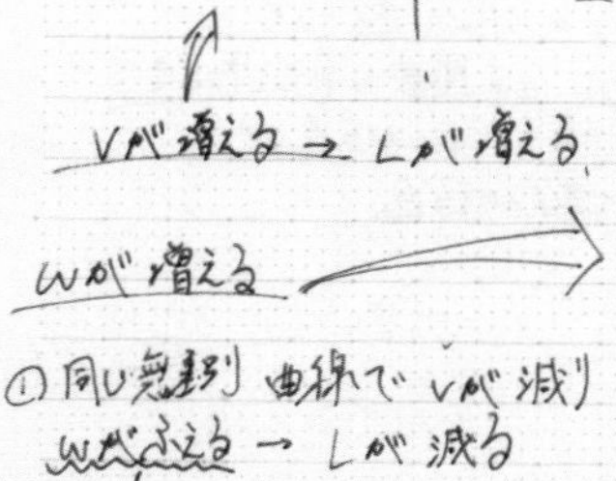

Vが増える → Lが増える

Q. 所得の増大は余暇と消費にどのような影響を及ぼすか？

…効用を実現させるために
…）余暇を消費に代替させる効果

・所得効果：所得＝賃金が増加し、無差別曲線を右上にシフトさせる効果。当然最適な点も右上にシフト。

wが増える →

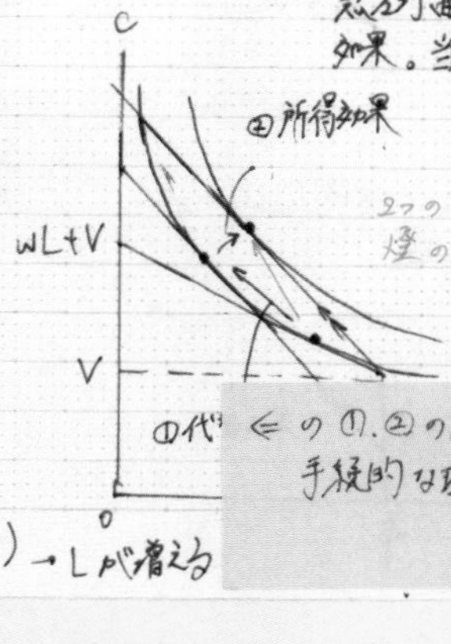

2つのベクトルの合計で緑の矢印の向きに内点解が動く

①+② → Lの変化

①同じ無差別曲線でVが減り
wが増える → Lが減る
↓
②wが固定され無差別曲線が右上にシフト（賃金↑で効用も↑）→ Lが増える

⇐の①.②の理解は、あくまでグラフ上の手続的な理解。本質的なものではない。

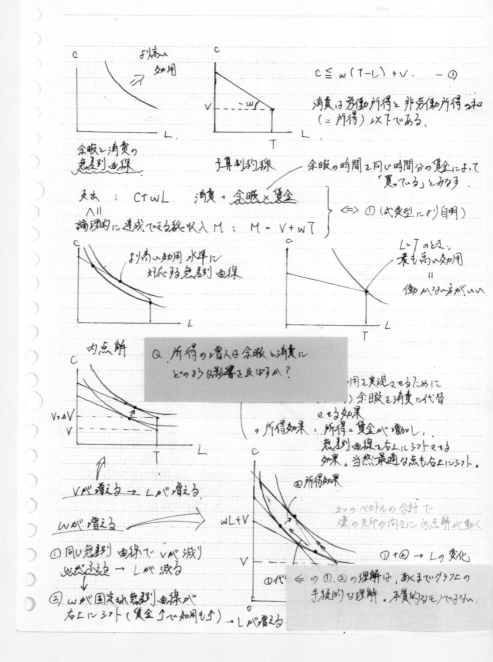

No.

Date

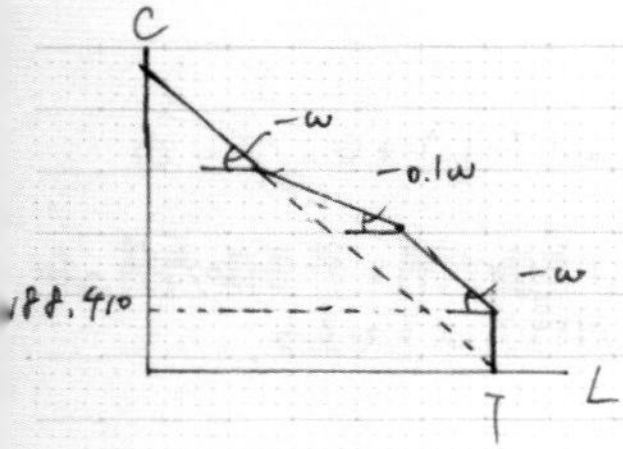

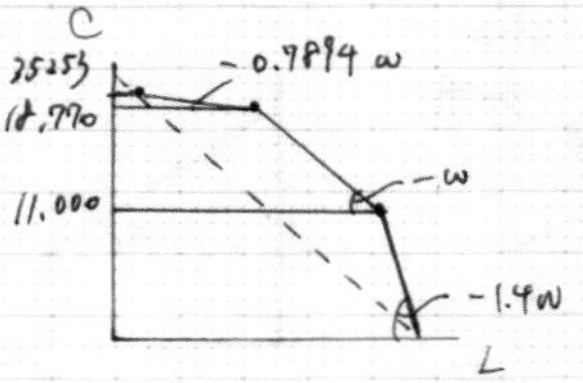

Lを減らしたときのCの伸びが、
−0.1wの傾きの部分は小さい
⇒生活水準が上がらない（Cがふえない）

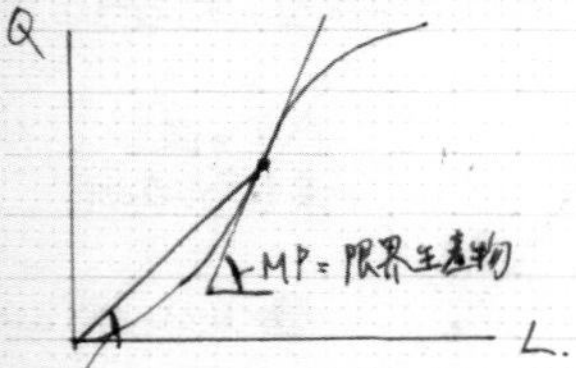

→

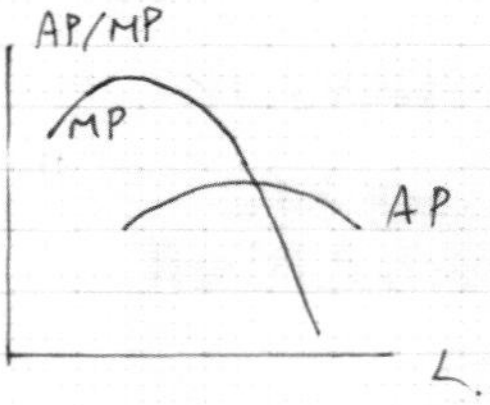

$Q = F(L, \bar{K})$

AP＝平均生産物

$\max_{L} \pi = pF(L, \bar{K}) - wL - r\bar{K}$ ←（$\pi = pQ - wL - rK$に、$Q = F(L, K)$を代入し、Kを固定したもの）

Lについて微分

$pMP_L(L, \bar{K}) - w = 0$ を満たす場合、最適

$\Leftrightarrow pMP_L(L, \bar{K}) = w$

所得　　所得

πはLを増やすと増えるが、ペースがしだいに落ちていく

→πをLの関数と見立てたとき、その傾きが0になる点がπを最大化する点。

MP_L：労働の単位を1増やしたときに増加するQの量

×

p

＝

労働の限界生産物価値.

No.

Date

3章 市場均衡

3.1 部分的均衡分析

一つの市場だけに注目し、他の事情は一定とする。

(a) 市場需要と市場供給

$D^i(P)$：ある財に対する消費者 i の需要

財の価格　　$i=1, \dots I$

市場需要は、

$$D(P) = D^1(P) + \dots D^I P$$

→ 各人の需要曲線をヨコ方向に足し上げることで D(P) のグラフが得られる。

市場供給は、

$$S(P) = S^1(P) + \dots + S^J(P)$$

企業の数

企業 j の供給を $S^j P$ $(j=1, \dots J)$ とする

→ 各企業の供給曲線をヨコ方向に足し上げることで S(P) のグラフが得られる

市場需要曲線と市場供給曲線の交点が市場均衡（需要と供給が一致する点）

No.

Date

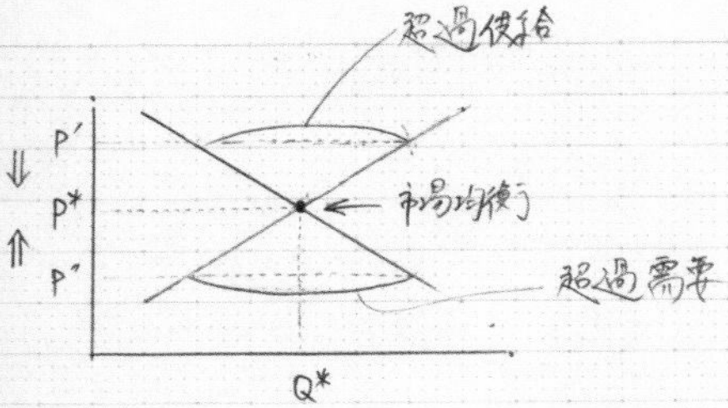

需要と供給はバランスする…価格調整の原理

※・費用価値説と効用価値説 → 現在は2つの理論を統合した見方

☆「供給曲線に沿った動き」と「供給曲線がシフトした時の動き」を
はっきり区別することが重要

シフト・パラメーター：供給曲線や需要曲線をシフトさせる要素。
企業数、要素価格、天候、所得、他の財の
価格など

比較静学：シフト・パラメーターの変化の前後で均衡を比較
すること

需要曲線の導出には注意が必要…最小2乗法などで導出した曲線が
必ずしも正しい需要曲線であるとは限らない！

↑

散布図の点は、需要と供給の交点にすぎないから。

→散布図のデータとシフト・パラメーターから、需要曲線と供給曲線をうまく
別々に推定する（識別問題）

◎言葉の定義から説明してくれているので、経済初学者でも内容を理解しやすい

△グラフのイメージが湧きにくい箇所がいくつかあったので、自分で調べて補強する

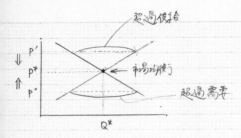

第2章 記憶定着ノート

思い出すための手がかりがほしい

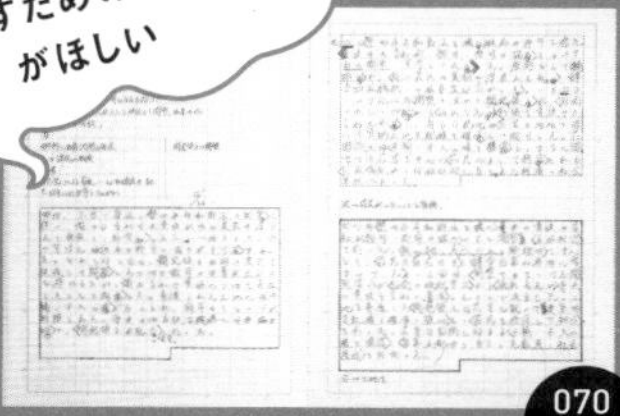

トリガーノート

070ページ

文字を暗記するのに苦手意識がある

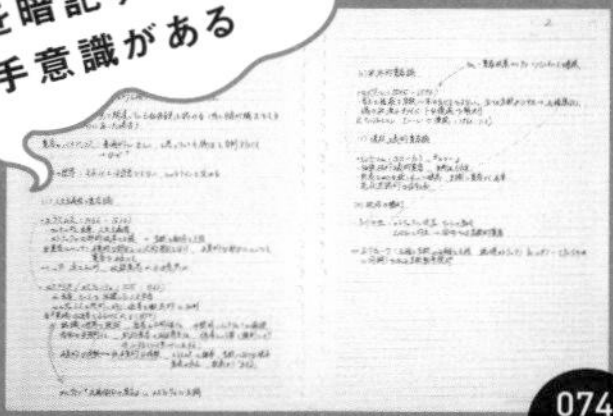

位置記憶ノート

074ページ

単語やフレーズだけを効率的に暗記したい

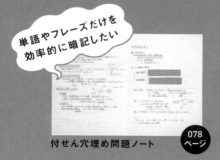

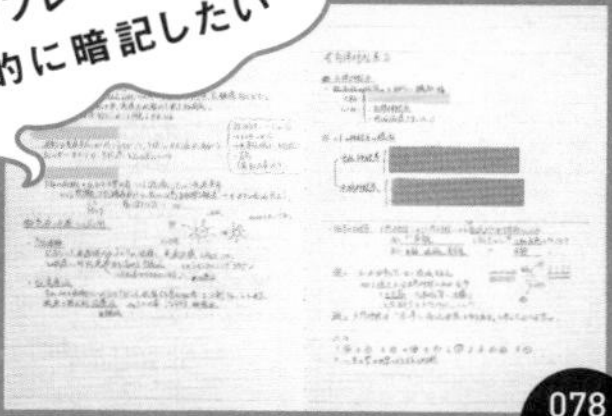

付せん穴埋め問題ノート

078ページ

問題演習もしながら覚えたい

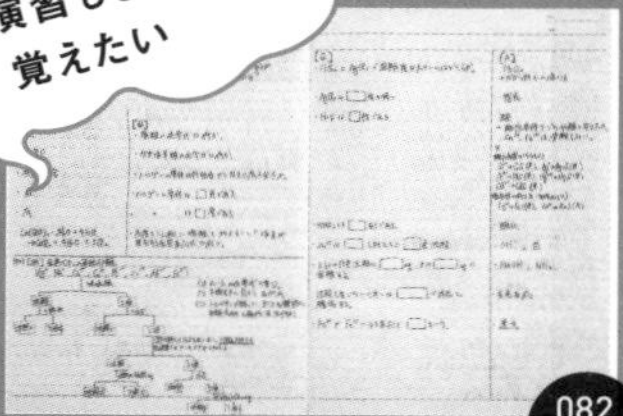

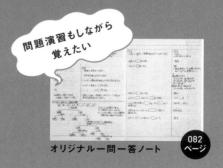

オリジナル一問一答ノート

082ページ

Note deviation value

ノート偏差値 50～60

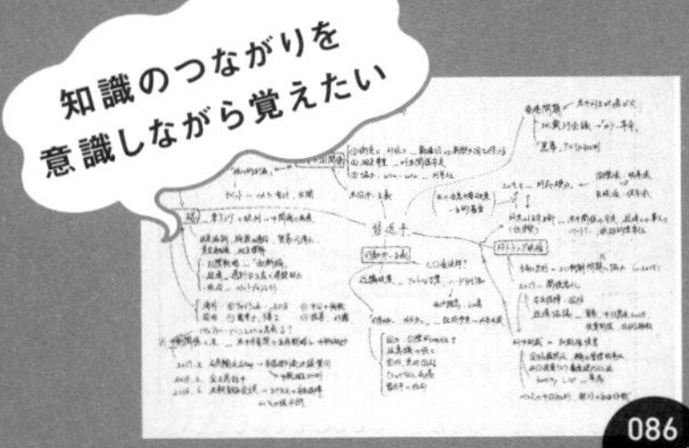
知識のつながりを
意識しながら覚えたい

メモリーツリーノート

086
ページ

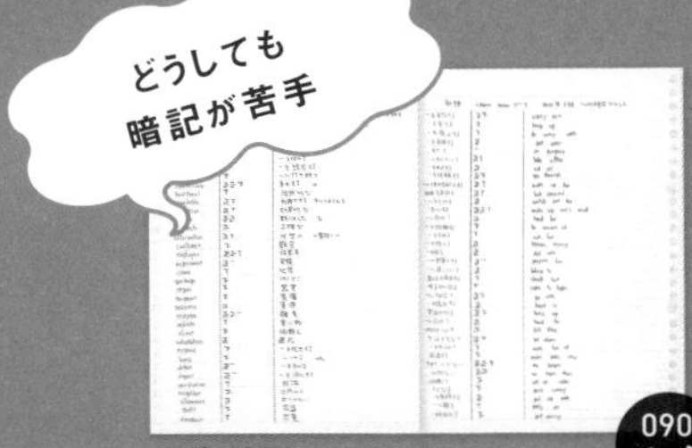
どうしても
暗記が苦手

反復練習ノート

090
ページ

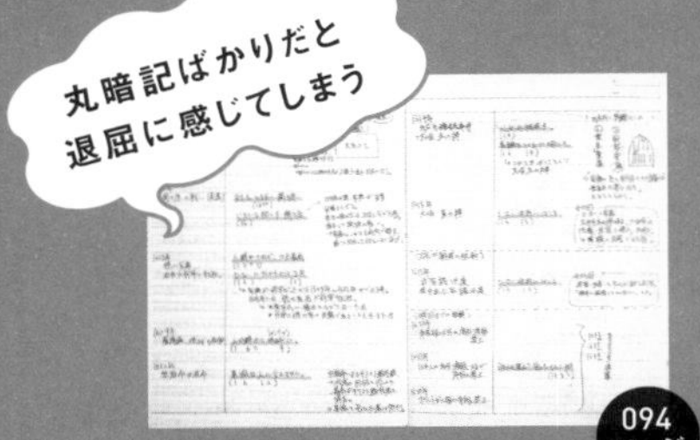
丸暗記ばかりだと
退屈に感じてしまう

ゴロノート

094
ページ

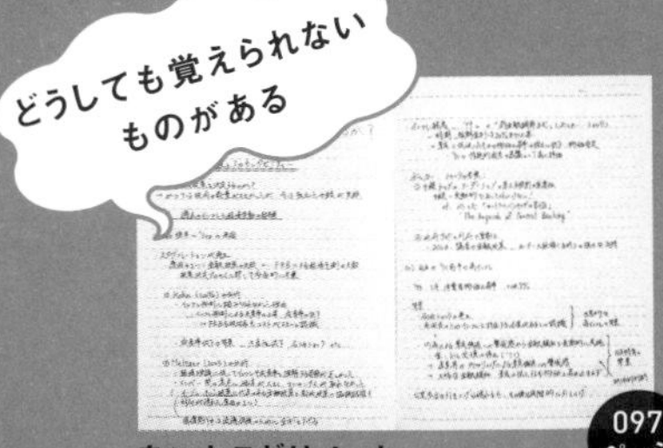
どうしても覚えられない
ものがある

良いとこどりノート

097
ページ

思い出すための
手がかりがほしい

トリガーノート

#汎用性が高い#復習しやすい

記憶力が良いほど勉強において有利になります。しかし、単純に情報を覚えるだけでは意味がありません。頭に入れた情報を使いたいときに引き出せる、そんなアウトプットができて初めてものを覚えたことになります。

多くの人はインプットに精一杯で、「どうやって思い出すか」まで考えられる人は、そこまで多くありません。こうしたアウトプットの問題に対して、頭の中の情報を引っ張り出す「手がかり」を増やす上で有効なのが、この「トリガーノート」なのです。

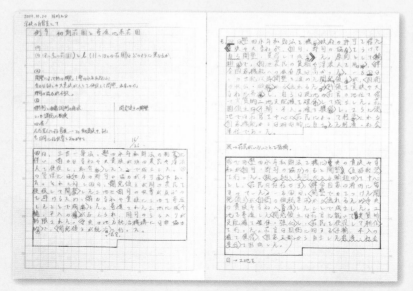

>>ノートを大きく見たいときは100ページへ

ノートの作り方

STEP 1

普段と同じようにノートをとる。

STEP 2

ノートの上部に勉強をした日付、時間、場所を書く。

このノートのお役立ちポイント

旅先の写真を見て、誰と一緒に行って、どこで何を食べたかといった当時の記憶を一気に思い出す、という経験をしたことはないでしょうか。モノや場所というのは記憶と強い関係があり、それを思い浮かべるだけで頭の奥底にあった記憶を一気に思い出すことができます。これを勉強に応用したのが今回紹介するテクニックです。

何かを思い出すためには、思い出すための「手がかり」が必要です。ものを覚えられない、苦手だという人は、こうした思い出すためのトリガーがうまく働いていないことが多いです。そこで、「いつ」「どこで」勉強したかを勉強内容と結びつけることで、試験中に勉強したことをド忘れしてしまったとても、「○月□日の夕方に友達のＡくんと御茶ノ水のカフェで勉強した内容だな」というふうに思い出すことができるようになるのです。

このノートの使い方のコツ

ノートを復習するときには、必ず日付と場所も一緒にチェックするようにしましょう。その上で、「○月□日の夕方」「友達のＡくん」「御茶ノ水のカフェ」といった過去の思い出と勉強内容をリンクさせていきます。自分の思い出を、勉強内容を思い出すための「手がかり」にするのです。1つか2つでも思い出すことができれば、そのときに勉強したことも一緒に思い出せるでしょう。

自分の思い出を、勉強内容を思い出すための手がかりにする。

このノートをもっと活かすには？

勉強を進めていくと、日付や時間、場所が重複するようになり、思い出しにくくなることがあるかもしれません。そのような場合は、「ひとこと日記」を追加してみましょう。「帰りに見た夕焼けがキレイだった」「昼ごはんのカレーが美味しくてテンションが上がった」と、日々のちょっとした情報を書いておけばその日の出来事をイメージしやすくなるので、日付や時間のような無機質な情報だけでは思い出しにくいことも頭に浮かびやすくなります。

なお、このような記憶を引き出す方法は、勉強以外の場面でも役立ちます。たとえば私は、健康管理のために毎日体重を測って記録しているのですが、日付や時間はもちろん、その日に食べたものや運動したことなども一緒に書き留めています。そうすると、月末に見返したときに、何が原因で健康に影響を及ぼしているのかが推測できるようになります。このときに食事まで書いていることで、ただの数値の羅列だった体重の増減に記憶が加わり、より反省や改善につながっています。

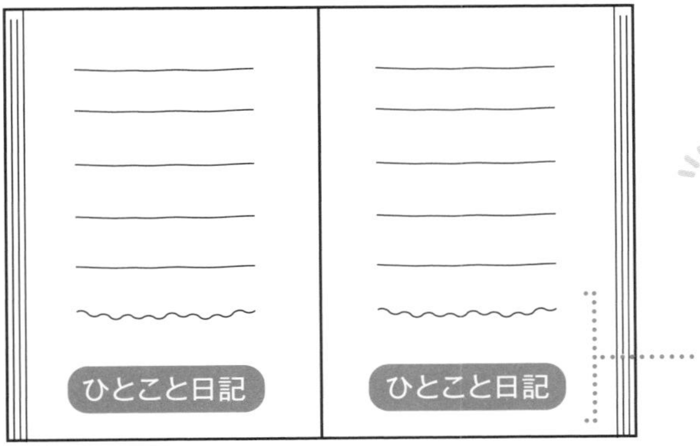

STEP 2

日付や時間、場所だけでは思い出しにくいときは、ひとこと日記を追加する。試験の頻出分野や苦手分野について勉強した日の出来事は多めに記入する。

文字を暗記するのに
苦手意識がある

位置記憶ノート

#インプットに最適#最短で覚えられる

ものの覚え方は人それぞれです。文章を何度も読んで覚えるのが得意な人もいれば、問題をひたすら解いて覚えるのが得意な人もいます。

そうした記憶法の中に、「視覚的に覚える」という方法があります。これは、ノートや参考書の文字を覚えるのではなく、そのイメージを画像として覚える、という方法です。日常生活でも、毎日見かけていた看板広告が違うものに変わっていたときに違和感を持つことがあると思います。それはその位置にその情報があったと無意識に覚えていたからで、今回紹介するテクニックはその現象を利用します。

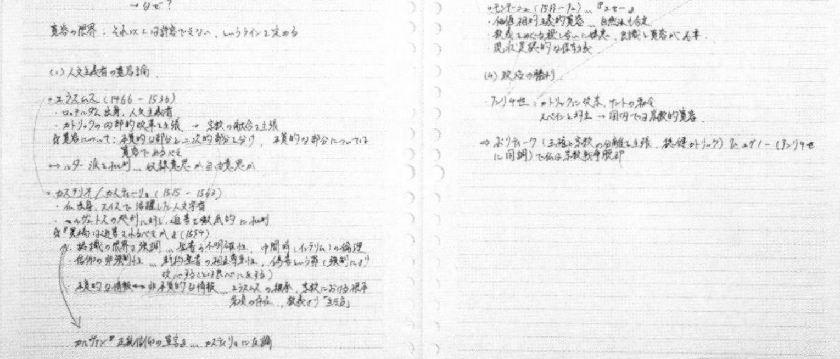

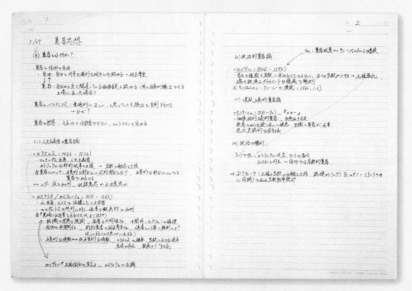

>>ノートを大きく見たいときは102ページへ

ノートの作り方

STEP 1

同じ語句を繰り返し書かないようにして、どの語句がどこに書かれているかを意識しながら書く。

STEP 2

単語やフレーズを矢印や線でつないで、それぞれの関係性を視覚的に把握する。

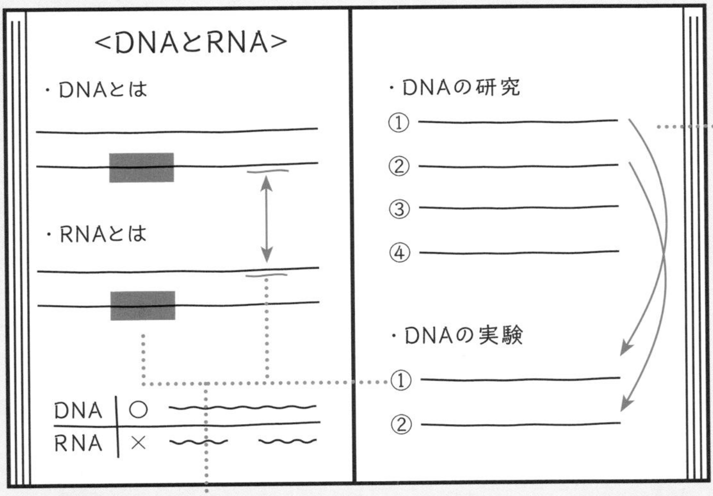

STEP 3

覚えにくい情報は番号を振ったり、色ペンで下線を引いたりして視覚的に目立たせる。

このノートのお役立ちポイント

こうした視覚的な記憶法は、日常生活で多くの人がやっているにもかかわらず、勉強で意識的に実践している人はそこまで多くありません。しかし、記憶法のバリエーションを多く持っていることは、それだけで大きなメリットです。

試験会場でノートの配置を思い出し、そこから忘れていた勉強内容を思い出した経験があるのは、おそらく視覚的に覚えるのが得意な人だけではないでしょう。普段の記憶法がアウトプットだったり、多読であったりする人でも、忘れた知識を思い出すために、ノートのレイアウトやイメージの記憶からたどろうとするはずです。

つまり、自分が得意でない暗記法であったとしても、記憶の仕方や思い出し方の引き出しが多くあったほうが、ものを覚えやすいし、思い出しやすいのです。視覚的に覚えるのが得意な人だけではなく、それ以外の方法でものを覚える人にとっても、意識することでさらに役に立つテクニックでしょう。

このノートの使い方のコツ

このノートの効果を高めるためには、復習の方法を少し工夫する必要があります。ノートを使って復習するとき、普通であればノートに書いてあることを1つひとつ見直すわけですが、「位置記憶ノート」では、見開き1ページを俯瞰するようにざっと眺めるという作業を追加してください。ノートのどの位置になんの情報が書いてあるかを記憶にとどめることが重要なので、大前提としてノートの位置をインプットする習慣をつけておく必要があるのです。

復習のときに、見開き1ページを俯瞰するようにざっと眺める作業を追加する。

また、ノートの「位置」を覚えるというのは、各ページにおいてそれぞれの内容の位置関係を把握するという意味合いが強いです。それは、「ノートの○ページにどんなことが書いてあったか」を意識するということではありません。そうではなくて、「自分が覚えたいページの内容の近くにどんなことが書いてあったか」を覚えることが目的になります。このようにして覚えると、関連する情報同士をまとめてインプットすることができますし、芋づる式に記憶をたぐることができるので一石二鳥というわけです。

このノートをもっと活かすには？

ノートを俯瞰して書いている内容の場所を覚えることをおすすめしました。

ですが、ただ見ているだけでは全体の位置を覚えられないこともあると思います。そういったときは、ノートに位置情報を書き加えてみましょう。

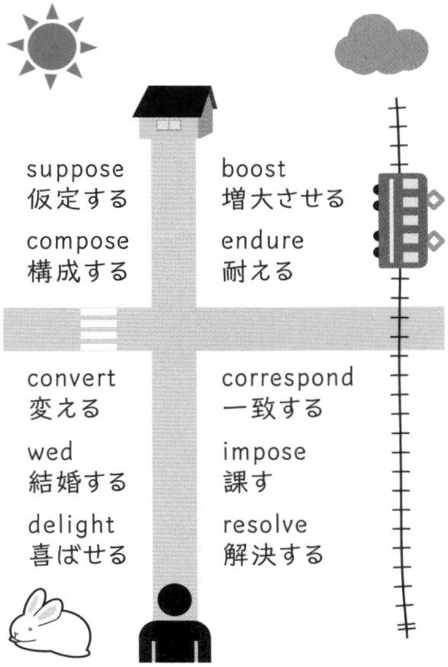

普段見慣れているものを書き込み、その周囲に覚えられない語句を書く。そうすると、地図と単語を連想して思い出すことができる。

たとえば、ノートを今歩いている道に見立てて、太陽や雲、家までの道のりやよく見かけるビル、電車など、普段見慣れているものを簡単に書き込んでみます。その周囲に覚えられない語句を書き連ねてみましょう。そうすると、復習するときに「どこの景色になんの単語があった」と、ノートに書いた位置情報がより明確になり、地図と単語を連想して思い出すことができます。

全体像として覚えられると、その後の勉強が圧倒的にはかどるので、ぜひチャレンジしてみてください。

単語やフレーズだけを
効率的に暗記したい

付せん穴埋め問題ノート

#本番思考#スピード重視#付せん勉強法

　単純な暗記は多くの人にとって苦痛です。できるものなら効率的に、ラクに覚えたいと思っている人は多いでしょう。
　では、そもそも「効率的」とはどういう状態を指すのかわかりますか？　122ページの「深掘りノート」を使えばいくつかの単語を一気に覚えられますし、それ以外にもこの章では効率的な方法をさまざま提示しています。しかし、やはり東大生にとって何が「効率的」なのかといえば、「最小限の努力で暗記を可能とし、継続的に覚えていられる方法」こそ効率的なのです。そのためのノートをご紹介します。

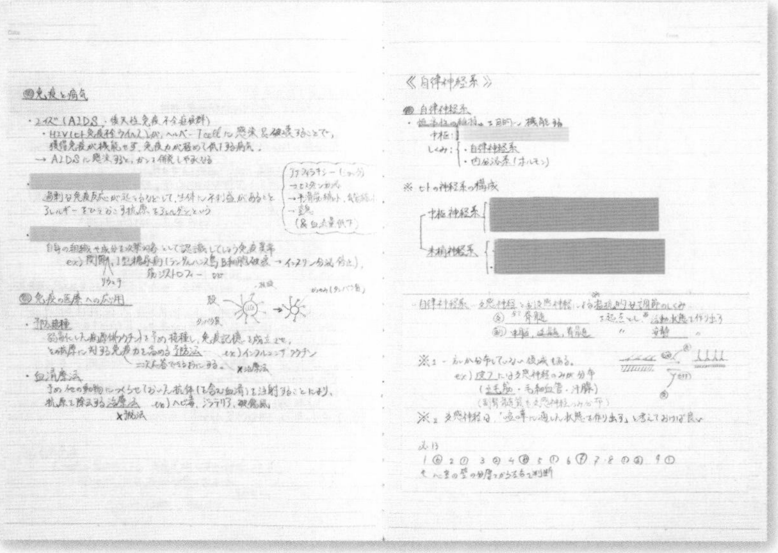

>>ノートを大きく見たいときは104ページへ

ノートの作り方

STEP 1

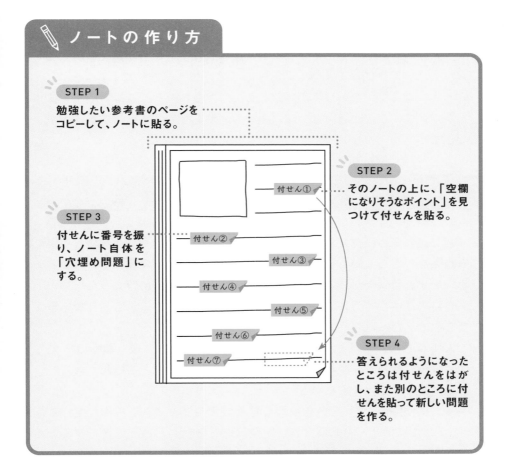

勉強したい参考書のページをコピーして、ノートに貼る。

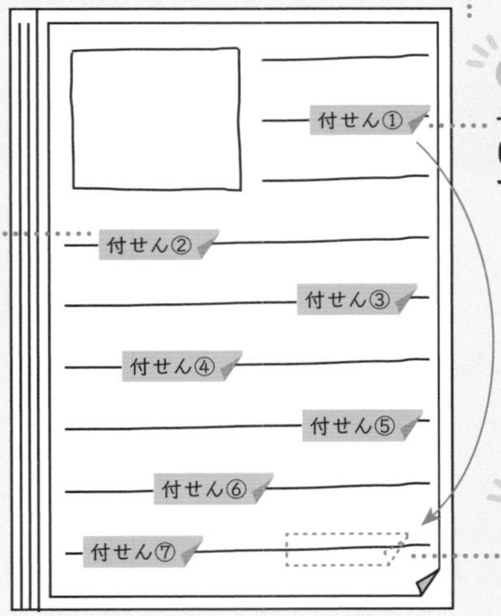

STEP 2

そのノートの上に、「空欄になりそうなポイント」を見つけて付せんを貼る。

STEP 3

付せんに番号を振り、ノート自体を「穴埋め問題」にする。

STEP 4

答えられるようになったところは付せんをはがし、また別のところに付せんを貼って新しい問題を作る。

このノートのお役立ちポイント

試験でもっとも定番なのは、「穴埋め問題」です。穴の空いた文章があり、その中に当てはまる単語や言葉を答えさせるのが一番よくあるパターンで、東大入試でも出題されています。このノートを使えば、どんな穴埋め問題でもすぐに作ることができるので、さまざまな試験問題に柔軟に対応できるようになります。

加えて、穴埋め問題は効率的に暗記する上で非常に有効な問題形式です。穴埋め問題を解くときは文章も一緒に読みますから、何度も解くと穴埋め部分だけでなく文章も暗記することができます。これによって、穴埋めになっていない知識が問題として出題されたとしても対応することができますし、記述問題では穴埋めの文章をそのまま転用することができます。

このノートの使い方のコツ

「どこが穴埋めになったら、自分は答えられないか？」そう意識しながら勉強をしたことがあるでしょうか。割と多くの人が経験していないと思います。何気なく読んでいるそのページが、ふと目に留まったその一文が、実は本番のテストで穴埋め問題として出題されるかもしれない重要なページだったりします。

大切なのは、普段からそういう意識を持って勉強に取り組むことです。つねに問題で問われることを意識して暗記することこそが、もっとも効率的な暗記の仕方なのです。

さらに、「どこに」という視点も重要です。このノートを作っていると、「どこに付せんを貼れば良い問題になるのか」という思考をするこ

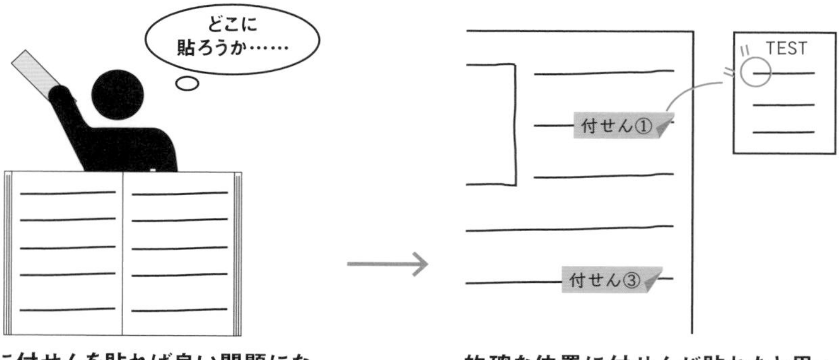

「どこに付せんを貼れば良い問題になるのか」を考えながら付せんを貼る。

的確な位置に付せんが貼れたと思ったら、そここそが一番問われやすいポイントになる。

とになります。そこで的確な位置に付せんが貼れたと思ったら、おそらくその位置こそが、一番問われやすいポイントです。このように、「問題になりそうなポイント」「テストを想定したときに一番重要な箇所」を考えることはとても重要です。

このノートをもっと活かすには？

このノートの良いところは、付せんで穴埋め問題を作ることで、何度も問題を作り直せるところです。

誰しも、ノートを何度も見ていると場所を覚えてしまい、どの位置になんの答えがあるかが瞬発的に出てくるようになります。そして、場所で答えを覚えてしまったことで、もうそのノートを読み返さなくなる恐れがあります。これではせっかく意識して覚えたことが意味をなさなくなってしまいます。

そこで、ある程度覚えてしまったら、付せんの位置をすべて変えてみましょう。友人に貼り替えてもらうのもいいかもしれません。自分以外の人が作った新たな穴埋め問題ができることで、さらに暗記の頻度が増え、ノートを積極的に活用できるのではないでしょうか。

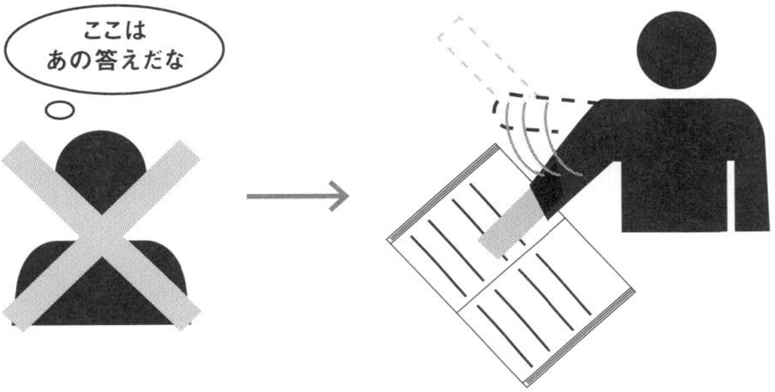

答えの場所を覚えてしまうと、もうノートを読み返さなくなってしまう。

ある程度覚えてしまったら、友人に付せんを張り替えてもらうのも良い。

問題演習もしながら
覚えたい

オリジナル一問一答ノート

＃弱点補強＃インプットに最適＃テストのお供

試験問題には選択肢問題、記述問題、穴埋め問題、単答問題などさまざまな種類があり、形式によって間違い方も異なります。しかし、知識そのものが不足していて不正解だった場合、その問題だけに対応した直し方をするだけでは、「問われている知識は何か」という核心部分を見逃してしまう危険性があります。

そこで、一問一答の形に整理して知識の再インプットを行うことで、問題形式という不要な要素を削ぎ落とした、純粋な知識のインプットが可能になるのです。

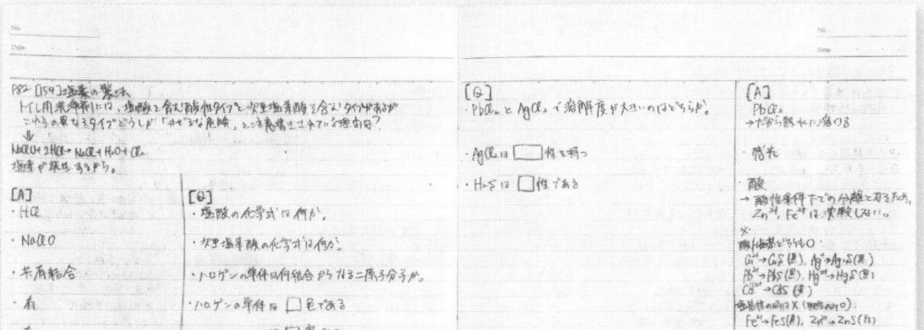

>>ノートを大きく見たいときは106ページへ

ノートの作り方

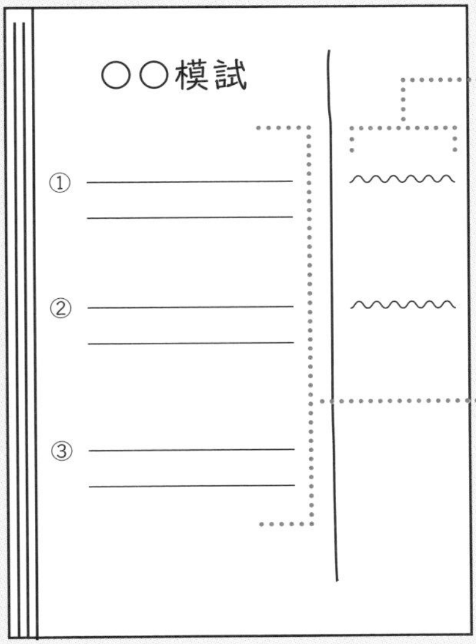

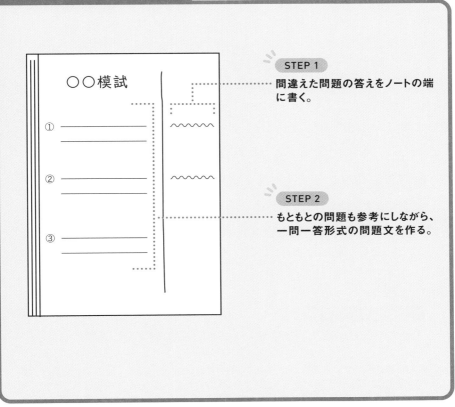

STEP 1
間違えた問題の答えをノートの端に書く。

STEP 2
もともとの問題も参考にしながら、一問一答形式の問題文を作る。

このノートのお役立ちポイント

「オリジナル一問一答ノート」を使えば、出題形式に縛られずに知識の整理をすることができます。一問一答は純粋に知っていれば正解、知らなければ不正解ですから、知識を問う上ではうってつけの形式です。これで試験範囲の暗記事項を完璧にインプットできれば、知識系の問題で苦労することはまずないでしょう。

また、選択肢問題のように単答問題以外の問題も一問一答に変換する必要があり、そのための問題文を考える必要があります。実は、この文章を考えること自体が勉強になるのです。問題の文章を考えるということは、出題者の視点に立って考えるということです。出題者が受験生に対して、ある知識について問うためにどのような問題を作るのかを知ることは、問題を解く際に思わぬ効果を発揮します。「この問題ではこれについて答えてほしい」という出題者のメッセージが理解できるようになるので、記述問題などで部分点をもらいやすくなるのです。

選択肢問題を一問一答形式に変換

間違えた選択肢

「承久の乱で、後鳥羽上皇は北条泰時の討伐の院宣を発して挙兵した」（正しくは北条義時）

↓

一問一答形式に変換

「承久の乱で、後鳥羽上皇は____の討伐の院宣を発して挙兵した」

ただ選択肢を眺めているだけでは、「北条氏の名前をきちんと覚えているか？」という選択肢の出題意図を即座に理解することはできない。それを一問一答形式にすることで、「自分は何を間違えたのか」「出題者はどの知識を問おうとしたのか」をすぐに理解することができる。

このノートの使い方のコツ

答えの部分を折って隠して、市販の一問一答問題集のように使いましょう。復習したときにできなかった問題には付せんを貼っておいて、定期的に復習するようにします。できるようになったと思ったら付せんを剥がし、すべての付せんがなくなるまで繰り返します。なぜ付せんを貼るのかというと、ノートを閉じていても付せんがはみ出して見えることで、「まだこんなに残ってるんだから、ちゃんと勉強しなきゃ！」と自分にプレッシャーをかけることができるためです。

結局のところ、暗記のためには地道な反復作業が不可欠です。そのため、気合で無理やり覚えようとするのではなく、自分が自然と頑張り続けることができる仕組み、ルール作りを考える必要があるでしょう。

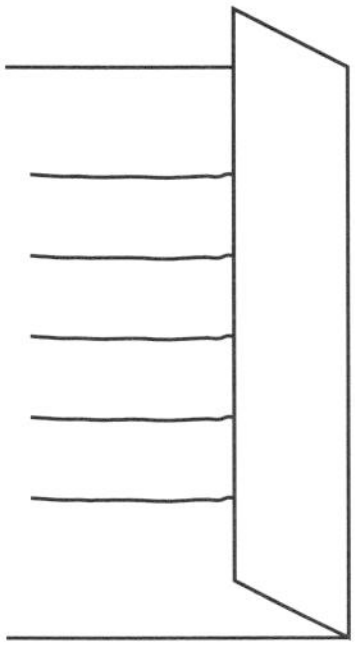

このノートを使うときは、答えの部分を折って市販の一問一答集のようにする。

このノートをもっと活かすには？

実は、一問一答ノートの活用は試験問題だけにとどまりません。これは私が日常的に使っている方法ですが、意識したいことを問いにして、ノートの右側に答えを書いています。

たとえば、私は今この本を執筆しているわけですが、「３章の原稿をいつまでに仕上げるか？」と問いにし、答えとして締切日を書きます。また、「次の打ち合わせでどんなことを言うべきか？」と問いにし、「レイアウトの変更を必ず伝える」と書きます。このように必要な情報や覚えておきたいことを答えという形にすることで、ただノートに書き留める以上に、より記憶に定着し、必要なこととして頭の中で意識されるようになります。

総じて頭が良いと言われている人は、思考のメリハリを上手につけることができます。その工夫を頭の中からノートに出すことによって、思考と行動が伴います。ノートは勉強するときだけに使用する手段ではありません。日常生活におけるさまざまな考えを可視化し、明確に行動に移すことを可能とするので、つねにノートをとる習慣を持つことをおすすめします。

メモリーツリーノート

＃全体像をとらえる＃知識をつなげる

知識同士のつながりを発見できるようになると、物事をいろいろな角度から捉えることになるので、思い出すための「トリガー」が増え、忘れにくくなります。そもそも、知識とはネットワーク上に、無秩序に広がっているものです。それをわかりやすく、体系的に整理したものが教科書だったり、カリキュラムだったりするわけです。

しかし、普段のノートでは、知識のつながりや関連を理解するには限界があります。そこで、これまでのノートの取り方とはまったく違うこのテクニックを使って問題に対処してみましょう。

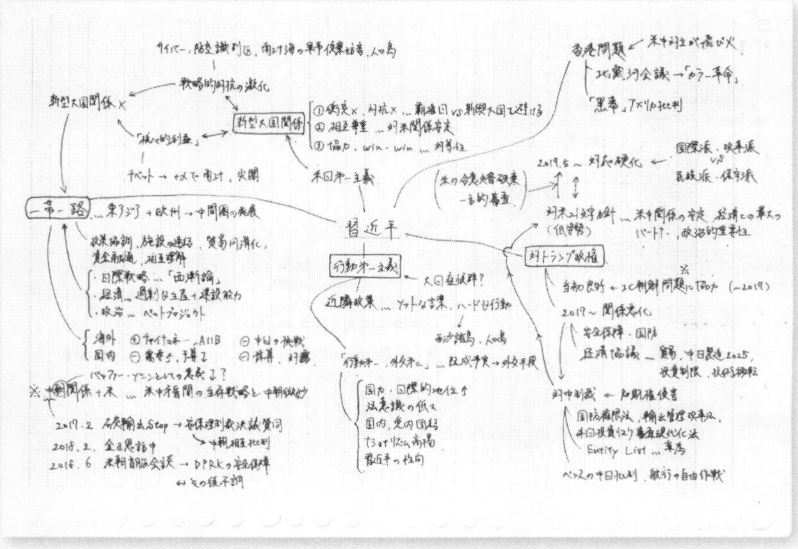

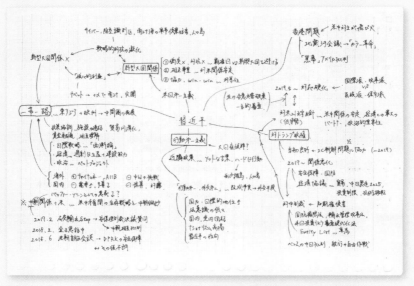

>>ノートを大きく見たいときは108ページへ

ノートの作り方

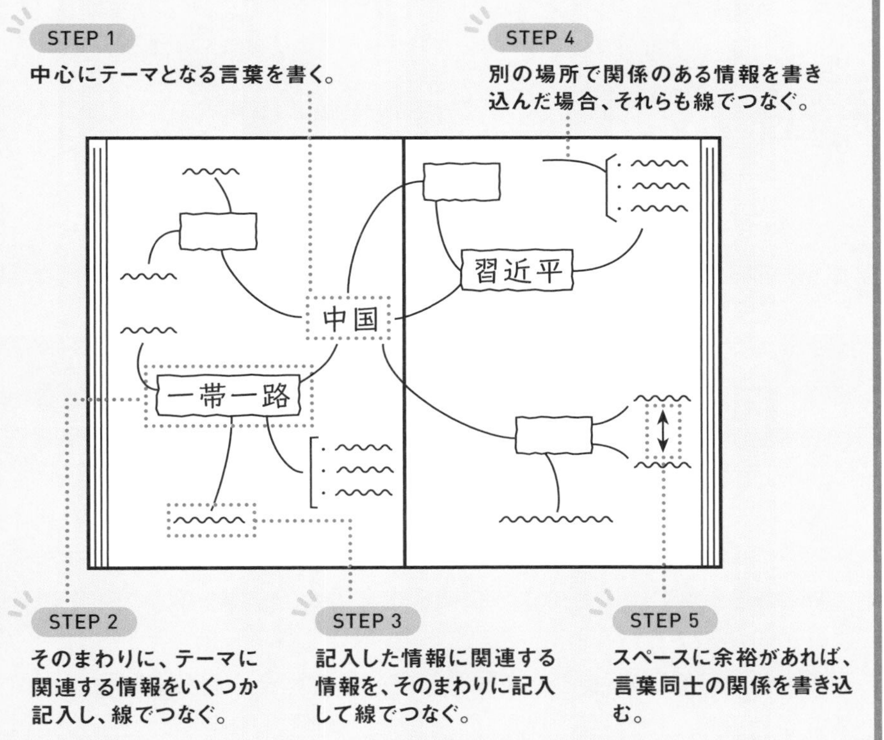

STEP 1
中心にテーマとなる言葉を書く。
STEP 4
別の場所で関係のある情報を書き込んだ場合、それらも線でつなぐ。
習近平
中国
一帯一路
STEP 2
そのまわりに、テーマに関連する情報をいくつか記入し、線でつなぐ。
STEP 3
記入した情報に関連する情報を、そのまわりに記入して線でつなぐ。
STEP 5
スペースに余裕があれば、言葉同士の関係を書き込む。

このノートのお役立ちポイント

丁寧に書きすぎないことが最大のポイントです。作ってみるとわかりますが、線をあちこちに引かなければならないので、どんなに丁寧に作ってもキレイにまとまることはありません。ある程度の見やすさは度外視して、ガンガン書き込んでしまいましょう。

また、直感のままに書くというのも重要です。ノートとは、その人のものの考え方を反映したものでもあります。あれこれ考えるのではなく、自分の脳内をそのまま紙に落とし込むイメージで書いていくのがおすすめです。場合によっては図や絵を書き込んで、視覚的にわかりやすく工夫するのもいいでしょう。

このノートの使い方のコツ

このノートの目的は、情報と情報のつながりを線でつないで目に見える形にすることで、さまざまな知識を関連させて覚えることにあります。そのため、ノートを見直すときは「どの要素とどの要素がつながっているか」「両者にはどのような関係があるか」を1つひとつ確かめるようにしましょう。

たとえば、英単語でメモリーツリーを作る場合、同じ意味を持つ関係、逆の意味を持つ関係、単語の成り立ちが似ている関係など、多くのつながりのパターンが想定できます。ただ単に「あの単語とこの単語はつながりがあるな」で終わるのではなく、「rejectとreturnは同じreという語幹を持っていて、これは『再び』という意味を持っているからつながりがあるんだな」というように、具体的なイメージを持つようにしましょう。

また、ノートを一度書いたきりで終わるのではなく、何度も加筆・修正をしましょう。勉強が進むにつれて、以前習った内容と新しく習った内容が実はつながっているということに気がつくようになります。そうした発見をその場限りで終わらせるのではなく、ノートに書き足すことで頭に定着させましょう。

このノートをもっと活かすには？

メモリーツリーは、情報同士のつながりは整理できますが、歴史の流れのように物事の順番を整理するという点では向いていないところがあります。ですが、ちょっとした工夫によって、情報の順番と知識のつながりの両方を整理できるようになります。

まず、ノートの真ん中にメモリーツリーでまとめるテーマを書きます。そして、普段のメモリーツリーと同じように、紙の上部からテーマの関連情報を記入していきます。このとき、紙の上から反時計回りに物事の順番が進んでいくように、関連情報を記入していきましょう。

たとえば、世界史で「毛沢東」をテーマにメモリーツリーを作るとします。まず紙の真ん中にテーマを記入し、「政治」「経済」「外交」の3つの中テーマを用意し、等距離になるように配置します。その上で、毛沢東の政治上の出来事を、反時計回りに記入していきます。経済、外交についても同様に書き込んでいきます。このように整理すると、歴史上の前後関係を押さえながら、知識同士のつながりも同時に押さえることができます。

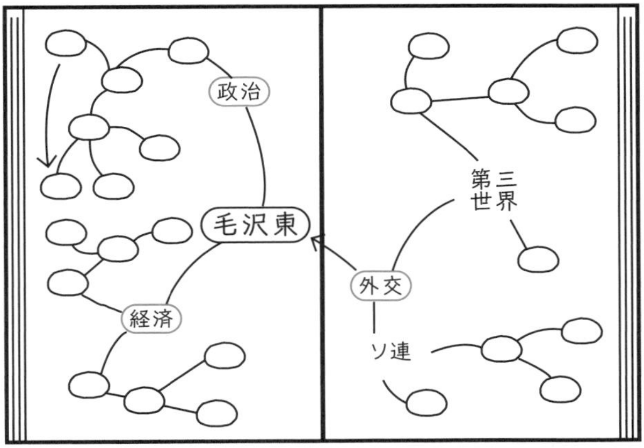

テーマに関連する情報を反時計回りに記入すると、情報の順番と知識のつながりの両方を整理することができる。

どうしても
暗記が苦手

反復練習ノート

＃何度も使える＃インプットに最適

なぜ人間は、暗記したいことを忘れてしまうのでしょうか。それには簡単な理由があって、「覚えられるまで反復練習ができていないから」なのです。

たとえば大抵の場合、1回や2回見ただけで覚えることはできません。それを10回20回と見て、覚えにくいところはチェックして……ということを根気強くやっていけば、回数に差は出るかもしれませんが覚えられないことはありません。この「覚えられるまで反復練習」をするためのノートが、「反復練習ノート」です。

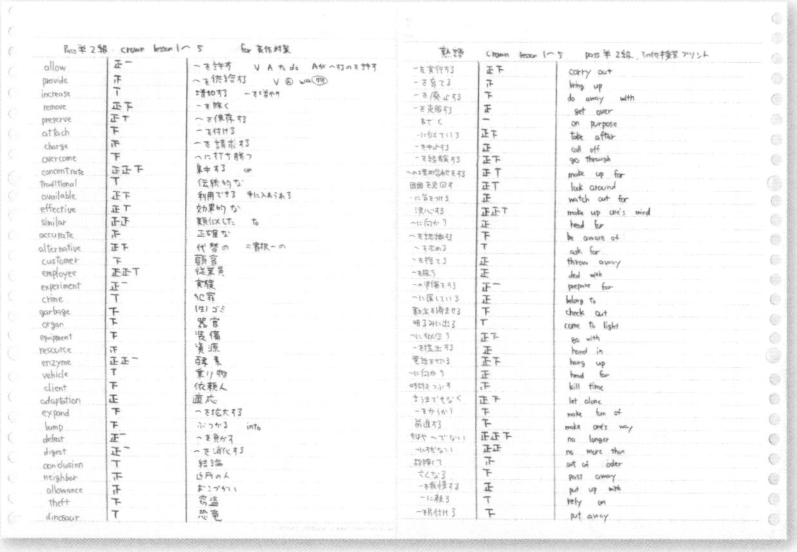

>>ノートを大きく見たいときは110ページへ

ノートの作り方

STEP 1
覚えたい事項を左にオレンジペンで書く。

STEP 2
その意味を右側に書く。

STEP 3
赤シートで隠してチェックして、答えられなければ「正」を加えていく。このチェックの回数が多いものほど重点的に勉強する。

英単語	チェックした回数	単語の意味の説明
crime	一	犯罪
organ	正丅	器官
enzyme	正正下	酵素
client	丅	依頼人
bump	下	ぶつかる(into)
defeat	一	～を負かす
digest	一	～を消化する

このノートのお役立ちポイント

この章を通してさまざまな暗記ノートテクニックを紹介してきました。これらは暗記の手助けになるノートではありますが、最終的に暗記するのはあなた自身です。

暗記をするには反復練習することがやはり王道です。ただ、反復練習して暗記をするといっても、何度も見て暗記をしたり、闇雲に書き散らしたりするような覚え方をすることはあまり効率が良くありません。きちんと反復練習をすることと、がむしゃらに覚えようとすることはまったく異なります。

正しい暗記の反復練習の方法は、覚えられていない箇所と覚えた箇所で強弱をつけることです。当たり前のことだと感じる人も多いと思いますが、英単語の勉強をしようと思ったときに毎回単語帳やテキストの暗記を一番初めから始めていませんか？　前半はよく覚えているけど後半は全然覚えられていない。このような事態に陥ってしまうとなかなか効率の良い暗記はできません。

また問題を解くときが、実は一番脳に定着しやすいときだと言われています。コロンビア大学の研究結果では、インプットとアウトプットの黄金比は3:7であることがわかっています。つまり、インプットした内容をどんどん問題を解いて定着させる訓練をつねにやっていかなければならないのです。

このノートは、そのために非常に役に立ちます。オレンジの部分を隠して簡易的な問題チェックができる上に、もしそれで難しいところがあれば何度でも反復練習できるわけです。このノートを使えば、暗記事項の定着は間違いありません。

このノートの使い方のコツ

このノートには、「どの暗記事項をどれくらい間違えたのか」をチェックできる部分があります。このチェック機能が非常に重要です。何度も言っていますが、「反復練習」さえすれば暗記事項を覚えることができます。覚えられなかった単語を何度もチェックして、自分にとって難しい部分を洗い出す作業をしていくと、おのずと自分はどこが苦手でどういうポイントで間違えやすいのかが見えてきます。そうした、自分の弱点の可視化・数値化によって、自分を客観的に見つめ直したり、弱点を把握することも可能になってきます。みなさんもぜひ、自分の弱点を見つめ直してみてください。

また、単語帳など暗記すべきことがまとまったものがあれば便利です。ただ、暗記したい内容が複数のノートやテキストに載っている場合や、先輩からのアドバイスやテレビで流れていた内容といった紙媒体として残らないものの場合もあると思います。

そのときは、このノートを作成することで暗記すべきことをまとめることができ、自分が何回反復練習したのかを可視化できるので、とくにおすすめです。漠然と暗記する状態から脱してきちんと効率良く暗記をしていきましょう。

このノートをもっと活かすには？

余裕ができたら、意味の説明もオレンジで書いて、その説明ができるかどうかも別でチェックしてみましょう。

たとえば英単語を覚えようとしたとき、英単語を見て日本語の意味がわかるようにする場合と、日本語を見て英単語がわかるようにする場合の2パターンがあります。一般的に前者の勉強がメインですが、英作文やスピーキングの勉強には後者も大切です。各人のレベルに応じて使い分けるといいでしょう。

また専門用語を暗記したい場合は、その専門用語を見てその意味を説明できるかどうかを確認するとさらにいいでしょう。長い説明を丸暗記することは大変ですから、覚える際には流れをしっかりイメージするようにします。たとえば「インフォームド・コンセント」という用語の説明を覚える際には、「インフォームド（informed）＝知らせる」「コンセント（consent)＝同意」だから、「医療関係者から患者さんに十分な説明、情報を知らせた上での患者の選択や同意」といった形です。

ただ暗記事項を覚えるだけではなく、きちんと理解をし、用語から意味、意味から用語といったどちらの方向でも答えることができるようになることを目指して勉強してみてください。

丸暗記ばかりだと
退屈に感じてしまう

ゴロノート

＃最短で覚えられる＃作っていて面白い

単純な暗記は苦痛なものです。どうしても暗記をしなければならないタイミングもありますが、「つまらないなぁ」という感覚が邪魔をして、なかなか効率的に覚えることができません。東大生も、5教科7科目という膨大な科目で、大量の丸暗記を入試で求められました。

しかし「語呂合わせ」を使えば、覚える苦痛を少しだけ和らげることができます。「1.41421356……」と無機質に覚えるのではなく、「ひとよひとよにひとみごろ」としたほうが記憶に残りやすいのです。このノートでは、その「語呂合わせ」を支援します。

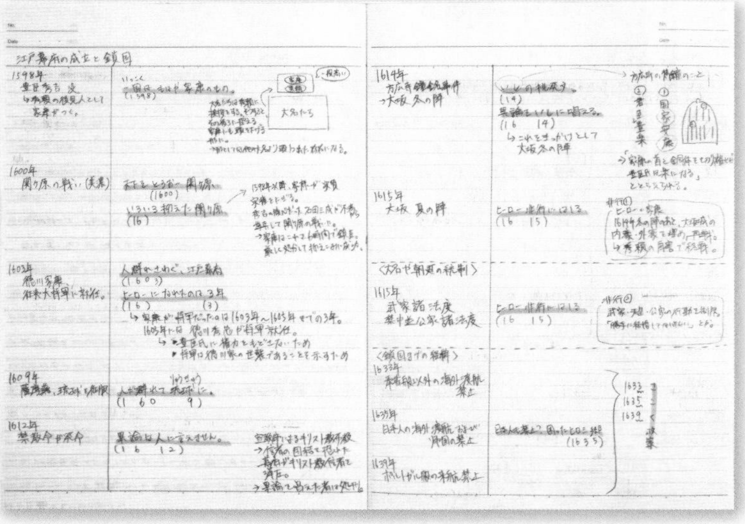

>>ノートを大きく見たいときは112ページへ

ノートの作り方

STEP 1

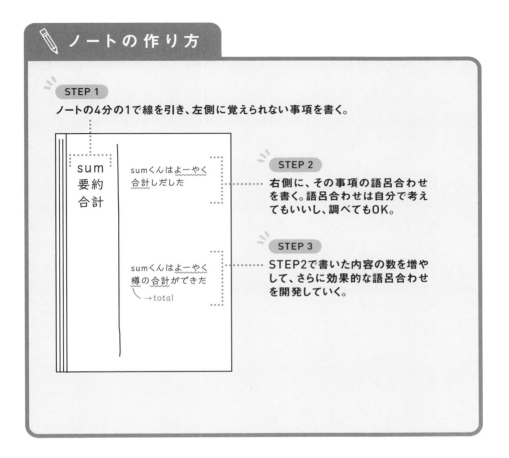

ノートの4分の1で線を引き、左側に覚えられない事項を書く。

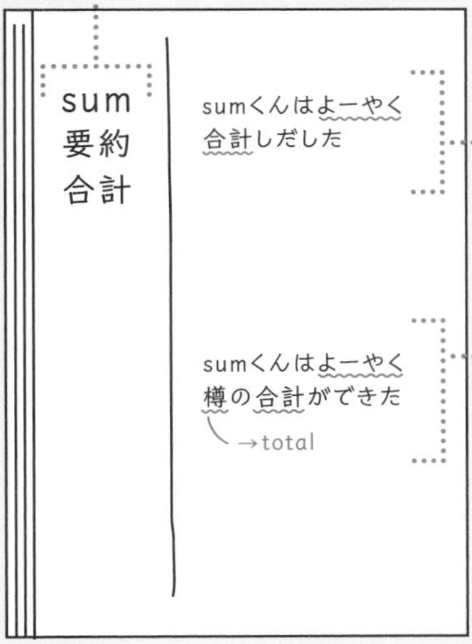

sum
要約
合計
sumくんはよーやく
合計しだした
sumくんはよーやく
樽の合計ができた
→total

STEP 2

右側に、その事項の語呂合わせを書く。語呂合わせは自分で考えてもいいし、調べてもOK。

STEP 3

STEP2で書いた内容の数を増やして、さらに効果的な語呂合わせを開発していく。

このノートのお役立ちポイント

語呂合わせを網羅的に整理することによって、覚えにくいフレーズを印象づけて覚えることができるようになります。テストや試験の前に語呂合わせだけでも暗唱しておけば、なかなか頭に入らない、覚えにくいフレーズでも音とリズムで覚えることができるようになり、本番でも「これは語呂合わせで覚えたやつだ！」と思い出せるようになります。ぜひ試してみてください。

このノートの使い方のコツ

せっかく語呂合わせを作るのですから、1つの語呂に覚えたいことを複数詰め込みましょう。たとえば「sum」という英単語は「合計」という意味がありますから「サムくんは合計する」という語呂合わせを作ることができます。しかし、これではsumという英単語が合計以外の「要約」だとか「つまり」といった意味で出題されたときに対応できなくなってしまいます。

必要なのはsumという英単語が持つさまざまな意味を、1つの語呂に集約することです。「サムくんはよーやく（要約）、合計し出した」とか、「よーやく（要約）、サムくんと樽（＝total、sumと同じ意味の言葉）の数の合計ができた」といった語呂が作れればいいでしょう。

そのため、STEP1、2よりも、STEP3に時間を割くようにしましょう。そして自分だけの、たくさんの情報が詰まった語呂合わせを作っていくのです。

語呂合わせの例

「そうでない（deny）と否定する」
「犬（けん）寝る（kennel、犬小屋）ところ」
「担任（turn in）に提出する」

このノートをもっと活かすには？

語呂合わせは、一度作ったら終わりではありません。たびたび見直しては情報を追加し、語呂をアップデートしていくのです。年号に関する語呂合わせなら出来事やかかわった人物も、単語に関する語呂合わせなら同じ意味の言葉や熟語も語呂に追加していきます。語呂が持つ意味が増えれば増えるほど、語呂はその効果を発揮するのです。

良いとこどりノート

#1冊で完璧#テストのお供

「まとめノートを作ろうと思っても、うまく言葉が出てこない」「何をまとめればいいかわからない」と思っている人は多いでしょう。そういうときは、教科書やノートに書いてある文章の良いところを丸写ししてしまえばいいのです。
「書く」という動作を通じて、人は文章をより深く読み込み、自分のものにすることができます。読んでいるときは気にならなくても、書き写すことで「この文はどういう意味なんだろう」とか「この文は重要そうだな」という新たな発見があるのです。

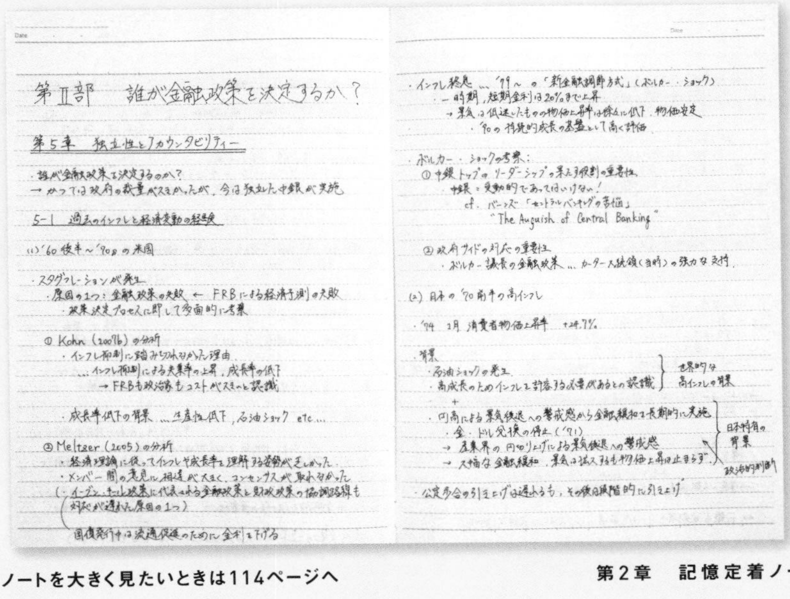
第Ⅱ部　誰が金融政策を決定するか？

第5章　独立性とアカウンタビリティー

・誰が金融政策を決定するのか？
→かつては政府の裁量が大きかったが、今は独立した中銀が実施

5-1　過去のインフレと経済変動の経験

(1)'60後半～'90sの米国

・スタグフレーションが発生
・原因の1つ：金融政策の失敗 ← FRBによる経済予測の失敗
・政策決定プロセスに即して多面的に考察

① Kohn (2007b) の分析
・インフレ抑制に踏み切れなかった理由
…インフレ抑制による失業率の上昇，成長率の低下
→ FRBも政治家もコストが大きいと認識

・成長率低下の背景 …生産性低下，石油ショック etc…

② Meltzer (2005) の分析
・経済理論に従ってインフレや成長率を理解する姿勢が乏しかった
・メンバー間の意見に相違が大きく，コンセンサスが取れなかった
(・イーブン・キール政策に代表される金融政策と財政政策の協調路線も対応が遅れた原因の1つ)
国債発行中は流通促進のために金利を下げる

・インフレ終息 … '79～の「新金融調節方式」(ボルカー・ショック)
・一時期，短期金利は20%まで上昇
→景気は低迷したものの物価上昇率は徐々に低下，物価安定
・'90の持続的成長の基盤として高く評価

・ボルカー・ショックの考察：
① 中銀トップのリーダーシップの果たす役割の重要性
中銀＝受動的であってはいけない！
cf. バーンズ「セントラルバンキングの苦悩」
"The Auguish of Central Banking"

② 政府サイドの対応の重要性
・ボルカー議長の金融政策 … カーター大統領(当時)の強力な支持

(2) 日本の'70前半の高インフレ

・'74 2月 消費者物価上昇率 +24.7%

・背景
・石油ショックの発生
・高成長のためインフレを許容する必要があるとの認識 } 世界的な高インフレの背景
+
・円高による景気後退への警戒感から金融緩和を長期的に実施
・金・ドル兌換の停止('71)
→ 産業界の円切り上げによる景気後退への警戒感
→ 大幅な金融緩和，景気は拡大するも物価上昇は止まらず } 日本特有の背景
政治的判断

・公定歩合の引き上げは遅れるも，その後段階的に引き上げ

>>ノートを大きく見たいときは114ページへ

ノートの作り方

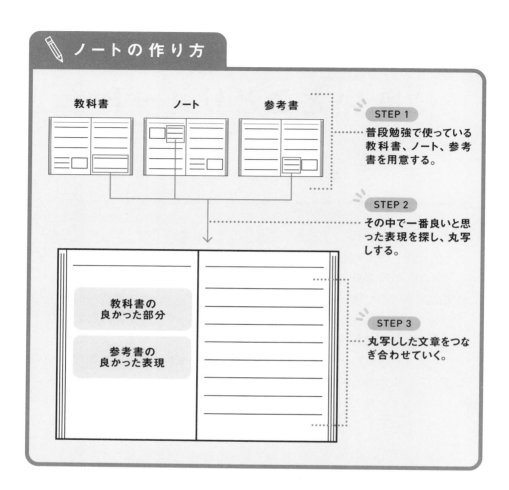

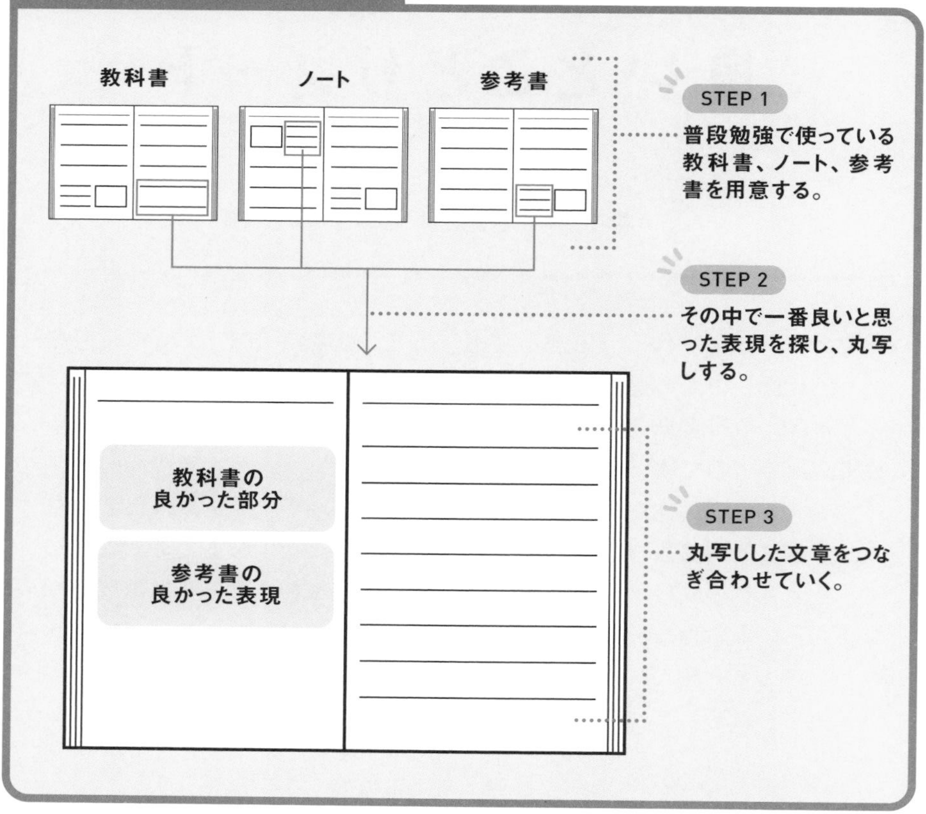

教科書
ノート
参考書
STEP 1
普段勉強で使っている教科書、ノート、参考書を用意する。
STEP 2
その中で一番良いと思った表現を探し、丸写しする。
教科書の
良かった部分
参考書の
良かった表現
STEP 3
丸写しした文章をつなぎ合わせていく。

このノートのお役立ちポイント

良いとこどりノートを作るメリットは、アウトプットを通じたインプットを可能にする点にあります。読むことによるインプットには「早い」というメリットがありますが、その分インプットの質や理解度は不十分になりやすく、「わかったつもり」に陥りがちです。一方で、このノートは「書く」というアウトプットの作業を取り入れることで、ある程度の時間はかかるものの、質の高い、深い理解につながるインプットが可能になるのです。

少しでもノート作成に使う時間を減らすため、丸写しする文章は、深く考えすぎず直感で決めてしまいましょう。ノートを使って情報をまとめるときにありがちですが、ノートの作成に時間を使いすぎてしまい、作り上げるだけで勉強したつもりになってしまう「自己満足」の失敗パターンがよく見られます。丁寧にノートをとる傾向がある人は、とくにスピードを意識するといいかもしれません。

このノートの使い方のコツ

良いとこどりノートを見直すときに、参考にした教科書や参考書も一緒に見ながら復習してみましょう。2つのテキストを同時に見て、自分が書き写していない表現も一緒に確認することで、1つのテーマについて多角的に捉え、記憶定着をより押し進める効果があります。

COLUMN 東大生のワザ 4冊分を丸写し

全国模試で1位をとったことのある東大生の友人は、この勉強法を発展的にマスターしていました。彼はなんと世界史の教科書を4冊（！）購入し、それらの中から良かった文章を抜き出してつなげていくノートを作り上げていました。まさに「良いとこどり」です。教科書の文章は非常によく練られているので、自分が論述問題で使いたい表現をまとめておけば、そのまま東大の論述問題にも応用できます。初めてこのノートを見せてもらったときは、「そりゃ全国1位にもなるな」と思ったものです。もちろん、ここまでやる人は東大生でも少数派かもしれませんが、それだけ丸写しは効果的な勉強だということを、みなさんには覚えておいてほしいです。

2014.10.20 16時30分

学校の自習室にて

例9 初期荘園と寄進地系荘園

問

ⓐ 18〜9cの荘園)とⓑ(11〜12cの荘園)はどのように異なるか。

ⓐ:

開墾によって新田開発(墾田永年私財法)

有力な寺社や大貴族が人々を使役して開墾、私有地化

郡司の協力が不可欠。

ⓑ

律令制と租庸調制の崩壊

土地課税に転換

田堵

在庁官人による寄進 → て。有力貴族や、寺社

も国司による収奪をまぬがれる

開発領主の開墾

11/26

ⓐは、三世一身法、墾田永年私財法の制定に伴い、有力な寺社や大貴族が班田農民や浮浪人を使役し、私有地化したことで成立した。ⓐの管理には地方の郡司の協力が不可欠であった。それに対しⓑは、開発領主が周辺農民を使役して開墾した土地に国司の収奪が及ぶのを避けるため、有力寺社や貴族に土地を寄進したことで成立した。寄進された土地には不輸、不入の権が与えられ、国司の立ち入りが制限された。中央の地方統治機構には非協力的で、開発領主が統治を行った。

+「荘官」

モ、ⓐは〈墾田永年私財法を機に〉政府の許可を得た《貴族や大寺社が、〈国司・郡司の協力〉をうけて自ら開墾・買得して成立》した。原則として〈輸租田〉で、〈周辺農民の賃租や浮浪人を用い〉、〈律令国家機能への依存度は高かった〉。一方ⓑは、10世紀以降〈開墾を進めた開発領主〉が、〈国衙の収公・徴税〉から〈逃れるため〉所領を貴族や大寺社に寄進し、自らは現地の〈荘官の地位〉を得て実質的土地支配権を確保〉して成立した。荘園領主は〈不輸・不入の権を獲得〉し、さらに現地では荘官を中心に〈荘民によって経営〉される〈国家機能からは相対的に自立〉した経済・社会単位であった。

※→荘民がいないことを指摘。

ⓐでは〈墾田永年私財法を機に〉《中央の貴族や寺社が〈国司・郡司の協力〉のもと開墾》、〈直接経営〉を行った。〈租の納入義務がある輸租田〉を中心とし、〈荘民は存在せず〉、〈律令国家の枠内に留まっていた〉。一方ⓑは、〈開墾で力をつけた開発領主〉が〈国衙の徴税要求〉から〈逃れるため〉〈中央の貴族や寺社へ寄進〉したことで成立した。土地を寄進した〈開発領主は荘官に就いて実質的支配権を確保・強化〉し、〈荘民を使役して耕作〉を行った。荘官は国衙に対する〈不輸・不入の権を獲得〉、〈国家支配から自立した経済・社会単位〉を形成した。

ⓑ→土地を.

No.

Date

5/27　寛容思想

(0) 寛容とは何か？

寛容と信仰の自由
・自由：自分と同等な権利を相手にも認める＝相互尊重
↓↑
・寛容：自分から見て間違っている価値観を認める（特に自身が矯正できる立場にあった場合）

寛容のパラドックス：普遍的に正しい、と思っていても矯正を自制するべき
→なぜ？

寛容の限界：それ以上は許容できない、というラインを定める

(1) 人文主義者の寛容論

○エラスムス（1466－1536）
・ロッテルダム出身、人文主義者
・カトリックの内部的改革を主張 → 宗教の融合を主張
☆寛容について：本質的な部分と二次的部分を分け、本質的な部分については寛容であるべき
↔ルター派を批判…奴隷意思か自由意思か

○カステリオ／カスティーリョ（1515－1563）
・仏出身、スイスで活躍した人文学者
・セルヴェトゥスの処刑に対し、迫害を徹底的に批判
☆『異端は迫害されるべきか』（1554）
・認識の限界を強調…聖書の不明確性、中間時（インテリム）の倫理
・信仰の非強制性…新約聖書の相互尊重性、偽善という罪（強制により改心することは良心に反する）
・本質的な情報↔非本質的な情報…エラスムスの継承、宗教における根本条項の存在、教義より「生き方」

カルヴァン『正統信仰の宣言』…カスティリョに反論

No. 2

Date . .

仏：寛容政策 ↔ サン＝バルテルミの虐殺

(2) 政治的寛容論

○ロピタル（1505－1573）

・君主の権威を宗教に求めるべきではない。全ての宗教から中立 → 王権強化

・魂の救済はプライベートな領域で解決可

※サンジェルマン・アン・レーの演説（1562.1.3）

(3) 懐疑主義的寛容論

○モンテーニュ（1533－92）…『エセー』

・価値相対主義的寛容 … 自然法も否定

・教義をめぐる殺し合いに嫌悪、良識と寛容が必要

・現状是認的な保守主義

(4) 政治の勝利

・アンリ4世：カトリックに改宗、ナントの勅令

スペインと対立 → 国内では宗教的寛容

⇒ ポリティーク（王権と宗教の分離を主張、穏健カトリック）とユグノー（アンリ4世に同調）で仏は宗教戦争脱却

KOKUYO LOOSE-LEAF ノ-F836BK 6mm ruled×36 lines

Date

免疫と病気

・エイズ(AIDS、後天性免疫不全症候群)
・HIV(ヒト免疫不全ウイルス)が、ヘルパーT cell に感染&破壊することで、獲得免疫が機能せず、免疫力が極めて低下する病気。
→ AIDSに感染すると、ガンを併発しやすくなる

・[redacted]
過剰な免疫反応が起こるなどして、生体に不利益があること
アレルギーをひきおこす抗原をアレルゲンという

アナフィラキシー(ショック)
→ヒスタミン分泌
→平滑筋収縮、気管縮
→窒息
(&血流量低下)

・[redacted]
自身の組織や成分を攻撃対象として認識してしまう免疫異常
ex) 関節リウマチ、I型糖尿病(ランゲルハンス島B細胞破壊 → インスリン分泌停止)、筋ジストロフィー など

免疫の医療への応用

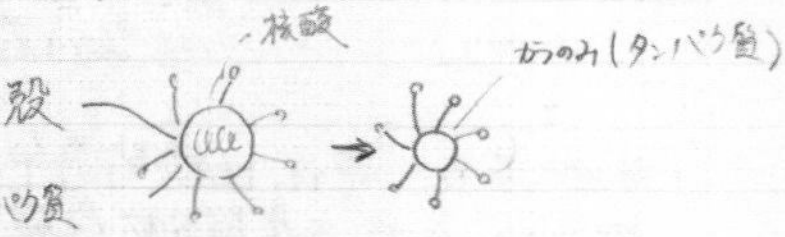

・予防接種
弱毒化した病原体(ワクチン)を予め接種し、免疫記憶を成立させ、その抗原に対する免疫力を高める予防法 ex) インフルエンザワクチン
二次応答できるようにする。
×治療法

・血清療法
予め他の動物につくらせておいた抗体(を含む血清)を注射することにより、抗原を除去する治療法 ex) ヘビ毒、ジフテリア、破傷風
×予防法

Date

《自律神経系》

自律神経系
・恒常性の維持を目的に機能する
　中枢：[redacted]
　しくみ：{・自律神経系
　　　　　・内分泌系（ホルモン）

※ ヒトの神経系の構成

中枢神経系 [redacted]

末梢神経系 [redacted]

○自律神経系…交感神経と副交感神経による拮抗的な調節のしくみ（※1）
　㊈ 全て脊髄　を起点とし、（※2）活動状態を作り出す
　㊆ 中脳，延髄，脊髄　〃　安静　〃

※1 一方しか分布していない領域もある。
　ex) 皮フには交感神経のみが分布
　　（立毛筋・毛細血管・汗腺）
　　（副腎髄質も交感神経のみ分布）

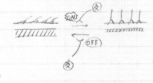

※2 交感神経は「喧嘩に適した状態を作り出す」と考えておけば良い

必13
1 ⑥ 2 ① 3 ② 4 ⑧ 5 ① 6 ⑦ 7・8 ①③ 9 ①
↑ 心室の壁の分厚さから左右を判断

No.

Date

P82 [154] 塩素の製法

トイレ用洗浄剤には、塩酸を含む酸性タイプと次亜塩素酸を含むタイプがあるが
これらの異なるタイプどうしが「まぜるな危険」と注意書きされている理由は?

⇓

$NaClO + 2HCl \rightarrow NaCl + H_2O + Cl_2$

塩素が発生するから。

[A]	[Q]
・HCl	・塩酸の化学式は何か。
・$NaClO$	・次亜塩素酸の化学式は何か。
・共有結合	・ハロゲンの単体は何結合からなる二原子分子か。
・有	・ハロゲンの単体は □ 色である
・有	・　〃　は □ 害である
・$Ca(ClO)_2 \cdot 2H_2O + 4HCl \rightarrow CaCl_2 + 4H_2O + 2Cl_2$	・高度さらし粉に塩酸を加えることで塩素が発生する化学反応式は何か。

P101 [184] 金属イオンの系統分離

Ag^{+}, Na^{+}, Ca^{2+}, Cu^{2+}, Pb^{2+}, Zn^{2+}, Al^{3+}, Fe^{3+}

- +希塩酸
  - 沈殿
    - +熱水
      - 沈殿a
      - ろ液b
  - ろ液
    - +H_2S
      - 沈殿c
      - ろ液
        - ①加熱してH_2Sを追い出し、HNO_3を加える ②過剰のアンモニア水を加える
          - 沈殿
            - 過剰のNaOH aq
              - 沈殿d
              - ろ液e
          - ろ液
            - H_2S
              - 沈殿f
              - ろ液
                - $(NH_4)_2CO_3$ aq
                  - 沈殿g
                  - ろ液h

(1) a〜hの化学式を書け。
(2) 下線部の目的は何か。
(3) hのイオンが残っていることを確認する実験名称と操作法は何か。

No.

Date

2]

bCl₂ とAgCl₂で溶解度が大きいのはどちらか。

gCl₂は[ ]性を持つ

H₂Sは[ ]性である

NO₃は[ ]剤である。

n²⁺は[ ]を加えると[ ]色沈殿

上記の白色沈殿は[ ]aq、又は[ ]aqに
溶解する。

沈殿を生じないイオンは[ ]で存在を
確認する。

Fe^{3+}がFe^{2+}になる反応を[ ]という。

[A]

・$PbCl_2$
→だから熱水に溶ける

・感光

・酸
→酸性条件下での分離となるため、
Zn^{2+}, Fe^{2+}は沈殿しない。

※
酸/塩基どちらも○:
Cu^{2+}→CuS(黒), Ag^{+}→Ag_2S(黒)
Pb^{2+}→PbS(黒), Hg^{2+}→HgS(黒)
Cd^{2+}→CdS(黄)
塩基性の時はX(酸性の時○):
Fe^{2+}→FeS(黒), Zn^{2+}→ZnS(白)

・酸化

・OH^{-}, 白

・NaOH, NH_3

・炎色反応

・還元

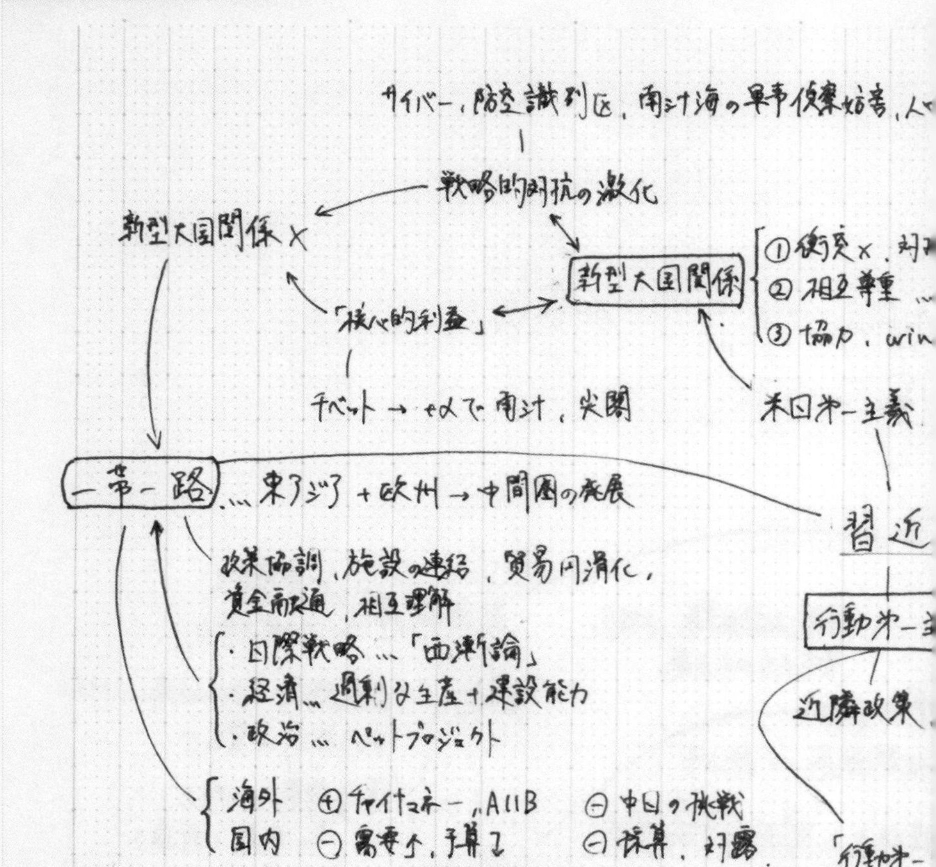

サイバー、防空識別区、南シナ海の軍事作業妨害、人
戦略的対抗の激化
新型大国関係 ×
新型大国関係
①衝突×、対
②相互尊重
③協力、win
「核心的利益」
チベット
南沙、尖閣
米国第一主義
一帯一路 … 東アジア＋欧州 → 中間圏の発展
政策協調、施設の連結、貿易円滑化、
資金融通、相互理解
・国際戦略 …「西進論」
・経済 … 過剰な生産＋建設能力
・政治 … ペットプロジェクト
海外 ⊕チャイナマネー、AIIB ㊀中日の挑戦
国内 ㊀需要↑、予算↓ ㊀採算、汚職
バッファー・ゾーンとしての意義↓？
※中朝関係＋米 … 米中矛盾間の生存戦略と中朝微妙
2017.2 石炭輸出Stop → 安保理制裁決議賛同
→ 中朝相互批判
2018.2. 金正恩訪中
2018.6 米朝首脳会談 → DPRKの安全保障
↔ その後不調
習近
行動第一主
近隣政策
「行動第一

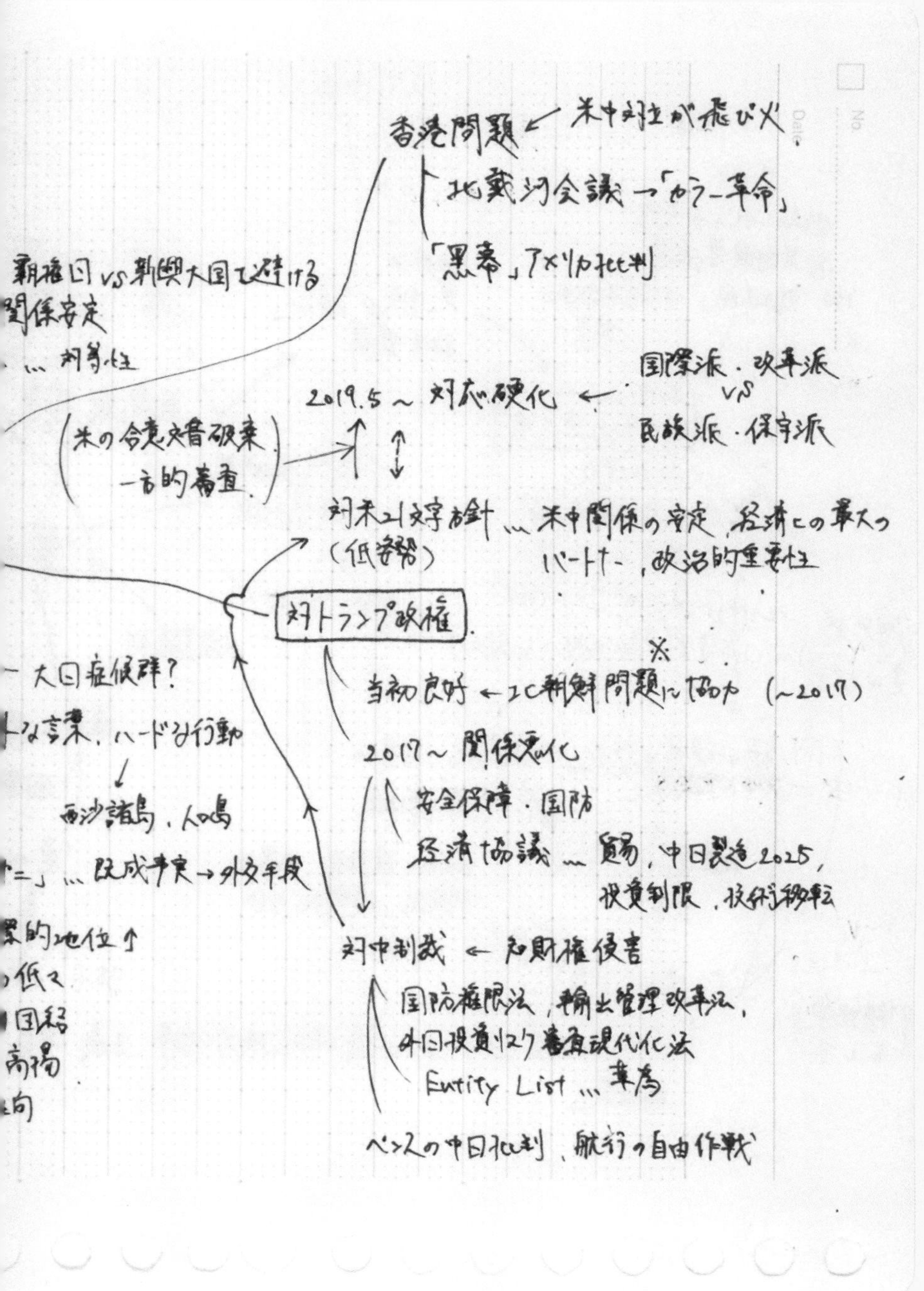
香港問題 ← 米中対立が飛び火
「北戴河会議 → 「カラー革命」
「黒幕」アメリカ批判
覇権国vs新興大国で避ける
関係安定
… 対等性
2019.5～ 対応硬化 ←
国際派・改革派 vs 民族派・保守派
(米の合意文書破棄
一方的審査)
対米21文字方針 … 米中関係の安定、経済上の最大のパートナー、政治的重要性
(低姿勢)
対トランプ政権
※
当初良好 ← 北朝鮮問題に協力 (~2017)
2017～ 関係悪化
安全保障・国防
経済協議 … 貿易、中国製造2025、投資制限、技術移転
対中制裁 ← 知財権侵害
国防権限法、輸出管理改革法、外国投資リスク審査現代化法
Entity List … 華為
ペンスの中国批判、航行の自由作戦
大国症候群?
ハードな行動
西沙諸島、人工島
既成事実 → 外交手段

Pass単2級 crown lesson 1〜5 for 英作対策

allow	正一	〜を許す V A to do Aが〜するのを許
provide	止	〜を供給する V Ⓐ with (物)
increase	T	増加する 〜を増やす
remove	正下	〜を除く
preserve	正T	〜を保存する
attach	下	〜を付ける
charge	止	〜を請求する
overcome	下	〜に打ち勝つ
concentrate	正正下	集中する on
traditional	T	伝統的な
available	正下	利用できる 手に入れられる
effective	正T	効果的な
similar	正正	類似した to
accurate	止	正確な
alternative	正下	代替の 二者択一の
customer	下	顧客
employee	正正T	従業員
experiment	正一	実験
crime	T	犯罪
garbage	下	(生)ゴミ
organ	下	器官
equipment	下	装備
resource	止	資源
enzyme	正正一	酵素
vehicle	T	乗り物
client	下	依頼人
adaptation	正	適応
expand	下	〜を拡大する
bump	下	ぶつかる into
defeat	正一	〜を負かす
digest	正一	〜を消化する
conclusion	T	結論
neighbor	止	近所の人
allowance	止	おこづかい
theft	下	窃盗
dinosaur	T	恐竜

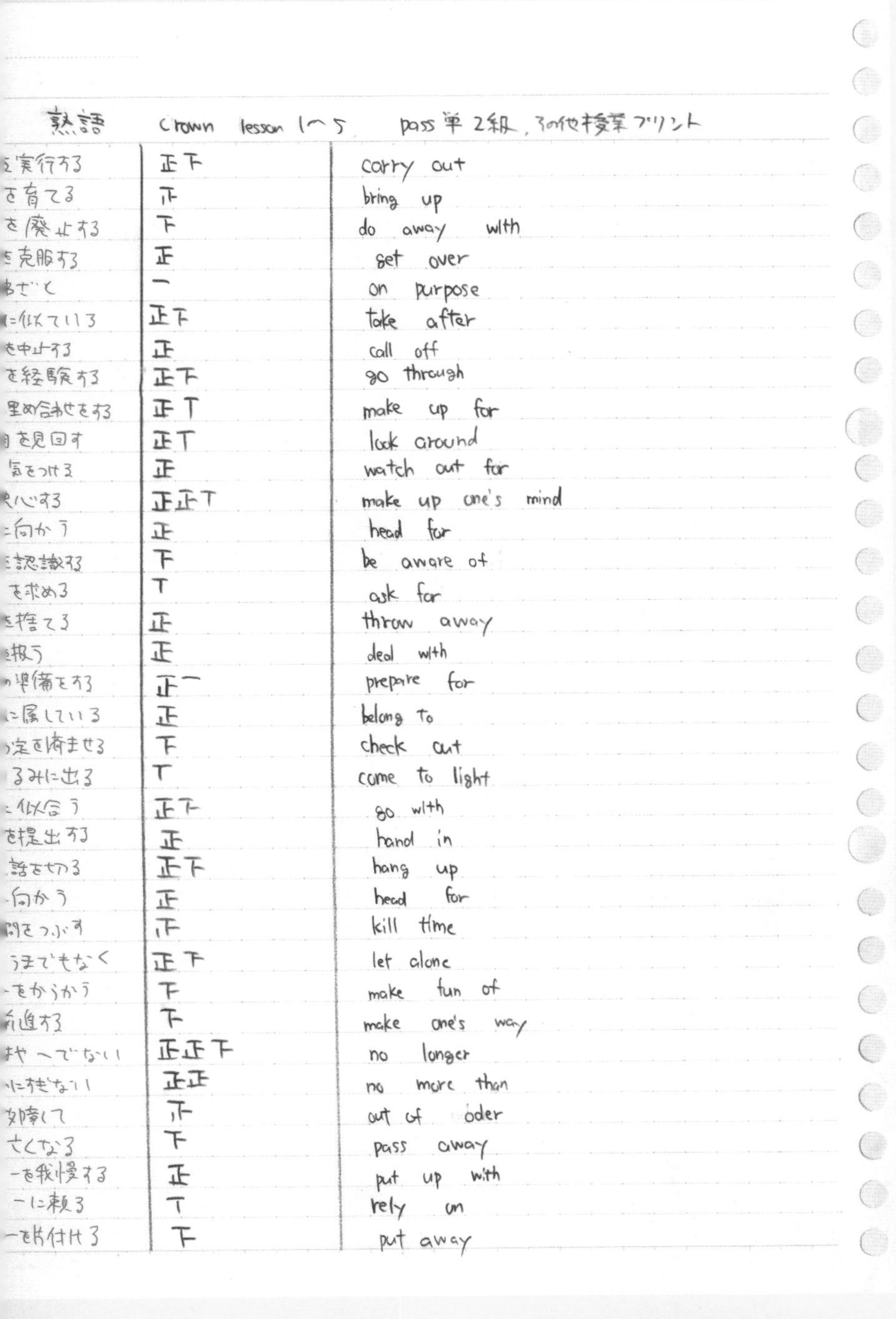

熟語	Crown lesson 1〜5	pass単2級，その他授業プリント
を実行する	正下	carry out
を育てる	正	bring up
を廃止する	下	do away with
を克服する	正	get over
ざと	一	on purpose
に似ている	正下	take after
を中止する	正	call off
を経験する	正下	go through
埋め合わせをする	正丅	make up for
を見回す	正丅	look around
気をつける	正	watch out for
心する	正正丅	make up one's mind
に向かう	正	head for
を認識する	下	be aware of
を求める	丅	ask for
を捨てる	正	throw away
扱う	正	deal with
の準備をする	正一	prepare for
に属している	正	belong to
定を済ませる	下	check out
るみに出る	丅	come to light
に似合う	正下	go with
を提出する	正	hand in
話を切る	正下	hang up
向かう	正	head for
間をつぶす	正	kill time
うまでもなく	正下	let alone
〜をからかう	下	make fun of
前進する	下	make one's way
はや 〜でない	正正下	no longer
に過ぎない	正正	no more than
故障して	正	out of oder
なくなる	下	pass away
〜を我慢する	正	put up with
〜に頼る	丅	rely on
〜を片付ける	下	put away

>>ノートの作り方を知りたいときは90ページへ

No.

Date　・　・

江戸幕府の成立と鎖国

1598年
豊臣秀吉 没
↳秀頼の後見人として
家康がつく。

いっこく
一国は もはや家康のもの。
(1 598)

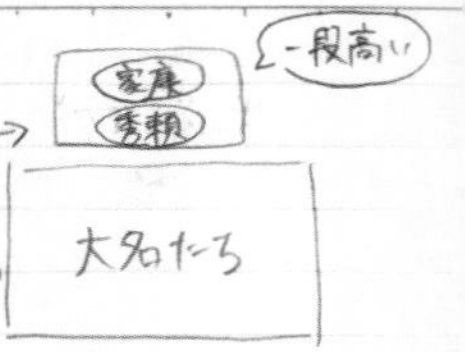

大名たちは秀頼に
挨拶をする。そうすると、
その後ろに控える
家康にも頭を下げる
形に。
→形としては他の大名より頭ひとつ抜けた存在になる。

1600年
関ケ原の戦い (美濃)

天下を とろおー 関ケ原
(1600)

いろいろ抑えた関ケ原
(16)

1598年以降、家康が実質
実権をにぎる。
秀吉の腹心だった石田三成が不満や
挙兵して関ケ原の戦いに。
→家康はこれを6時間で鎮圧
厳しく処分して抑えこみに成功

1603年
徳川家康、
征夷大将軍に就任。

人群れさわぐ、江戸幕府
(1 6 0 3)

ヒーローになれたのは3年
(1 6)　(3)
↳家康が将軍だったのは1603年〜1605年までの3年。
1605年には 徳川秀忠が将軍就任。
↳・豊臣氏に権力をもどさないため
・将軍は徳川家の世襲であることを示すため

1609年
薩摩藩、琉球を征服

りゅうきゅう
人が群れて琉球に。
(1 6 0　9)

1612年
禁教令が発令

異論は人に言えません。
(1 6　1 2)

宣教師によるキリスト教布教
→信者の団結を恐れた
幕府がキリスト教信者を
弾圧。
→異論を唱えた者は処刑

No.
Date

614年
方広寺鐘銘事件
→大坂冬の陣

いいよの挑戦す。
(14)
異論をいいよに唱える。
(16 14)
↳これをきっかけとして
大坂冬の陣

→方広寺の梵鐘のこと
② 君臣豊楽
① 国家安康

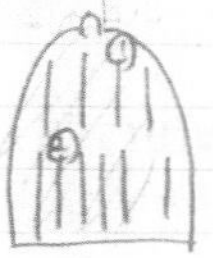

⇒「家康の首と胴体を切り離せば
豊臣氏は楽になる」
ととらえられる。

615年
大坂夏の陣

ヒーロー非行にはしる
(16 15)

非行①
ヒーロー＝家康
1614年冬の陣のあと、大坂城の
内濠・外濠を埋め、再戦。
↳秀頼の自害で終戦。

〈大名や朝廷の統制〉

615年
武家諸法度
禁中並公家諸法度

ヒーロー非行にはしる
(16 15)

非行②
武家・天皇・公家の行動を制限。
「勝手に結婚してはいけない」とか。

〈鎖国までの経緯〉

633年
奉書船以外の海外渡航禁止

635年
日本人の海外渡航および帰国の禁止

日本人も禁止で困ったヒロミ郷
(1635)

639年
ポルトガル船の来航禁止

1633 さ
1635 こ
1639 く
政策

>>ノートの作り方を知りたいときは94ページへ

Date　．　．

第Ⅱ部　誰が金融政策を決定するか？

第5章　独立性とアカウンタビリティー

・誰が金融政策を決定するのか？
→ かつては政府の裁量が大きかったが，今は独立した中銀が実施

5-1　過去のインフレと経済変動の経験

(1) '60後半〜'70sの米国

・スタグフレーションが発生
　・原因の1つ：金融政策の失敗　← FRBによる経済予測の失敗
　　・政策決定プロセスに即して多面的に考察

　① Kohn（2007b）の分析
　　・インフレ抑制に踏み切れなかった理由
　　　…インフレ抑制による失業率の上昇，成長率の低下
　　　　→ FRBも政治家もコストが大きいと認識

　　・成長率低下の背景 … 生産性低下，石油ショック etc…

　② Meltzer（2005）の分析
　　・経済理論に従ってインフレや成長率を理解する姿勢が乏しかった
　　・メンバー間の意見に相違が大きく，コンセンサスが取れなかった
　（・イーブン・キール政策に代表される金融政策と財政政策の協調路線も
　　対応が遅れた原因の1つ）
　　　国債発行中は流通促進のために金利を下げる

Date

インフレ終息 … '79～ の「新金融調節方式」(ボルカー・ショック)
・一時期，短期金利は20%まで上昇
→景気は低迷したものの物価上昇率は徐々に低下．物価安定
・'90の持続的成長の基盤として高く評価

ボルカー・ショックの考察：
① 中銀トップのリーダーシップの果たす役割の重要性
・中銀＝受動的であってはいけない！
cf. バーンズ「セントラルバンキングの苦悩」
"The Auguish of Central Banking"

② 政府サイドの対応の重要性
・ボルカー議長の金融政策 … カーター大統領(当時)の強力な支持．

-) 日本の'70前半の高インフレ

'74 2月 消費者物価上昇率 +24.7%。

背景
・石油ショックの発生
・高成長のためインフレを許容する必要があるとの認識 } 世界的な高インフレの背景
＋
・円高による景気後退への警戒感から金融緩和を長期的に実施
・金・ドル兌換の停止('71)
→ 産業界の円切り上げによる景気後退への警戒感
→ 大幅な金融緩和，景気は拡大するも物価上昇は止まらず．
} 日本特有の背景
政治的判断

・公定歩合の引き上げは遅れるも，その後段階的に引き上げ

>>ノートの作り方を知りたいときは97ページへ

第3章 理解定着ノート

学習したけれどイマイチ
理解できた気がしない

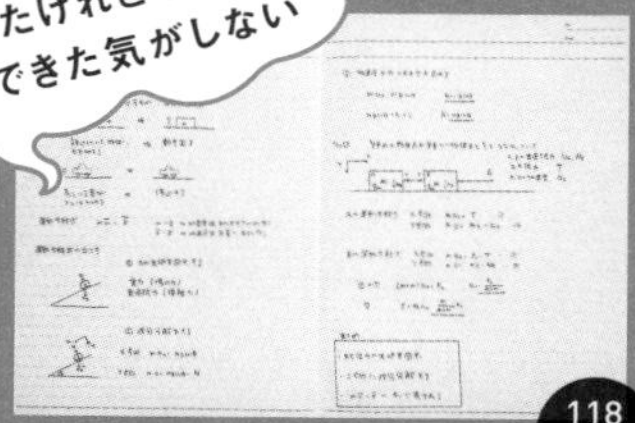

要約ノート

118ページ

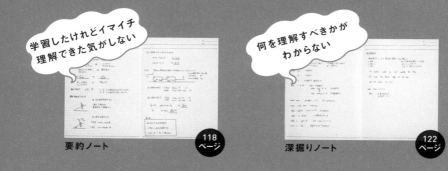

何を理解すべきかが
わからない

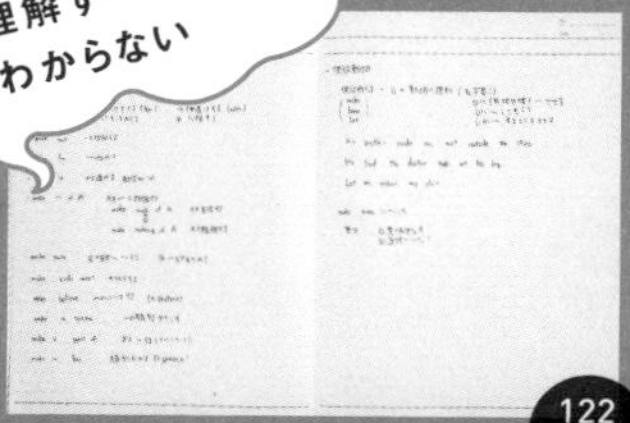

深掘りノート

122ページ

理解・暗記しようとしても
うまくいかない

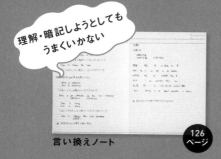

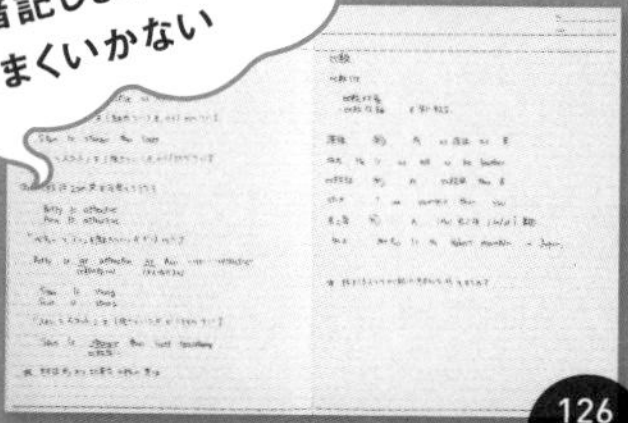

言い換えノート

126ページ

積極的に学ぶ
姿勢が持てない

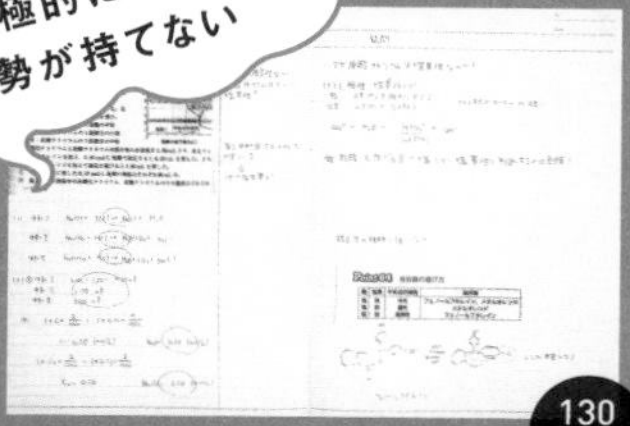

疑問ノート

130ページ

Note deviation value

ノート偏差値　55～70

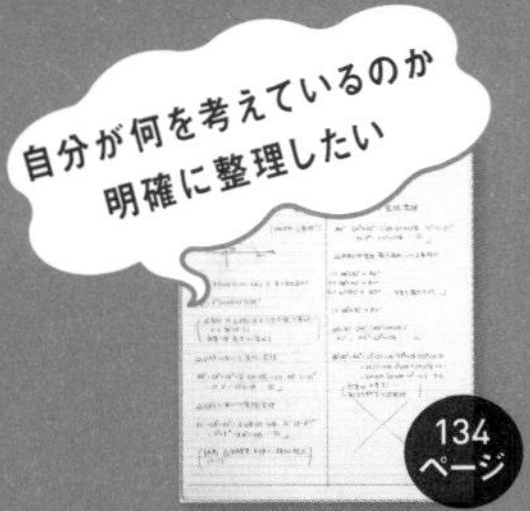

思考言語化ノート

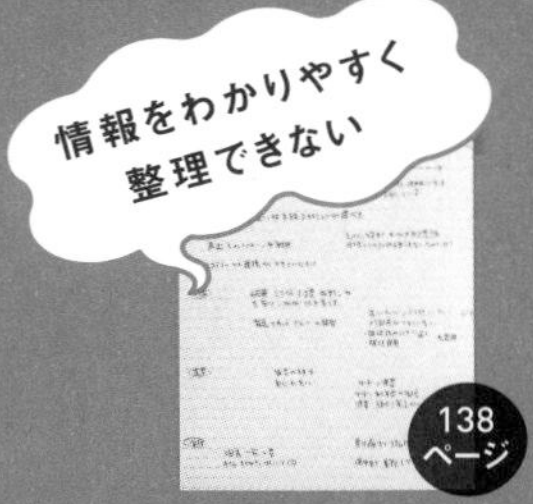

軸ノート

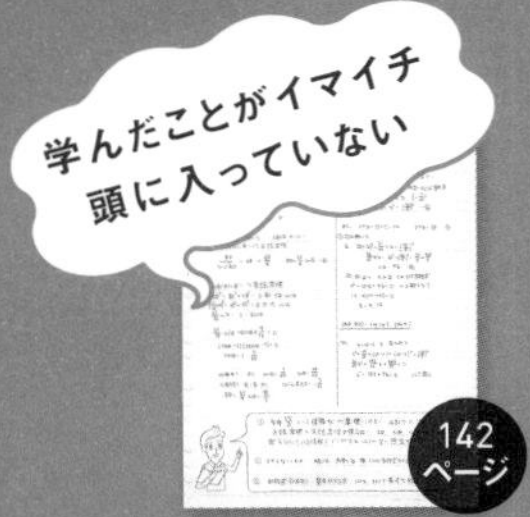

セルフレクチャーノート

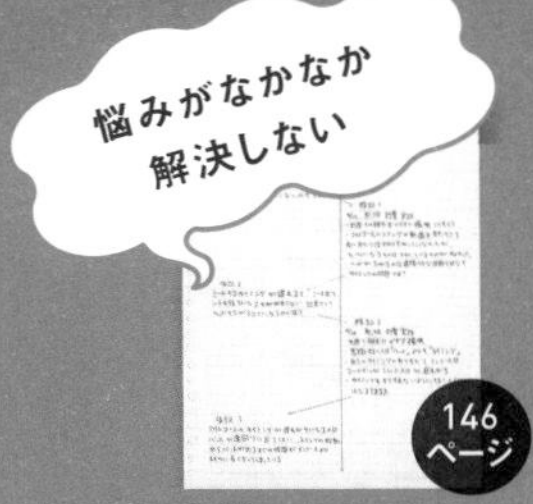

仮説ノート

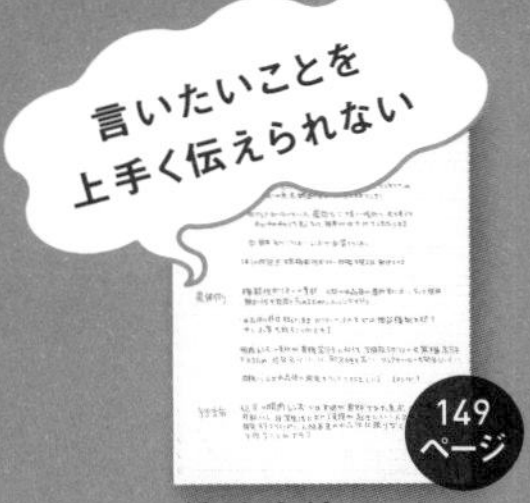

結論先決ノート

要約ノート

＃全体像をつかめる＃深い理解ができる

授業やセミナーを受けた後や、大事なことを学んだ後、その内容をわかった気になっているということはありませんか？　記憶の定着の本質は、自分がしっかり理解すること。人の発言や本に書いてあることが「わかる」ことと、自分が「理解している」ことは大きく異なります。

なんとなくわかるという状況から脱却し、しっかり理解するためにおすすめなのがこの「要約ノート」です。「今日学んだことはつまりどういうことなのか？」を自分の言葉で書き表し要約できるか否かが、まさに内容理解に直結しているのです。

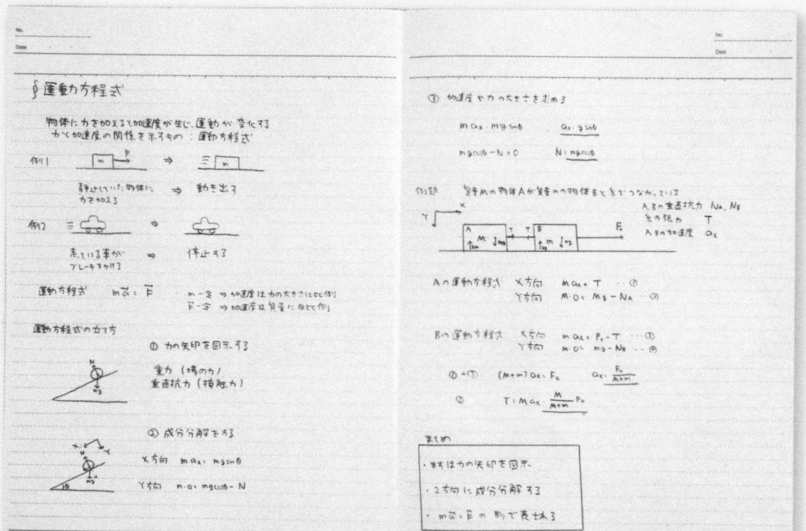

>>ノートを大きく見たいときは152ページへ

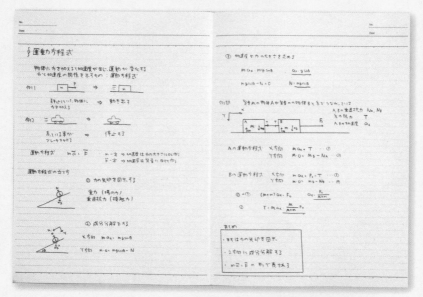

ノートの作り方

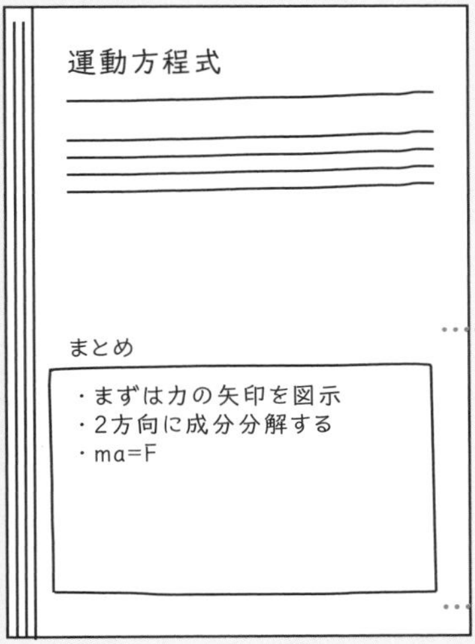

STEP 1

その日学んだことの要約をノートの最後に書く(必要に応じて図や表を入れる)。

このノートのお役立ちポイント

要約にも精度というものがあります。ただタイトルだけをまとめたような浅い要約と、内容をじっくり吟味して簡潔かつ十分にまとめられた要約では雲泥の差です。ただ内容をまとめることに意識を傾けるのではなく、逆説的ですが内容が濃い要約を作るように心がけましょう。

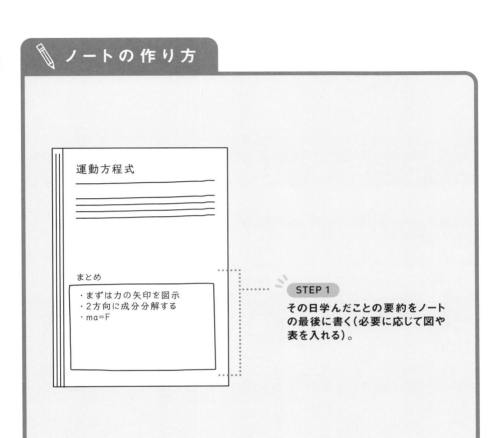

しかし、だからといって長々と書いてしまうと、それは要約ではなく

なってしまいます。まずは全体を見て「この内容は大切そうだな」と思う項目を選び、その内容の説明を簡潔に書くのが要約の流れになります。言語として説明することにこだわる必要はなく、わかりやすさを優先して簡潔な図や表を使うことも有効です。

このノートの使い方のコツ

要約ノートには３つの特徴があります。

1つ目は、自分がしっかり理解しているかを確認できるということです。今日学んだことが一部しかわかっていなかったり、全体を通じて何を学んだのかがわかっていないと要約をすることはできません。要約がうまくできないと感じたらもう一度内容を見返してみましょう。

要約ノートの3つの特徴

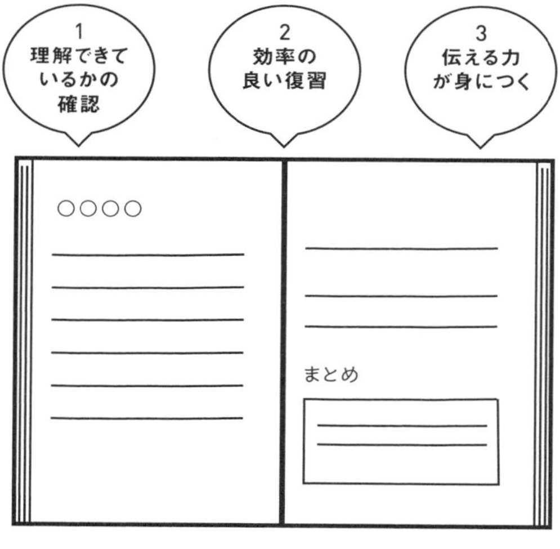

２つ目は、効率の良い復習として役立ちます。要約そのものが全体のまとめになるので、時間がない人こそこの要約ノートを作ることで、後日思い出す際に時間が短縮されます。

3つ目は、他人に伝える力が身につくことです。個人的な経験になりますが、もともと私は読書をしても内容をすぐ忘れてしまっていました。それが東大の国語の問題で好成績を残せたり、自分の経営している予備校で、学んだ知識を生徒に端的に伝え理解されるようになった秘訣は、この要約の訓練のおかげだと思います。

「つまりどういうことか？」とつねに問い続けて思考を整理することで、物事の理解度が上がると同時に、必要な情報を取捨選択する情報処理のスキル、他者に端的に情報を伝えるスキルを身につけることができます。まさに一石三鳥のノートなのです。

このノートをもっと活かすには？

要約ノートはインプット、アウトプットの両方で有効な役割を担います。たとえば語学の学習において、文章を読んで理解することが学習定着の要になってくるので、今日読んだ文章の要約を文字数制限をつけて行うと忘れにくくなります。東大入試の英語の一番初めの問題も要約問題です。500語程度の英文を読み、100字程度の日本語でまとまるといった問題になっています。東大が最初に要約問題を出題していることからも、その重要性は明らかでしょう。

また、仕事のできる人は、自分の意見をわかりやすく発信する伝達能力が非常に優れています。要約力が身につくことで自分の考えを上手に相手に伝えることができるので、日常生活やビジネスにおいても役立つわけです。テレビのニュース番組を見てその内容を簡潔にまとめてみる、友人の相談話をまとめてみるといった形で要約力を伸ばす練習は、普段の生活でも簡単にできますのでぜひ実践してみてください。

何を理解すべきかが
わからない

深掘りノート

#深い理解ができる#知識をつなげる

何か目標や習得したいことがあるとき、どうしてよいかわからず漠然と知識を得たり行動を起こすといったことはありませんか？　東大生の頭の中では、つねに思考を活性化させ、１つのテーマに対してヒラメキを連想させ、知識の定着や発想力の強化、問題解決へのアプローチを行っています。この訓練に役立つのが「深掘りノート」です。

学習面では、1つのテーマから関連する知識を深掘りしてさまざまな観点から見つめることで、断片的な知識が連なり、より多くの情報量をまとめて覚えることができます。

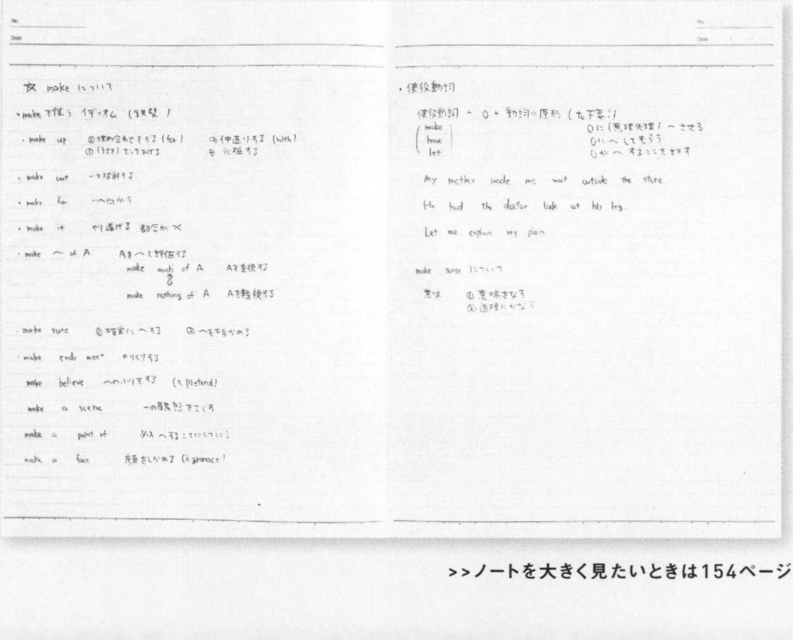

>>ノートを大きく見たいときは154ページへ

ノートの作り方

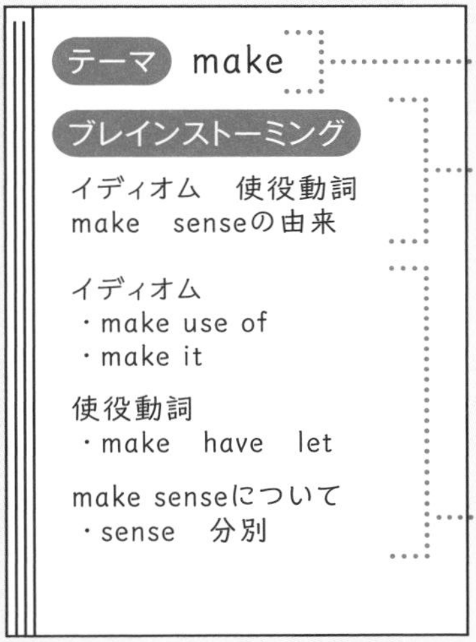

STEP 1

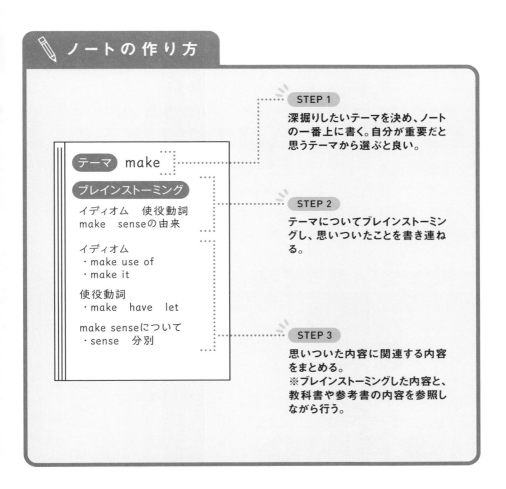

深掘りしたいテーマを決め、ノートの一番上に書く。自分が重要だと思うテーマから選ぶと良い。

STEP 2

テーマについてブレインストーミングし、思いついたことを書き連ねる。

STEP 3

思いついた内容に関連する内容をまとめる。
※ブレインストーミングした内容と、教科書や参考書の内容を参照しながら行う。

このノートのお役立ちポイント

ブレインストーミングとは、ビジネスシーンでよく活用されているものです。集団であるテーマに関してアイデアや意見を出し合うことで、独創的な考えが生み出される効果があります。これは連想ゲームと似ていますね。１人で行う際は、知識の重層化、目的の明確化、問題の原因追及に効果があります。

学習面で書く内容を連想しても思い浮かばなかった場合は、参考書の索引を見たり、インターネットのキーワード検索をしたりして情報を集めましょう。この深掘りノートは、これらの情報を体系的にまとめることが目的です。似ている点や異なる点を手がかりに知識を広げ、つなげていきましょう。

注意しないといけないのは、情報のピント合わせです。たとえば、ある英単語を検索すると、宗教用語からスラングまでさまざまな情報が出てきます。「自分はなぜその単語を調べたいのか」という明確なビジョンがないと必要な情報は集められません。TOEIC試験のためだったら関連する熟語や英文法は必要ですが、会話では不要となります。

ブレインストーミングの方法

①まずノートにテーマを書き、そのテーマから思いついた関連知識をどんどん書く。
②思いついた関連知識から連想されるものも書く。
③友人とできる場合は、複数人でアイデアを出し合う。

このノートの使い方のコツ

関連知識の探し方において大切なのは、「類似」「対照」に注目する視点です。たとえば「SDGs（持続可能な開発目標）」という語句について深掘りをして理解するために、「誰一人取り残さない社会」という誓いに着目してみます。この類似点として「包摂された社会」、対照点として「排除された社会」が考えられます。

「包摂された社会」とは、「世界全体が密接にかかわっていること」であり、それは「自然環境」があげられます。つまり、第一に自然環境を皆が守っていくための目標だということがわかります。

対照点も同様に考えていくと、「排除された社会」とは、「差別」があげられますし、世界には貧困や民族間の対立、不平等などさまざまな問題があり、これらをなくすために取り組んでいく目標だということまで理解が深まります。

賢い人は知的好奇心が旺盛で、無意識のうちにこのような深掘りをしています。ここまで紹介したきたように関連知識を増やし、「深掘りしよう」という意識を持てば、それと同様の考え方が得られます。最初は難しいと思いますが、この知的探求が習慣になれば、あなたも賢い人の仲間入りをした、ということになります。

このノートをもっと活かすには？

知識を深掘りしていくだけでなく、目標を叶えるための具体的な方針を立てる際にも、このノートは役に立ちます。

たとえば、「弁護士になる」という目標を設定します。そのためには、次のような進路が具体的に見えてきます。

「司法試験に合格する→司法試験は２種類ある→①法科大学院を修了して受ける試験、②予備試験に合格して受ける試験→①ならば、司法試験の合格率の高い法科大学院に入学するために、その法科大学院の合格率が高い大学を受験する、②ならば予備試験対策の塾に通う」

目標を明確化、細分化することで、より早く確実に行動に移すことができます。漠然とした夢であっても、どんどん掘り下げていくと新しい選択肢が生まれることがありますので、このノートを学習面以外でも積極的に活用してみてください。

言い換えノート

＃深い理解ができる＃全体像がつかめる

一般的な学習として、本に書かれた文章をそのまま読んで暗記、理解していくというものがあります。この方法自体に間違いはありません。

しかし、人がもっとも頭に入りやすいのは、「自分の言葉で書いたもの」です。他者が発信したことより、自分で発言や記述したことのほうが、覚えていることが多いのは明白でしょう。この事実を活かし、覚えたいことをできるだけ自分の言葉に書き換えてしまおうというのが、この「言い換えノート」のコンセプトです。これは学問だけでなく、日常生活にも活用ができます。

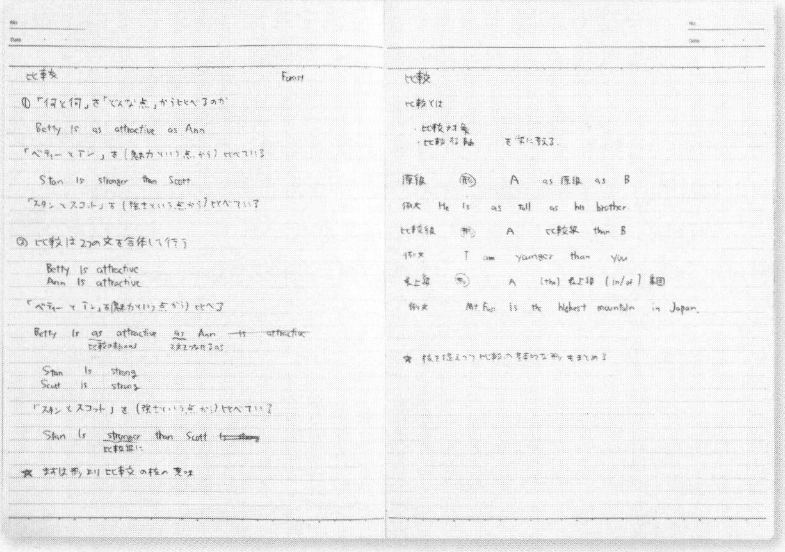

>>ノートを大きく見たいときは156ページへ

ノートの作り方

STEP 1

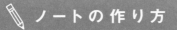

教科書やテキストで覚えたい内容を文面の通りに書き写す。

STEP 2

その題材を自分にとってわかりやすい言葉に言い換える。

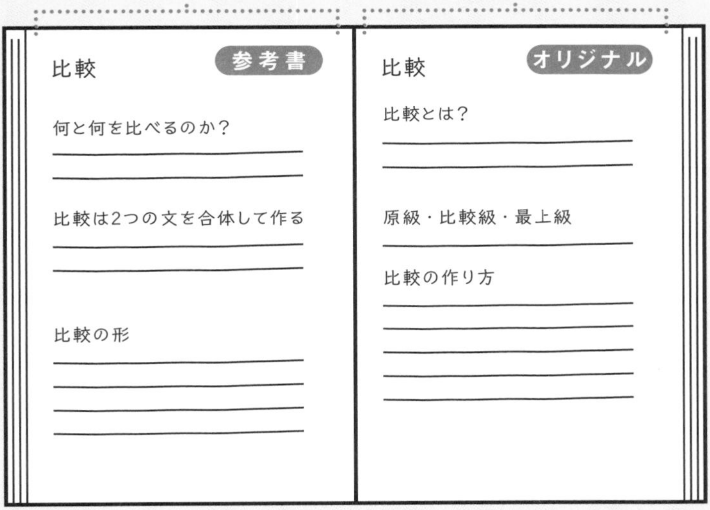

STEP 3

言い換えにくい箇所、よくわからない箇所は、再度ほかの参考書や辞書などで確認する。

このノートのお役立ちポイント

自分の言葉でまとめるといっても、それが簡単にできたら誰も苦労しません。きっと自分の言葉にしようとするときに、「ここは言葉にしにくいな」と感じる箇所が出てくるはずです。

しかし、この言葉にしにくいと感じる箇所がわかること、それはすなわち自分の理解が不十分な箇所を知ることになります。このノートは自分の言葉で書こうと試みることで、内容の確認だけでなく、自分の理解が不十分な箇所をあぶり出す役割も担っているのです。反対に自分の言葉で書くことができたならば、それはある程度理解ができたととらえることができます。

このノートの使い方のコツ

このノートの制作をすべき分野は、自分の理解が不十分だと思う分野や苦手分野です。

なお、このノートのもう1つの魅力として「複数の解釈を比較できる」ことがあげられます。本に載っている説明と自分で書いた説明の2通りを書くことにより、複数の視点から見つめることが可能なのです。自分の言葉でわかりやすく理解しようとすると、細かい情報や途中経過などどうしてもそぎ落とされてしまう情報が出てきます。理解のフェーズでは問題ないのですが、きちんとした学習をするという観点から見ると、それはあまり良くありません。

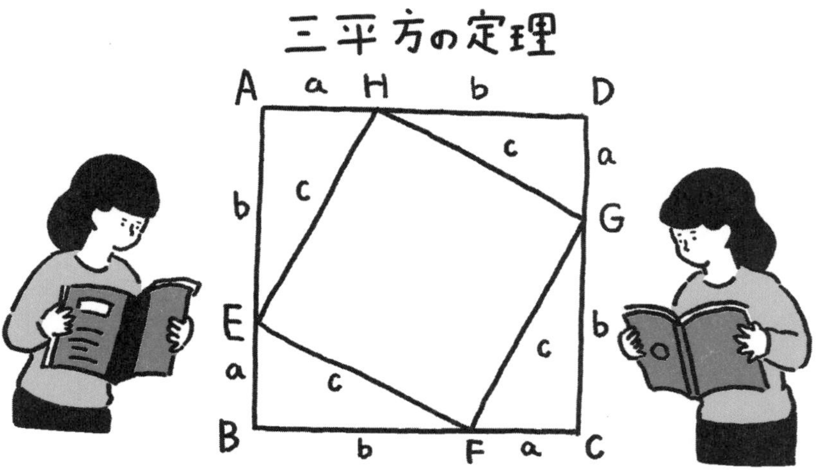

本に載っている説明と自分で書いた説明の2通りを書くことで、複数の解釈を比較できる。

「自分の言葉で言い換えて全体の流れをつかむ」
↓
「辞典や専門書などの情報と比較してより理解を深める」

このような流れで学習を進めるためにも、自分の言葉の解釈と書物の情報の両方を確認することが大切です。

このノートをもっと活かすには？

視点の数は多ければ多いほど良いです。余力があれば、複数の教科書や専門書を見比べてこれらすべてを書いてみることで、さまざまな視点から見つめることが可能です。

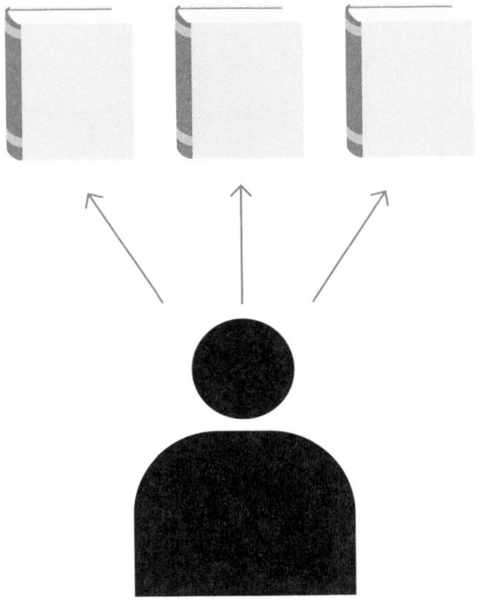

複数の教科書や専門書を見比べ、すべて書いてみることで、さまざまな視点から見つめることが可能になる。

ちなみに私は、勉強はもちろん、趣味の料理においてもこのノートを作っています。たとえば、「包丁さばきの方法」という内容は、料理本によって異なります。わかりやすさではAの本のほうがいいけれど、網羅性と汎用性ではBの本のほうがいいといった具合で、各本に良し悪しがあるからです。

なお、複数の書物の情報をノートに書いた後に、それぞれの特長を簡潔に書くとより一層理解が深まり、自分の知識として習得することができるでしょう。

疑問ノート

#自己分析#思考力アップ

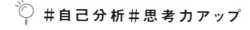

「ただ受身で勉強するのではなく、能動的に勉強すべき」――そう頭ではわかっていても、やるとなるとなかなか難しいものです。具体的にどうすれば能動的な勉強ができるのでしょうか。

その答えの１つは、「自分の中に湧いた疑問の感情をきちんとくみ取る」ことです。普段、勉強しているときに、「どうしてこうなるんだろう？」「なぜ重要なんだろう？」といった疑問を抱くことがあるはずです。その疑問に着目できれば、自発的な勉強の入り口に立つことができます。そして、その手助けをしてくれるのが「疑問ノート」です。

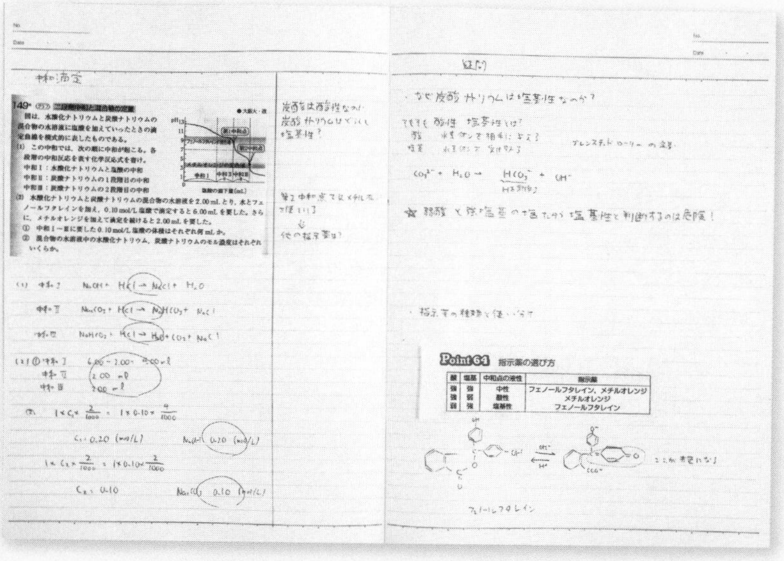

>>ノートを大きく見たいときは158ページへ

ノートの作り方

STEP 1

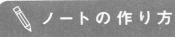

左ページの右3分の1に線を引き、左に勉強内容、右に疑問に思ったことを書く。

STEP 2

今まで勉強してきたノートや参考書を使ってその疑問をなるべく自力で解決し、右ページに書く。

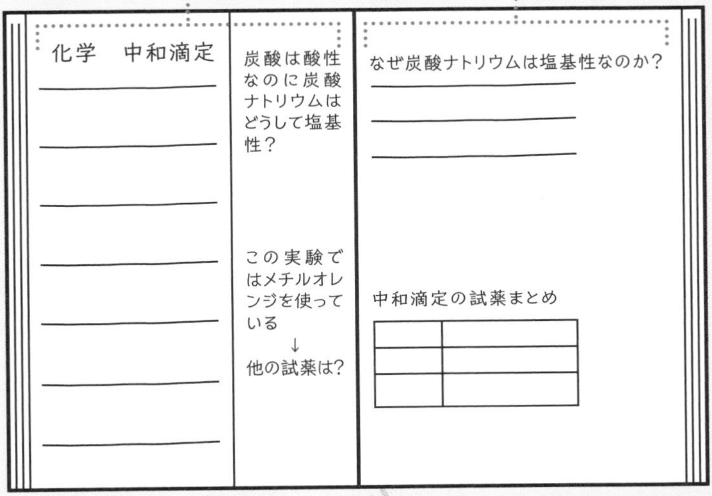

化学　中和滴定
炭酸は酸性なのに炭酸ナトリウムはどうして塩基性？
この実験ではメチルオレンジを使っている
↓
他の試薬は？
なぜ炭酸ナトリウムは塩基性なのか？
中和滴定の試薬まとめ

STEP 3

どうしても解決できない場合はとりあえず保留し、わかる人に聞く（付せんをつける）。

このノートのお役立ちポイント

次から次に疑問が出てくる人もいれば、なかなか疑問が思いつかない人もいると思います。

前者の場合は疑問の数ではなく、疑問の質を上げることに意識を傾けます。ただ「なぜ？」「何？」を羅列していくのではなく、より具体性の高い疑問を考えてみましょう。たとえば、生物の用語で、「甲状腺とは何？」といったような語句の意味を調べて解決できる疑問ではなく、「甲状腺と副甲状腺の違いは何？」といったより詳しい疑問を考えるようにします。

後者の場合は、以下の点を意識して考えるといいでしょう。

①**類似点と相違点を探す**：「今まで勉強してきた内容で似ているものはないか？」「似ているけど一部分だけ違う点はないか？」
※1つのキーワードからほかのキーワードとの類似点や相違点を探そうとすること自体が、疑問を持つことになる。
②**根拠を求める**：「なぜそう言えるのか？」
③**自分の記憶を疑う**：「以前勉強したあの知識はなんだっただろう？」

すべてに共通していることは、過去の知識と結びつけようとしていることです。今まで勉強してきたことを再確認し、理解を深めることができる疑問を抱けるようにしましょう。

疑問の数ではなく、疑問の質を上げることに意識を傾ける（より具体性の高い疑問を考える）。

①「類似点と相違点を探す」、②「根拠を求める」、③「自分の記憶を疑う」を意識する。

このノートの使い方のコツ

疑問を抱くだけでなく、疑問を解決することも当然大切です。疑問点を調べるときにインターネットを使えば簡単に答えが見つかりますが、時間がない人を除いてあまりおすすめはできません。インターネット上の情報は、レベルの高い情報からレベルの低い情報まで玉石混交であり、自分の学習レベルに合った情報を見つけることが難しいからです。辞書や専門書、参考書などを参照して答えを探していきましょう。今までに学習したことを振り返ることができるので復習にも効果的です。

このノートをもっと活かすには？

ここは
試験に
出そうだな
出題者の立場に立つ

出題者の立場になって疑問を考えることは、受験勉強や資格試験における、記述問題や考察問題への思考力を鍛えるために必要になる。

自分が疑問に思う箇所だけでなく、「ここは複雑な過程だから試験に出そうだな」と、出題者の立場になって疑問を考えてみることも非常に有効です。この疑問を持つ能力は、受験勉強や資格試験における、記述問題や考察問題への思考力を鍛えるために必要になります。また、疑問を持つことは、対象への興味につながるので、調べたことや納得したことが身につき、忘れにくくなります。

さらに、この疑問を持つ能力は、仕事をする上でも、課題発見力として役に立ちます。ビジネスにおいては、いかに課題を見つけて解決策を示すかが重要になってきますので、日常的にさまざまなことを能動的に分析していくことで、人として成長していくことができます。

自分が何を考えているのか
明確に整理したい

思考言語化ノート

#深い理解ができる#思考の可視化

みなさんは何か物事を考えるときに、自分の頭がどのように働いているのかを確認したいと思ったことはありませんか？　自分の思考回路は目に見えないため、もしかしたら、なかなか意識したことがないかもしれません。

しかし、闇雲に考えるだけではいくら勉強しても成績は伸びません。正しい考え方を身につけなくては意味がないのです。自分の思考の何が良くて何が悪いのかを判断するために、自分の思考を言語化、可視化するのがこのノートの目的です。

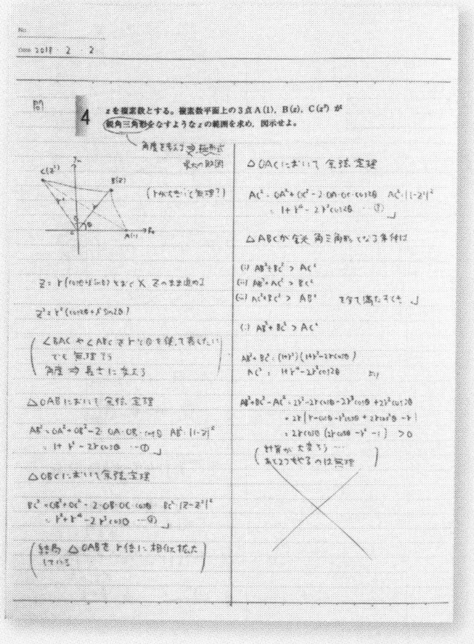

>>ノートを大きく見たいときは160ページへ

ノートの作り方

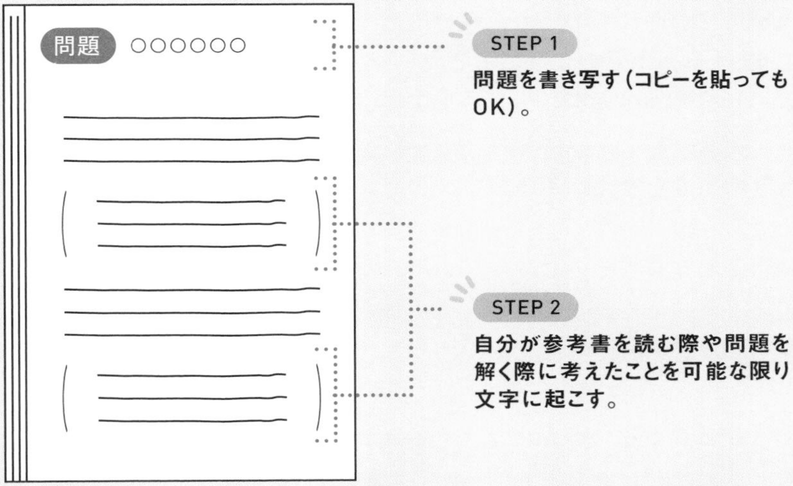

問題 ○○○○○○
STEP 1
問題を書き写す（コピーを貼っても OK）。
STEP 2
自分が参考書を読む際や問題を解く際に考えたことを可能な限り文字に起こす。

このノートのお役立ちポイント

多くの東大生は自分が今、何を考えているかをしっかり認識しています。思考の整理ができているということです。しかし、すべてにおいて頭の中だけで整理することは困難です。だからこそ、自分の思考過程を言語化し整理することが有効なのです。

身近な例ですと、思いついたことや考えごとに対してすぐにメモをとることです。頭の中の情報という形で処理するのではなく、メモを書いて文字として残すことによってより思考が明確になります。つまり、頭の良い人とは、なんでも物事を完璧に処理できる頭脳の持ち主ではなく、自分の考えられる範囲をきちんと把握し、創意工夫をして、足りない能力を見える形にして補うことができる人なのです。

同様に学習面においても、自分の考えをきちんと言語化することが大切です。「自分がどのように考えた結果、このようになったのか？」と、じっくり自分の思考を分析し、実際に言葉としてノートに書いてみましょう。

自分の思考を考える上で役立つ視点が３つあります。

①**発想**：どうしてそのように思い至ったのか？
②**知識**：どのような知識を使っていたか？
③**理由**：なぜそのように考えたのか？

①は着眼点やその発想に至った経緯について考えることです。「この問題のこの部分に注目した」「あのときにもらったアドバイスから思いついた」「このパターンはこの方法が上手くいった」といった内容がいいでしょう。

②は関連知識です。「参考書に載っていたあの知識を使った」「先週勉強したあの知識を使った」と、自分が想起した知識について書くといいでしょう。

③は理由です。「なぜそのように考えたのか？」「なぜこの方法が別の方法より適していると言えるのか？」といった理由について書くといいでしょう。

これらの基準を参考に、自分の思考過程で問題解決に役立ったこと、方向性として間違っていたことを見分けましょう。「この考え方は良かった」「この知識が足りていなかった」というような、良かった点と悪かった点がたくさん出てくるはずです。これらの分析によって、正しい思考の整理ができます。

このノートの使い方のコツ

漠然と自分の頭の中で考えたことを言語化しても意味がありません。このノート作りの鍵は集中力です。集中力が切れてしまい、今考えようとしていることと無関係なことを考え始めてしまうと上手くこのノートは作れません。初めは5分でもいいので短時間で集中して自分の思考回路を書き出す訓練を行いましょう。集中力も先天的な才能ではなく、訓練を積むことで後天的に身につくものです。

誰しも苦手なことやつまらないことを、ずっと集中して取り組むことは困難です。東大生は一般的に集中力が高いと言われますが、それは幼いころから集中する訓練を積んできたからなのです。また勉強以外に、スポーツやゲームなど、集中力を高めることはあらゆる行動の成功に通じるでしょう。

このノートをもっと活かすには？

このノートのように、自分の思考過程を分析し続けることで、自分の思考の習性がわかるようになります。たとえば、「自分は難しい言葉をかみ砕いて理解するのは得意だが、長い文章になると後半の情報の理解が煩雑になってしまう」といったことが見えてきます。この自分の思考の癖を把握し、長所はさらに伸ばして自分の武器にし、短所は少しずつ改善していくというような、次のステップに進みましょう。

このノートは私が東大に入ってからもとくに重宝しているものです。大学の講義でわかりにくい箇所があったときや、重要なレポートの作成を任されたときなど、自分が困難に直面した際にどう考えているのかをしっかり言語化し、思考の過程を分析して、課題解決に取り組んでいます。「この本をどう書けばわかりやすく読者に伝わるのか？」これもまさに、思考言語化ノートの賜物と言っても過言ではないでしょう。

軸ノート

＃深い理解ができる＃情報の取捨選択

授業や会議、面談など人が話しているときは急いでノートやメモをとらないといけませんが、先生や発言者が言ったことをすべてメモして丁寧に書き写すのはほぼ不可能です。

そうなると「何を記録するか、どの情報を選ぶか」を瞬時に判断するスキルが必要ですが、これも簡単に身につくものではありません。そんなとき、ノートの取り方に少し工夫を凝らすことで、情報選択の効率を格段にアップさせることができます。その方法がこれからご紹介する「軸ノート」です。

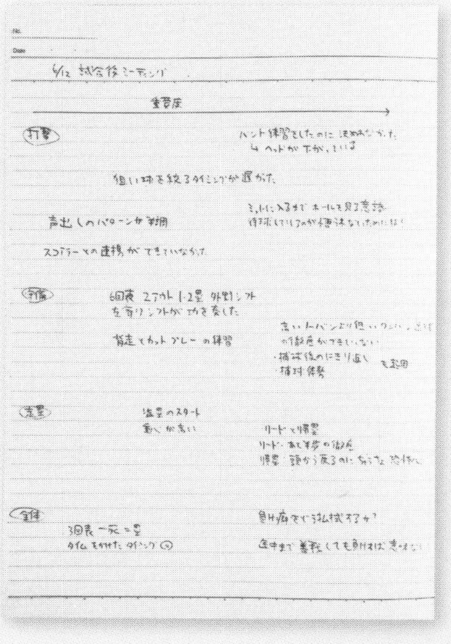

>>ノートを大きく見たいときは161ページへ

ノートの作り方

STEP 1

テーマを一番上に書く。

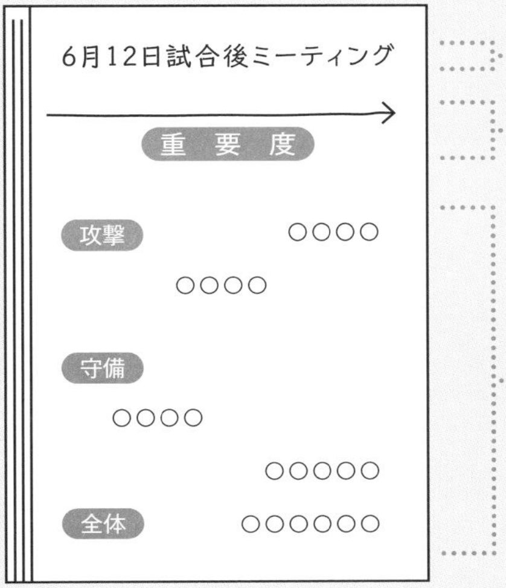

STEP 2

軸の基準を決めて、ノート上部に軸を引く。

STEP 3

記録したい内容が上に引いた軸のどのあたりになるかを直観で判断し、その下に書く。

このノートのお役立ちポイント

まずは適切な軸の設定内容を定めることがポイントです。初めは比較的わかりやすい次のような軸を設定するのがおすすめです。

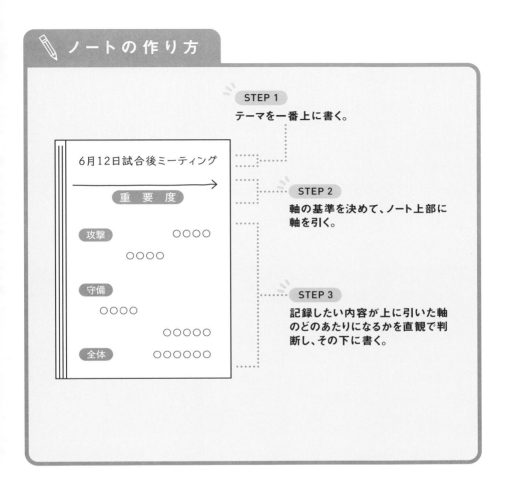

「重要」と「あまり重要でない」
「抽象」と「具体」

「主観」と「客観」

何度か試してみて一番しっくりくるものを採用してください。慣れてきたら、状況に応じてこの設定値を変えることも大切です。

急いでメモをとらないといけない場面では、なかなか細かく丁寧に書き分けることができません。「この内容は大体このあたりの位置だろう」と自分の直観で決めてしまい、あくまで内容分けの目安にする程度で問題ありません。直観を大切にしましょう。

また、詰めて書きすぎるとノートが見づらくなってしまいますので、大きめのノートに余白をたっぷり使って書きましょう。

このノートの使い方のコツ

「板書やメモをとることに必死で、後から見直しても何が大切な情報なのかわからなくなってしまった」……そんな経験は誰しも一度はあるのではないでしょうか。もともと内容がキレイにまとまっている本とは異なり、口頭の内容は情報がバラバラに出てきます。そんなときにこの軸ノートは重宝します。

板書やメモをとるのに必死で、後から見直したときに何が大切な情報かわからなくなってしまう。「軸ノート」はそんな状況でこそ効果を発揮する。

このノートをもっと活かすには？

応用編として、縦と横の2本の軸を引いてみると、より精度の高いノートを作ることができます。たとえば重要度と時間という軸をとれば、「今、大切なもの」「昔は大切だったけど、今はそこまで大切ではないもの」といった形で書き分けることができます。

また、この軸を導入して考えることは勉強面でノートをとることに限らず、普段の思考でも役立ちます。物事の判断に迷ったら、その基準となる軸を導入して考えてみましょう。

たとえば、流行の洋服を買いたいと思ったとき、「自分のほしい度合い」の軸では高いものの、「必要性」の軸に基づいて考えるとそこまで優先順位は高くないことがわかるはずです。同じ軸でほかの物と比べてみることも大切です。普段の食費や家賃など、自分がほしいと思わなくても必ず払う必要性のあるものがおのずと思い浮かぶでしょう。この軸を基準とした考え方をすることで、勢いで不用意な買い物をすることを防げるのです。

縦と横の２本の軸を引いて考える

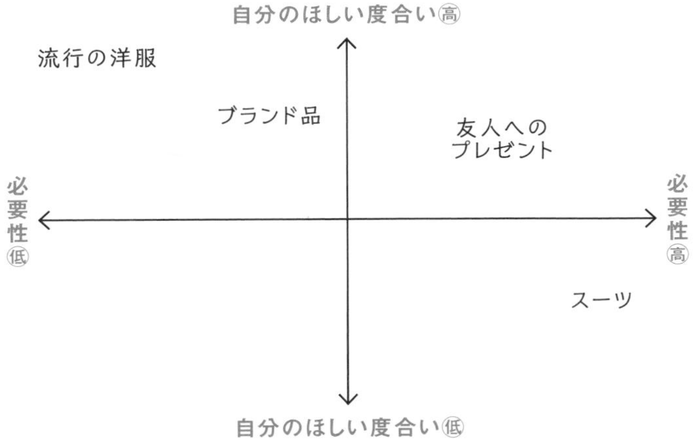

学んだことがイマイチ
頭に入っていない

セルフレクチャーノート

#深い理解ができる#復習しやすい

「講義を受けたけど、イマイチ理解し切れていない」「授業をしっかり受けたはずなのに、なぜか問題が解けない」……このような悩みは誰しも抱いたことがあると思います。

自分が本当に理解できているのかを確認するための最強の方法、それが今回紹介する「セルフレクチャーノート」です。問題を解くだけではその題材になっている箇所が理解できているかの確認しかできません。しかし、このセルフレクチャーノートは、習ったことをすべて確認できる万能な方法です。

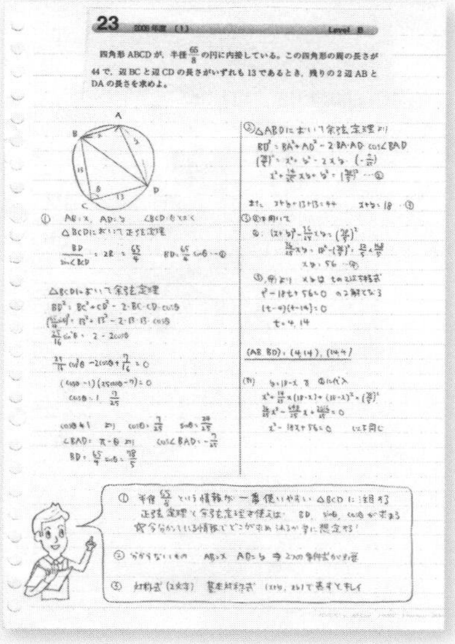

>>ノートを大きく見たいときは162ページへ

ノートの作り方

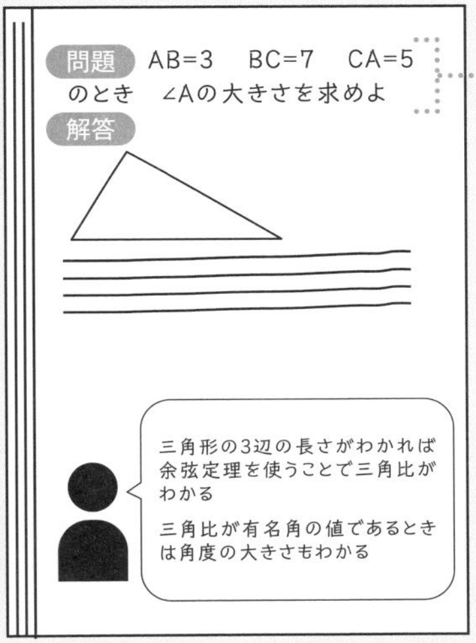

STEP 1

ノートの上に扱うテーマや問題を書き写す。「円高、円安の仕組み」など、学んだ題材であればなんでもOK。

STEP 2

自分が先生になったつもりで、ノートの上半分を黒板に見立てて解答を書く。下半分は人が話しているイラストを書き、口頭で説明する際の例や注意事項などを吹き出しの中に書く。

このノートのお役立ちポイント

　人にわかりやすく教えるようなノートを作ることは、すべてを正確に「思い出す」というより、自分の記憶を頼りにして「学んだことを再構成する」ことが重要です。

　自分の頭の中から必死に知識を絞り出し、それらをわかりやすく説明するというような訓練をすることで、インプットした情報をうまくアウトプットできるようになります。つまり、この訓練を通して自分オリジナルの授業ノートができるだけでなく、理解が深まりテストや資格試験の出来に直結するわけです。

このノートの使い方のコツ

このセルフレクチャーノートの効果は非常に大きいですが、その分労力もかかるので、すべての範囲でこのノート作成をすることは困難です。よって、自分がとくに苦手な分野や、大切だと思う分野を中心にやりましょう。

また教科書の内容をコピーしてノートに貼るといった、手間を省ける作業を工夫して作りましょう。

このノートをもっと活かすには？

学習面においては、数学の計算を毎回行うのではなく、解法を暗記して手順を説明していくノートを作れば、復習の機会を増やすことができます。

さらにおすすめなのが、友人と範囲を分担し、お互いに教え合うという方法です。「友人にわかりやすく教えるためにはどうしたらいいのか？」といった視点から見ることで、わかりにくい箇所や難しい箇所がより一層浮き彫りになり、自分の復習につながります。それに、友人のレクチャーを聞いて効率良く理解を進めることもできるので、まさに一石二鳥です。

日常生活の面では、手順や解法が決まっている内容に対してより効果的です。たとえば、ある道具や機械の使い方について習得するときに、毎回その道具を用いて手順を踏んでいくのは時間がかかりますよね。パターンが決まっているのであれば、それを誰かに説明できるような訓練をノートですることで、時間の節約につながりますし、何度もおさらいすることができます。

私のおすすめの使い方は、読書後のセルフレクチャーです。自己啓発本などを読んでいる過程では理解や納得をしていても、読了後は「読み終わった」という満足感に浸り、内容をだんだん忘れてしまうということはよくありますよね。そこで私は読書後に、その本を知らない人に読みたいと思ってもらえるようなセルフレクチャーをします。その際、本の内容を簡潔にまとめ、理解した点や魅力的だった点を論理立ててノートに書き込んでいます。そうするとわかりやすく他者に伝える力が身につきますし、その本の魅力を可視化することで、内容をずっと覚えていられます。東大生は頭が良いと言われるのは、このような記憶の保持と他者伝達能力の優秀さに理由があると思います。そしてそれも、このような常日頃の努力があってこそだと私は考えています。

友人と一緒にノートを作るメリット

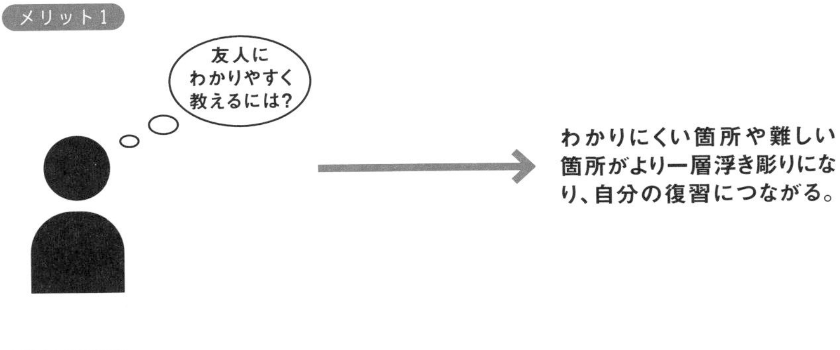

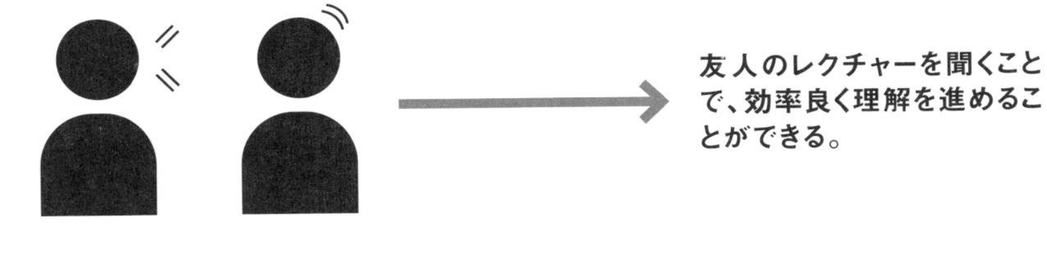

メリット2
友人のレクチャーを聞くこと
で、効率良く理解を進めるこ
とができる。

仮説ノート

#弱点補強#自己分析#汎用性が高い

みなさんは、仮説を立てたことはありますか？　たとえば仕事がうまくいかなくて「なぜうまくいかないのか、仮説を作ってください」と言われれば、多くの人は仮説自体は作ることができると思います。

ですが問題はその後。仮説は「仮」の説でしかないので、それが正しいかどうかはわかりません。検証をしてみないと「仮」のままなのです。そしてこの検証がなかなかできないから、多くの人は仮説を仮説のままで終えてしまうのです。そこで仮説検証で失敗しないために、この「仮説ノート」をご紹介します。

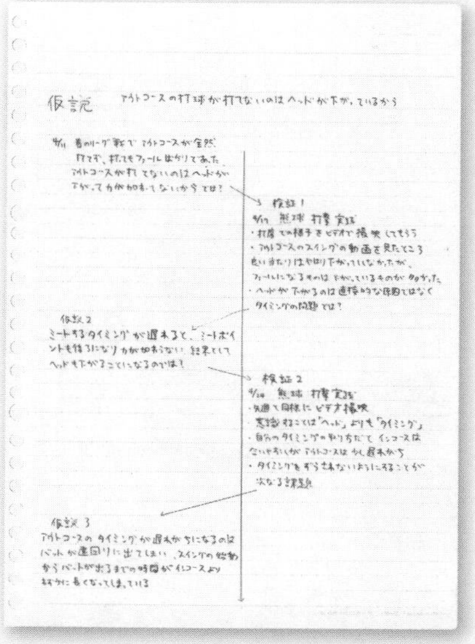

>>ノートを大きく見たいときは163ページへ

ノートの作り方

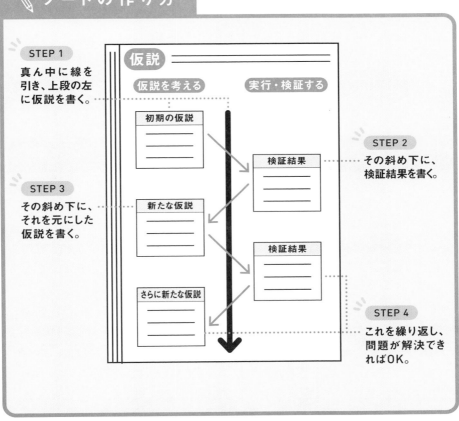

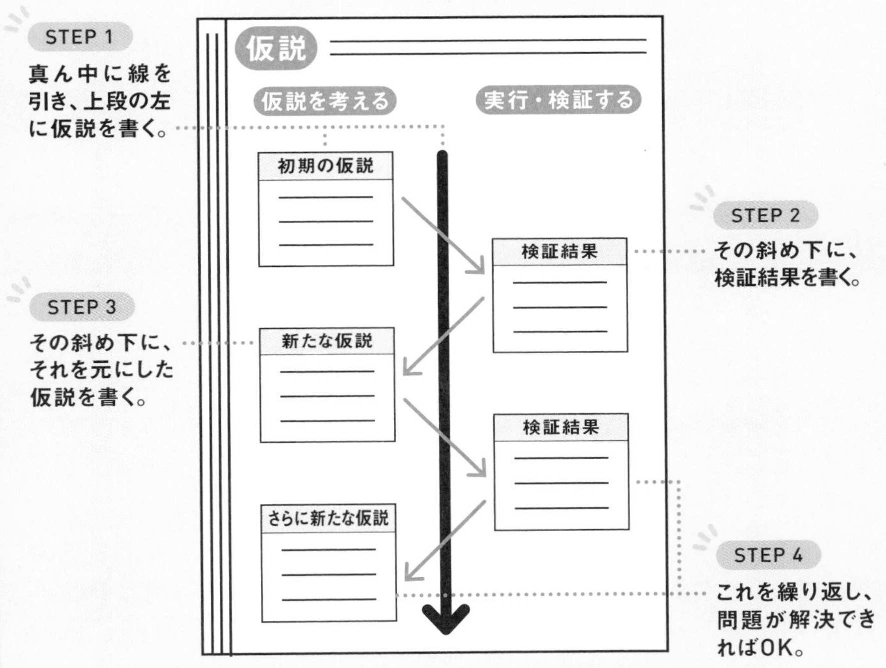
STEP 1
真ん中に線を引き、上段の左に仮説を書く。
仮説
仮説を考える
実行・検証する
初期の仮説
検証結果
STEP 2
その斜め下に、検証結果を書く。
STEP 3
その斜め下に、それを元にした仮説を書く。
新たな仮説
検証結果
さらに新たな仮説
STEP 4
これを繰り返し、問題が解決できればOK。

このノートのお役立ちポイント

　このノートは「仮説」の精度を上げることができ、人間は精度の高い仮説を検証することで成長できます。

　たとえば「英語ができないのは、こういう理由じゃないか」と考え、その仮説を検証するとします。するとそれだけでは終わらず、その仮説が正しい面も間違っている面もあって、「次はこれを試してみよう」「次はこうすれば点数が上がるんじゃないか」と思考するきっかけになり、次の検証に移っていきます。１回の仮説検証で問題は解決などしません。「仮説」→「検証」→「仮説」とどんどん新しい仮説を作り続けることによってしか、問題は解決せず人間は成長できないのです。

このノートでは、１つひとつ仮説を検証していき、下へ下へと進んでいくにつれて、この仮説の精度も上がっていくようになっています。

このノートの使い方のコツ

このノートの特徴は、「前の仮説検証を踏まえて新しい仮説を作っていく」という姿勢です。ノートを見てもらえばわかるのですが、「→」で今までの仮説検証を踏まえて新しい仮説を作っています。これ、実は仮説検証において一番重要なポイントなのです。同じ仮説を立ててもなんの意味もないですし、反対に前の仮説で正しい部分があるのなら、それも踏まえて新しい仮説を作っていかなければなりません。要は、仮説を「成長」させる姿勢にこそ、このノートの良さがあるのです。

「前の仮説よりも次の仮説が良い」という状態を継続していけば、いつかは答えにたどり着くことができます。「英語の成績が上がらないのは○○のせいだ」という仮説を検証していけばしていくほど、どんどん成績が上がっていくと思います。仮説がしっかりしていれば、おのずと検証で結果が出るようになるというわけです。

このノートをもっと活かすには？

慣れてきたら、「何回で問題解決できる仮説にたどり着けたか」をはかってみましょう。問題が大きいとなかなか解決できませんが、数回このノートを使っていると、自然と３～4回くらいで解決できるようになります。ぜひ試してみてください。

言いたいことを
上手く伝えられない

結論先決ノート

#自己分析#汎用性が高い#思考の可視化

「結論を先に言え！」は、新人社員が上司に言われる確率が高いセリフベスト10くらいには入っているものだと思います。何かを人にプレゼンするときに、理由や補足説明が多くなり、どんどん結論が遠のいてしまい、自分でも何を言っているのかわからなくなってしまう状態……そういったことも社会のいろいろな場面で起こっています。

こうした問題をなんとか解決できないかと悩んでいる「結論後回し病」の人は、この「結論先決ノート」を使ってみましょう。結論先決の型があるので、誰でも効果を実感できるはずです。

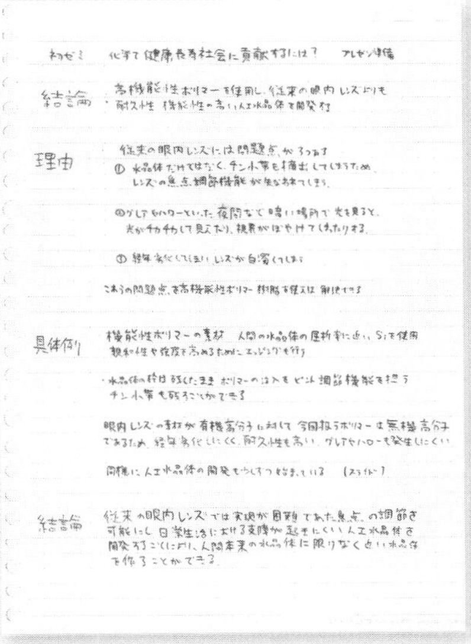

>>ノートを大きく見たいときは164ページへ

ノートの作り方

STEP 1

まずは何かの説明やこれからのプレゼンに対して、自分が本当に伝えたい「結論」をまとめる。

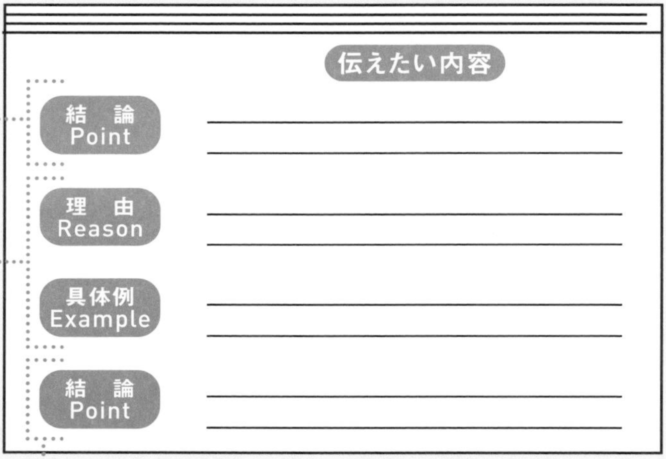

STEP 2

その結論に至る理由と、具体的な事例を説明する。

STEP 3

最後にもう一度「結論」を書く。今度は、STEP1で書いたものよりもう少し分量などを増やしてみる。

このノートのお役立ちポイント

この結論先決ノートは、「ＰＲＥＰ法」と呼ばれる説明技法に則って作られています。

Point(結論)：真に言いたいこと・伝えたいことを書く
Reason(理由)：「なぜその結論が正しいと言えるのか？」を書く

Example(具体例):その結論の具体例を書き、詳細がわかるようにする
Point(結論):真に言いたいこと・伝えたいことを、「ノートの作り方」のSTEP 2の内容を踏まえて考え、もう一度言葉をまとめる

このようにして、1つの結論についていろいろな理由・具体例を書くことで、結論ありきで思考することができるようになり、同時に説明力も身につきます。

このノートの使い方のコツ

このノートは、「もう一度結論に戻ってくる」というところが重要です。このノートでは2つの「結論」を書きますが、1つ目と2つ目とで違いが生まれる場合があります。それは理由や具体例を踏まえると、結論に新たな発見が生まれるからです。理由と具体例を考察しても結論がほぼ同じだとこのノートの効果が半減してしまいます。結論1と結論2でなるべく違うものを考えようと意識することで、初めは思いつかなかった結論や、より高度な結論を出すことが可能になるでしょう。

このノートをもっと活かすには?

このノートは、説明するためのノートです。そして伝わりやすくしたからには、自分の考えを整理して話してみたいと思いませんか? このノートを使い、人にわかりやすく説明できると、ただの思いつきではなく、きちんと整理して伝えることの重要さを改めて感じられると思います。さらに相手の反応を見ながら、「もう少し具体例を増やしたほうがわかりやすい」「結論をもっと簡潔にしたほうがいい」とノートを改良していくことで、より相手に伝わりやすい話し方ができるようになるでしょう。

No.

Date

§運動方程式

物体に力を加えると加速度が生じ、運動が変化する
力と加速度の関係を示すもの：運動方程式

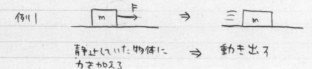

例1 

静止していた物体に力を加える ⇒ 動き出す

例2 

走っている車がブレーキをかける ⇒ 停止する

運動方程式　$m\vec{a} = \vec{F}$

m 一定 ⇒ 加速度は力の大きさに比例
$\vec{F}$ 一定 ⇒ 加速度は質量に反比例

運動方程式の立て方

① 力の矢印を図示する

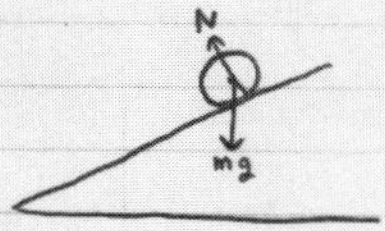

重力（場の力）
垂直抗力（接触力）

② 成分分解をする

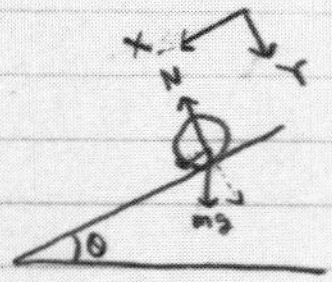

X方向　$ma_x = mg\sin\theta$

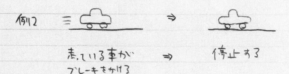

Y方向　$m \cdot 0 = mg\cos\theta - N$

No.

Date

③ 加速度や力の大きさを求める

$m a_x = mg\sin\theta$　　$\underline{a_x = g\sin\theta}$

$mg\cos\theta - N = 0$　　$\underline{N = mg\cos\theta}$

題　質量Mの物体Aが質量mの物体Bと糸でつながっている

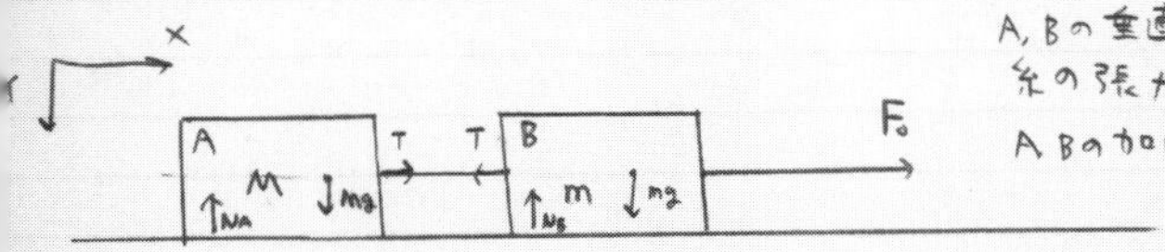

A, Bの垂直抗力　N_A, N_B
糸の張力　T
ABの加速度　a_x

Aの運動方程式　X方向　$M a_x = T$ …①
　　　　　　　　Y方向　$M \cdot 0 = Mg - N_A$ …②

Bの運動方程式　X方向　$m a_x = F_0 - T$ …③
　　　　　　　　Y方向　$m \cdot 0 = mg - N_B$ …④

①＋③　$(M+m) a_x = F_0$　　$\underline{a_x = \frac{F_0}{M+m}}$

①　$T = M a_x = \underline{\frac{M}{M+m} F_0}$

まとめ

・まずは力の矢印を図示
・2方向に成分分解する
・$m\vec{a} = \vec{F}$ の形で表現する

>>ノートの作り方を知りたいときは118ページへ

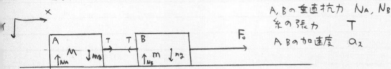

深掘りノート

No.

Date

☆ make について

・make を使う イディオム (鉄壁)

・make up ①埋め合わせをする (for) ②仲直りする (with)
③ (話を) でっちあげる ④化粧する

・make out ～を理解する

・make for ～へ向かう

・make it やり遂げる 都合がつく

・make ～ of A Aを～と評価する

make much of A Aを重視する
⇕
make nothing of A Aを軽視する

・make sure ①確実に～する ②～を確かめる

・make ends meet やりくりする

make believe ～のふりをする (≒pretend)

make a scene ～の醜態をさらす

make a point of 必ず～することにしている

make a face 顔をしかめる (≒grimace)

No.

Date

使役動詞

使役動詞 + O + 動詞の原形 (to不要!)

(make　　O に(無理矢理) 〜させる
have　　O に〜してもらう
let)　　O が〜することを許す

My mother made me wait outside the store.

He had the doctor look at his leg.

Let me explain my plain

make sense について

意味　① 意味をなす
② 道理にかなう

No.

Date

比較　　　　　　　　　　Forest

① 「何と何」を「どんな点」からくらべるのか

Betty is as attractive as Ann

「ベティーとアン」を（魅力という点から）くらべている

Stan is stronger than Scott.

「スタンとスコット」を（強さという点から）くらべている

② 比較は2つの文を合体して行う

Betty is attractive
Ann is attractive

「ベティーとアン」を（魅力という点から）くらべる

Betty is as attractive as Ann ~~is attractive~~

比較の軸のas　2文をつなげるas

Stan is strong
Scott is strong

「スタンとスコット」を（強さという点から）くらべている

Stan is stronger than Scott ~~is strong~~

比較級に

☆ まずは形より比較の核の意味

No.

Date . .

比較

比較とは

・比較対象
・比較する軸　を常に考える.

原級　形　A as 原級 as B

例文　He is as tall as his brother.

比較級　形　A 比較級 than B

例文　I am younger than you

最上級　形　A (the) 最上級 (in/of) 集団

例文　Mt. Fuji is the highest mountain in Japan.

☆ 核を捉えつつ比較の基本的な形もまとめる

No.

Date

中和滴定

149* (グラフ) **二段階中和と混合物の定量** ●大阪大・改

図は，水酸化ナトリウムと炭酸ナトリウムの混合物の水溶液に塩酸を加えていったときの滴定曲線を模式的に表したものである。

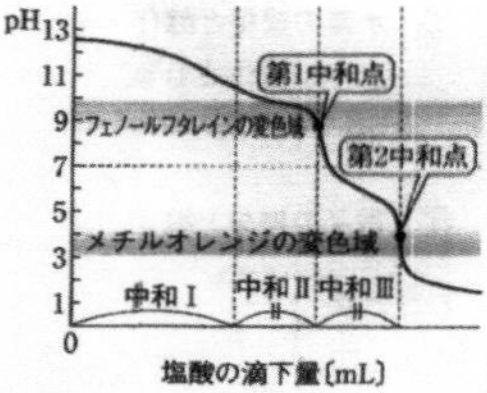

(1) この中和では，次の順に中和が起こる。各段階の中和反応を表す化学反応式を書け。
中和Ⅰ：水酸化ナトリウムと塩酸の中和
中和Ⅱ：炭酸ナトリウムの１段階目の中和
中和Ⅲ：炭酸ナトリウムの２段階目の中和

(2) 水酸化ナトリウムと炭酸ナトリウムの混合物の水溶液を 2.00 mL とり，水とフェノールフタレインを加え，0.10 mol/L 塩酸で滴定すると 6.00 mL を要した。さらに，メチルオレンジを加えて滴定を続けると 2.00 mL を要した。
① 中和Ⅰ～Ⅲに要した 0.10 mol/L 塩酸の体積はそれぞれ何 mL か。
② 混合物の水溶液中の水酸化ナトリウム，炭酸ナトリウムのモル濃度はそれぞれいくらか。

(1) 中和Ⅰ $NaOH + HCl \rightarrow NaCl + H_2O$

中和Ⅱ $Na_2CO_3 + HCl \rightarrow NaHCO_3 + NaCl$

中和Ⅲ $NaHCO_3 + HCl \rightarrow H_2O + CO_2 + NaCl$

(2) ① 中和Ⅰ 6.00 − 2.00 = 4.00 ml
中和Ⅱ 2.00 ml
中和Ⅲ 2.00 ml

② $1 \times C_1 \times \frac{2}{1000} = 1 \times 0.10 \times \frac{4}{1000}$

$C_1 = 0.20$ (mol/L)　NaOH 0.20 (mol/L)

$1 \times C_2 \times \frac{2}{1000} = 1 \times 0.10 \times \frac{2}{1000}$

$C_2 = 0.10$　Na_2CO_3 0.10 (mol/L)

炭酸は酸性なのに炭酸ナトリウムはどうして塩基性？

第2中和点ではメチルオレンジを使っている
↓
他の指示薬は？

No.

Date . .

疑問

・なぜ炭酸カリウムは塩基性なのか？

そもそも 酸性 塩基性とは？

酸　水素イオンを相手に与える　　　ブレンステッド・ローリーの定義

塩基　水素イオンを受け取る

$$CO_3^{2-} + H_2O \rightarrow \underbrace{HCO_3^-}_{\text{Hを受け取る}} + OH^-$$

☆ 弱酸と強塩基の塩だから塩基性と判断するのは危険！

・指示薬の種類と使い分け

Point 64 指示薬の選び方

酸	塩基	中和点の液性	指示薬
強	強	中性	フェノールフタレイン，メチルオレンジ
強	弱	酸性	メチルオレンジ
弱	強	塩基性	フェノールフタレイン

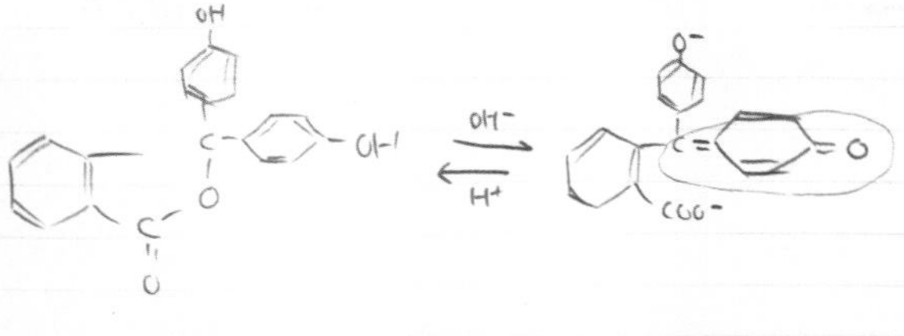

ここが赤色になる

フェノールフタレイン

No.

Date 2018・2・2

問

4 z を複素数とする。複素数平面上の 3 点 A(1), B(z), C(z^2) が鋭角三角形をなすような z の範囲を求め，図示せよ。

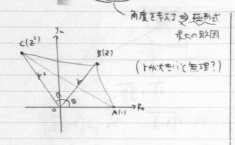

角度を考える ⇒ 極形式 ×

最大の敗因

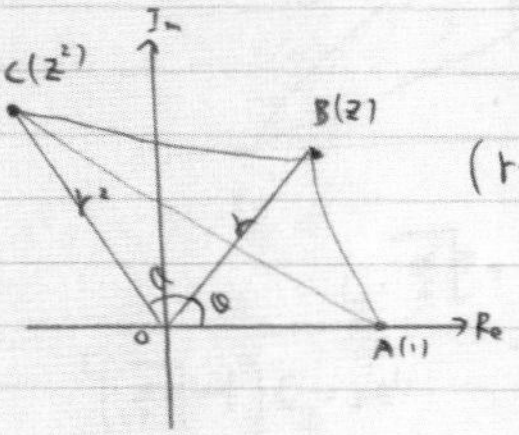

（rが大きいと無理？）

$z = r(\cos\theta + i\sin\theta)$ とおく × zのまま進める

$z^2 = r^2(\cos 2\theta + i\sin 2\theta)$

（∠BACや∠ABCをrとθを使って表したい
でも無理そう
角度 ⇒ 長さに変える）

△OABにおいて余弦定理

$AB^2 = OA^2 + OB^2 - 2\cdot OA\cdot OB\cdot\cos\theta$　$AB^2 = |1-z|^2$

$= 1 + r^2 - 2r\cos\theta$ …①

△OBCにおいて余弦定理

$BC^2 = OB^2 + OC^2 - 2\cdot OB\cdot OC\cdot\cos\theta$　$BC^2 = |z-z^2|^2$

$= r^2 + r^4 - 2r^3\cos\theta$ …②

（結局 △OABをr倍に相似拡大している）

△OACにおいて余弦定理

$AC^2 = OA^2 + OC^2 - 2\cdot OA\cdot OC\cdot\cos 2\theta$　$AC^2 = |1-z^2|^2$

$= 1 + r^4 - 2r^2\cos 2\theta$ …③

△ABCが鋭角三角形となる条件は

(i) $AB^2 + BC^2 > AC^2$
(ii) $AB^2 + AC^2 > BC^2$
(iii) $AC^2 + BC^2 > AB^2$　を全て満たすとき

(i) $AB^2 + BC^2 > AC^2$

$AB^2 + BC^2 = (1+r^2)(1+r^2-2r\cos\theta)$
$AC^2 = 1 + r^4 - 2r^2\cos 2\theta$　より

$AB^2 + BC^2 - AC^2 = 2r^2 - 2r\cos\theta - 2r^3\cos\theta + 2r^2\cos 2\theta$
$= 2r\{r - \cos\theta - r^2\cos\theta + 2r\cos^2\theta - r\}$
$= 2r\cos\theta(2r\cos\theta - r^2 - 1) > 0$

（計算が大変そう…
あと2つもやるのは無理）

軸ノート

No.

Date

6/12 試合後ミーティング

重要度

打撃

バント練習をしたのに決めれなかった
↳ ヘッドが下がっている

狙い球を絞るタイミングが遅かった

ミットに入るまでボールを見る意識
待球しているのが悟られないためには?

声出しのパターンが単調

スコアラーとの連携ができていなかった

守備

6回表 2アウト 1・2塁 外野シフト
左寄りシフトが功を奏した

高いトーバンより低いワンバン送球
の徹底ができていない

背走とカットプレーの練習

・捕球後のにぎり返し
・捕球体勢
も起因

走塁

盗塁のスタート
重心が高い

リードと帰塁
リード：あと半歩の徹底
帰塁：頭から戻るのにちゅうちょ 恐怖心

全体

負け癖をどう払拭するか?

3回表 一死二塁
タイムをかけたタイミング ◎

途中まで善戦しても負ければ意味ない

>>ノートの作り方を知りたいときは138ページへ

23 2006年度 〔1〕 Level B

四角形 ABCD が，半径 $\frac{65}{8}$ の円に内接している。この四角形の周の長さが 44 で，辺 BC と辺 CD の長さがいずれも 13 であるとき，残りの 2 辺 AB と DA の長さを求めよ。

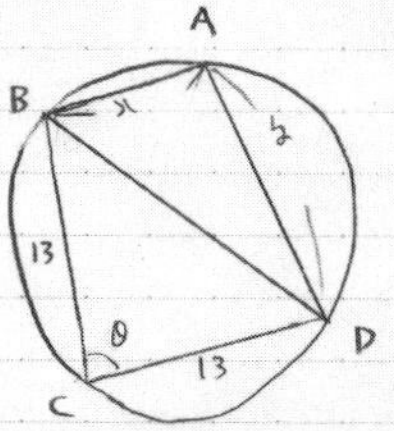

① $AB=x$, $AD=y$　$\angle BCD=\theta$ とおく

△BCDにおいて正弦定理

$$\frac{BD}{\sin\angle BCD}=2R=\frac{65}{4} \qquad BD=\frac{65}{4}\sin\theta \cdots ①$$

△BCDにおいて余弦定理

$$BD^2=BC^2+CD^2-2\cdot BC\cdot CD\cdot\cos\theta$$

$$\left(\frac{65}{4}\sin\theta\right)^2=13^2+13^2-2\cdot 13\cdot 13\cdot\cos\theta$$

$$\frac{25}{16}\sin^2\theta=2-2\cos\theta$$

$$\frac{25}{16}\cos^2\theta-2\cos\theta+\frac{7}{16}=0$$

$$(\cos\theta-1)(25\cos\theta-7)=0$$

$$\cos\theta=1,\ \frac{7}{25}$$

$\cos\theta\neq 1$ より　$\cos\theta=\frac{7}{25}$　$\sin\theta=\frac{24}{25}$

$\angle BAD=\pi-\theta$ より　$\cos\angle BAD=-\frac{7}{25}$

$$BD=\frac{65}{4}\sin\theta=\frac{78}{5}$$

② △ABDにおいて余弦定理より

$$BD^2=BA^2+AD^2-2\cdot BA\cdot AD\cdot\cos\angle BAD$$

$$\left(\frac{78}{5}\right)^2=x^2+y^2-2xy\cdot\left(-\frac{7}{25}\right)$$

$$x^2+\frac{14}{25}xy+y^2=\left(\frac{78}{5}\right)^2 \cdots ②$$

また　$x+y+13+13=44$　　$x+y=18 \cdots ③$

③ ③を用いて

②：$(x+y)^2-\frac{36}{25}xy=\left(\frac{78}{5}\right)^2$

$$\frac{36}{25}xy=18^2-\left(\frac{78}{5}\right)^2=\frac{12}{5}\times\frac{168}{5}$$

$$xy=56 \cdots ④$$

③,④より　x, y は t の2次方程式

$t^2-18t+56=0$ の2解となる

$$(t-4)(t-14)=0$$

$$t=4,\ 14$$

$(AB, BD)=(4, 14), (14, 4)$

(別)　$y=18-x$ を ②に代入

$$x^2+\frac{14}{25}x(18-x)+(18-x)^2=\left(\frac{78}{5}\right)^2$$

$$\frac{36}{25}x^2-\frac{648}{25}x+\frac{2016}{25}=0$$

$x^2-18x+56=0$　以下同じ

① 半径 $\frac{65}{8}$ という情報が一番使いやすい △BCD に注目する
正弦定理と余弦定理を使えば BD, sinθ, cosθ が求まる
☆今分かっている情報でどこが求められるか常に想定する！

② 分からないもの　AB=x　AD=y ⇒ 2つの条件式が必要

③ 対称式(2文字)　基本対称式 (x+y, xy) で表すとキレイ

 >>ノートの作り方を知りたいときは142ページへ

仮説　アウトコースの打球が打てないのはヘッドが下がっているから

4/11　春のリーグ戦でアウトコースが全然打てず、打ててもファールばかりであった。アウトコースが打てないのはヘッドが下がって力が加わってないからでは？

検証1

4/17　熊球　打撃実践

・打席での様子をビデオで撮映してもらう

・アウトコースのスイングの動画を見たところ良い当たりはやはり下がっていなかったが、ファールになるものは下がっているものが多かった

・ヘッドが下がるのは直接的な原因ではなくタイミングの問題では？

仮説2

ミートするタイミングが遅れると、ミートポイントも後ろになり力が加わらない。結果としてヘッドも下がることになるのでは？

検証2

4/24　熊球　打撃実践

・先週と同様にビデオ撮映

・意識することは「ヘッド」よりも「タイミング」

・自分のタイミングの取り方だとインコースは合いやすいがアウトコースは少し遅れがち

・タイミングをずらされないようにすることが次なる課題

仮説3

アウトコースのタイミングが遅れがちになるのはバットが遠回りに出てしまい、スイングの始動からバットが出るまでの時間がインコースよりわずかに長くなってしまっている

>>ノートの作り方を知りたいときは146ページへ

結論先決ノート

初ゼミ　化学で健康長寿社会に貢献するには？　プレゼン準備

結論：高機能性ポリマーを使用し、従来の眼内レンズよりも
　　　耐久性 機能性の高い人工水晶体を開発する

理由：従来の眼内レンズには問題点が3つある
　　① 水晶体だけではなく、チン小帯も摘出してしまうため、
　　　レンズの焦点調節機能が失なわれてしまう。

　　②グレアやハローといった夜間など暗い場所で光を見ると、
　　　光がチカチカして見えたり、視界がぼやけてしまったりする。

　　③ 経年劣化してしまい、レンズが白濁してしまう。

これらの問題点を高機能性ポリマー樹脂を使えば解決できる

具体例
・機能性ポリマーの素材　人間の水晶体の屈折率に近いSiを使用
　親和性や強度を高めるためにエッジングも行う

・水晶体の枠は残したまま ポリマーの注入を ピント調節機能を担う
　チン小帯も残すことができる

眼内レンズの素材が有機高分子に対して今回扱うポリマーは無機高分子
であるため、経年劣化しにくく、耐久性も高い　グレアやハローも発生しにくい

同様に人工水晶体の開発も少しずつ始まっている　（スライド）

結論
従来の眼内レンズでは実現が困難であった焦点の調節を
可能にし日常生活における支障が起きにくい人工水晶体を
開発することにより、人間本来の水晶体に限りなく近い水晶体
を作ることができる。

>>ノートの作り方を知りたいときは149ページへ

第4章 進捗管理ノート

スケジュール通りに勉強できない

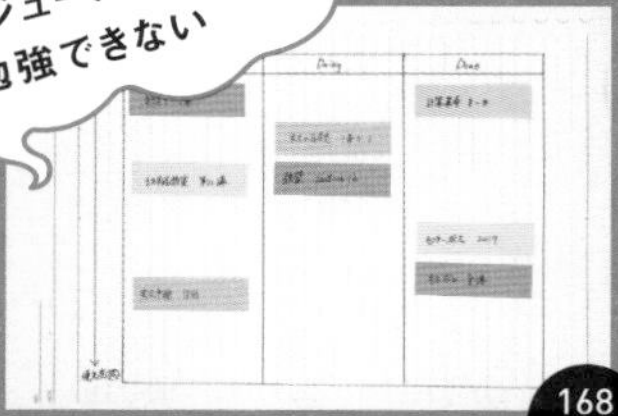

TODO/DOING/DONEノート

168ページ

何がわからないのかわからない

「わからない」分解ノート

172ページ

勉強や仕事の進捗を管理できない

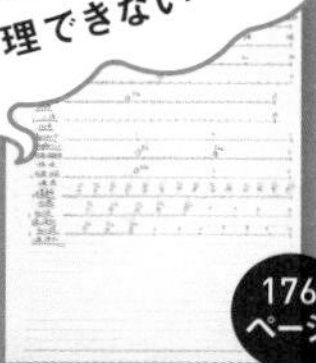

176ページ

ガントチャートノート

やるべきことを明確にできない

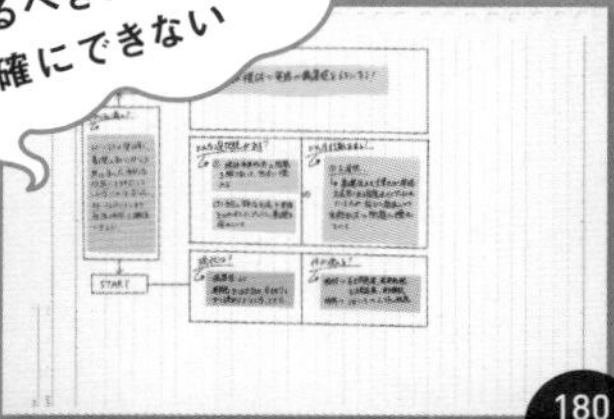

乗り換え案内ノート

180ページ

どうしても目標通りに勉強できない

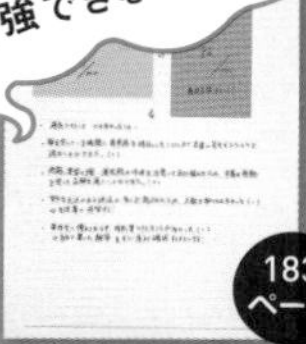

183ページ

二重目標ノート

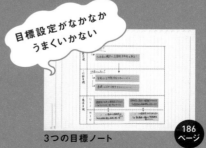

目標設定がなかなかうまくいかない

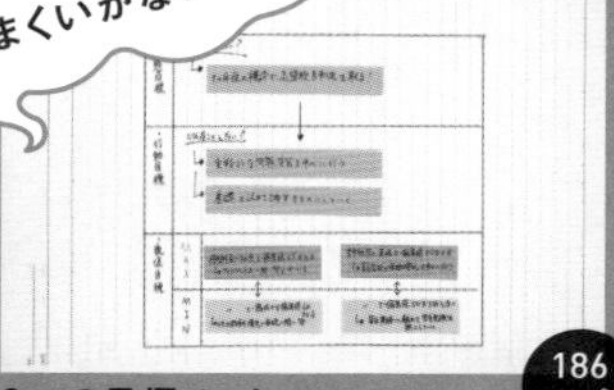

3つの目標ノート

186ページ

Note deviation value

ノート偏差値　55～65

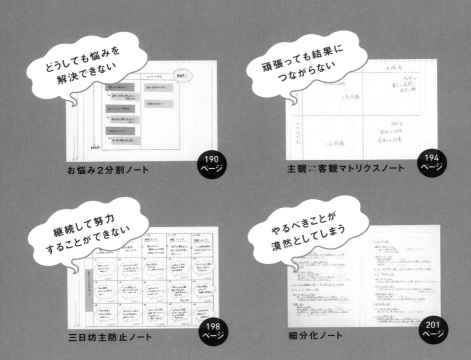

どうしても悩みを
解決できない

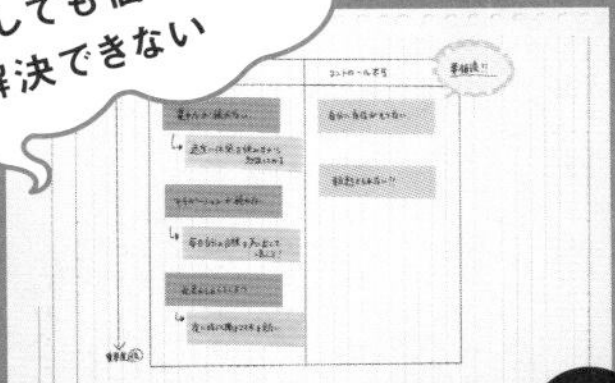

お悩み2分割ノート

190ページ

頑張っても結果に
つながらない

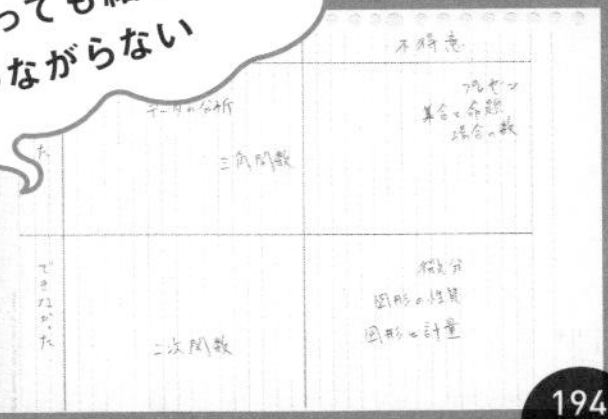

主観⇄客観マトリクスノート

194ページ

継続して努力
することができない

三日坊主防止ノート

198ページ

やるべきことが
漠然としてしまう

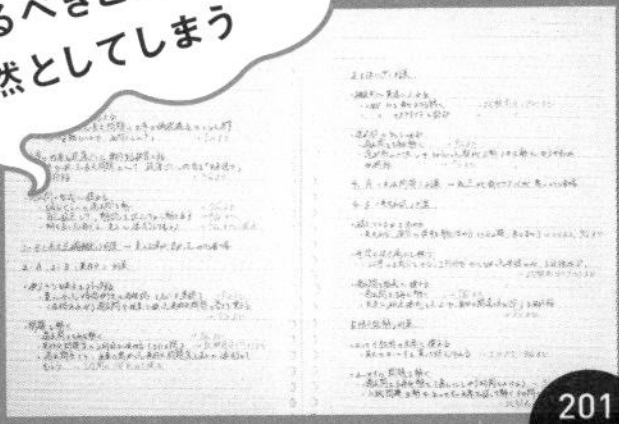

細分化ノート

201ページ

スケジュール通りに
勉強できない

TODO/DOING/DONEノート

#情報の可視化#汎用性が高い#自己管理

スケジュール通りに物事を進めるのは難しいものです。「2時間でこのタスクを終わらせて、次はこれだ」とスケジュールを立てても、その通りに遂行できるかどうかはまた別の問題。思った以上に時間がかかってしまって、次のスケジュールがどんどんズレていってしまう……といったことも、よくある話だと思います。

そんなとき、スケジュールのズレを修正しつつ、それでもスケジュール通りに物事を遂行できるノートがあれば嬉しいですよね。そこで今回紹介するのが「TODO/DOING/DONEノート」です。

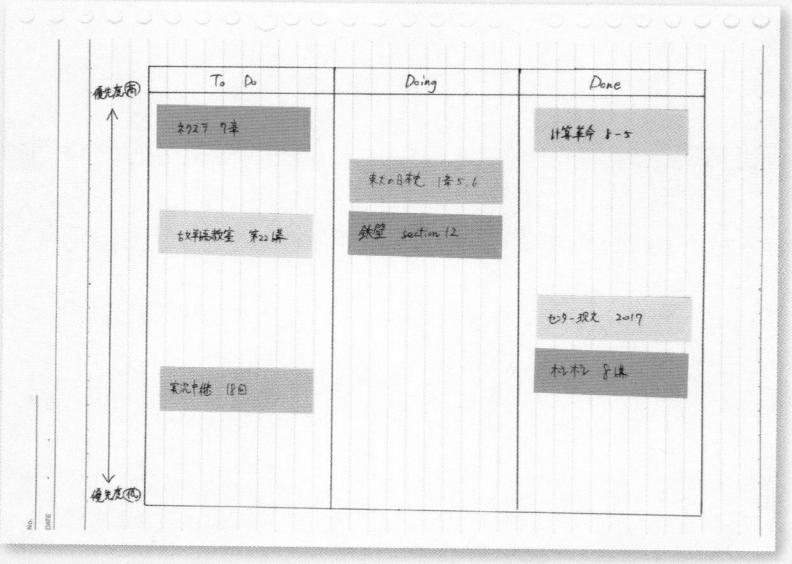

>>ノートを大きく見たいときは204ページへ

ノートの作り方

STEP 1

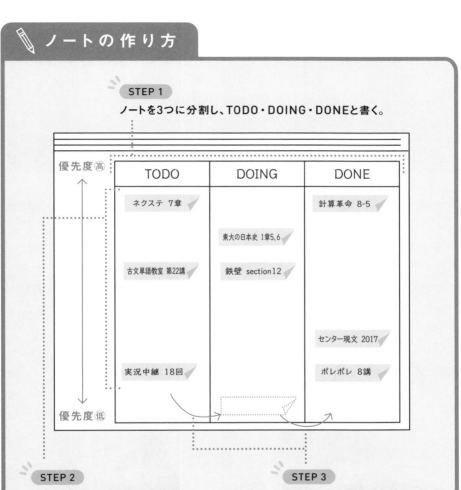

ノートを3つに分割し、TODO・DOING・DONEと書く。

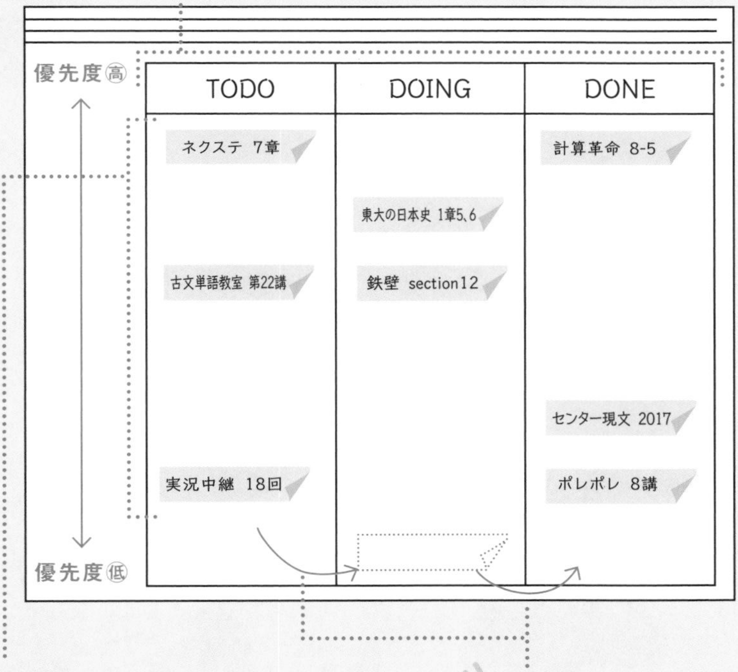

STEP 2

自分が今週、または今月中に終わらせたいことを付せんに書く(「数学の問題集を20ページ」など)。

STEP 3

その付せんをTODOに貼り、やっている最中はDOINGに、やり終わったらDONEに移動させる。

このノートのお役立ちポイント

このノートがあれば、数学の気分のときには数学をやって、英語の気分のときには英語をやるというように、自分の気分でやるべきことをどんどん消化していくことができます。

さらに、付せんの個数と残りの日数を割って、「毎日何個の付せんを終わらせなければならないか」という目安もわかります。

このノートの使い方のコツ

よくある悩みとして、「やるべきことがブレてしまう」ということがあります。たとえば「この本に書いてあることを実践してみよう」と思っても、3日後には目移りして違うものをやりたくなってしまう。東大生の中でもよくある話として、受験のときに勉強する内容や参考書をコロコロ変えてしまってなかなか成績が上がらないというものがあります。「やるべきことを確定できない」、そういったことはよくあることなのです。

やるべきことがブレてしまう、そんなときに東大生は「自分が受験までにやっておかなければならないTODOリスト」を作る。

そういうときに東大生は、「自分が受験までにやっておかなければならないTODOリスト」を作っています。言い換えれば「これをやれば受かるリスト」です。それを明確にして、きっちりとこなしていく。このノートはそのためのものなのです。

さらに、結果が可視化されているというのはほかのノートにない利点です。「数学を3時間頑張ろう」といっても、ダラダラした3時間では意味がありません。しかし、「今日は付せんを3枚終わらせられた」「明日は4枚終わらせられるようにしよう」と結果が指定されていれば、ダラダラすることなく、ノルマとして物事を進捗させていくことができるようになります。

スケジュールはこなせなくても、ノルマならこなせるという人はきっと多いはずです。このノートは、そういった人間の性質を利用しているのです。

このノートをもっと活かすには？

TODOに書いている内容を、さらに細かく指定できるよう意識してみましょう。

たとえば「テスト範囲のページを終わらせる」「この単語帳をやる」と書いていても、なかなか着手はできません。漠然としていてDOINGにずっと付せんが貼られている状態になってしまうからです。それよりも「3ページやる」「1章分やる」というように具体的で、DONEになりやすい目標を設定しましょう。

反対にそれができないのなら、もっと分解する努力をしましょう。「単語帳を覚える」が目標ならば、「単語帳を1回読む」「これを復習する」「一度テストして、できていないページをもう一度復習する」という目標に分解する。このように「覚える」というぼんやりとした目標を、「復習する」「テストする」という行動としてわかりやすい目標に設定するわけです。

何がわからないのか
わからない

「わからない」分解ノート

#深い理解ができる#自己分析#弱点補強

「わからないところがわからない」、そんな悩みを持つ人がいます。「問題をきちんと述べられれば、半分は解決したようなものだ」ということわざがありますが、まさにその通りです。多くの場合では、「何がわからないのか」がわからない状態になってしまっているから問題を解決することができないのです。

この対処法は１つ。「分解して考えていく」ということです。「この問題がわからない」というままでは解決できません。そんなときにおすすめなのが「『わからない』分解ノート」です。

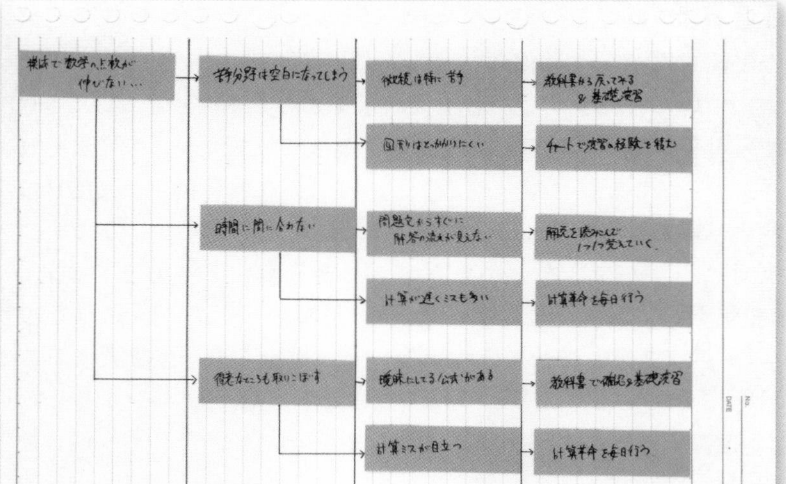

模試で数学の点数が伸びない…
苦手分野は空白になってしまう
微積は特に苦手
教科書から戻ってみる & 基礎演習
図形はとっかかりにくい
チャートで演習の経験を積む
時間に間に合わない
問題文からすぐに解答の流れが見えない
解説を読みこんで1つ1つ覚えていく
計算が遅くミスも多い
計算革命を毎日行う
得意なところも取りこぼす
曖昧にしてる公式がある
教科書で確認&基礎演習
計算ミスが目立つ
計算革命を毎日行う

>>ノートを大きく見たいときは206ページへ

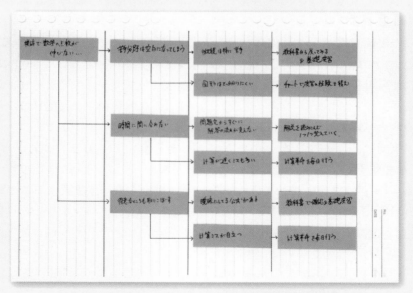

ノートの作り方

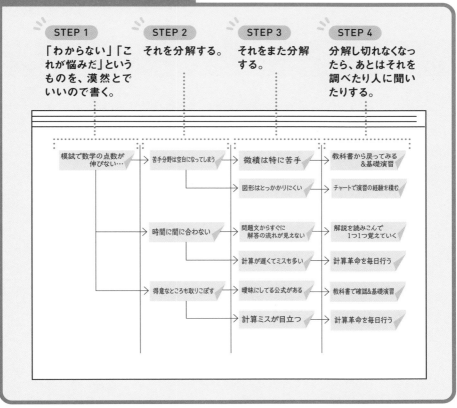

STEP 1
「わからない」「これが悩みだ」というものを、漠然とでいいので書く。

STEP 2
それを分解する。

STEP 3
それをまた分解する。

STEP 4
分解し切れなくなったら、あとはそれを調べたり人に聞いたりする。

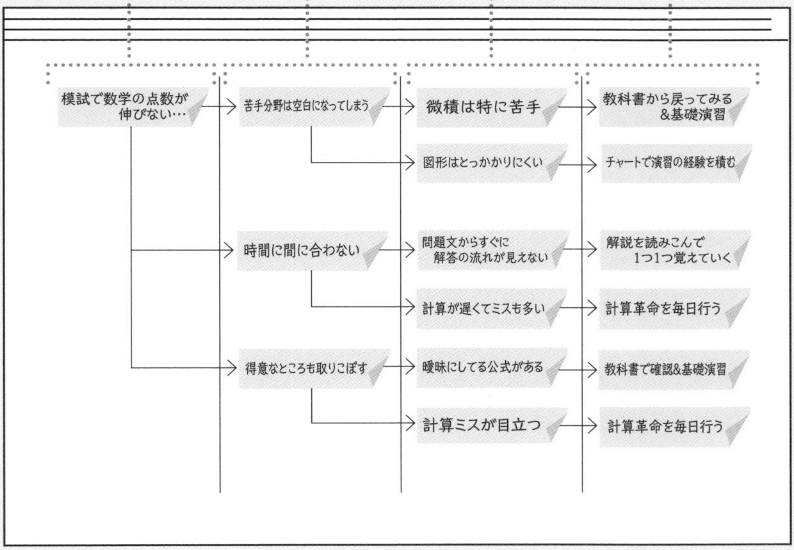

模試で数学の点数が伸びない…
苦手分野は空白になってしまう
微積は特に苦手
教科書から戻ってみる&基礎演習
図形はとっかかりにくい
チャートで演習の経験を積む
時間に間に合わない
問題文からすぐに解答の流れが見えない
解説を読みこんで1つ1つ覚えていく
計算が遅くてミスも多い
計算革命を毎日行う
得意なところも取りこぼす
曖昧にしてる公式がある
教科書で確認&基礎演習
計算ミスが目立つ
計算革命を毎日行う

このノートのお役立ちポイント

大抵の場合、「わからない」の原因になっているのは、とるに足らないポイントだったりします。1つの単語の意味がわからないから文章が読めなくなり、1つの数式が理解できないから答えまでたどり着けないわけです。それを解消するためには、きちんと「分解する」という工程を踏むべきなのです。

「分かる」とは「分ける」です。「分かるレベル」まで「分ける」ことができれば、おのずと問題は解決するはずです。

このノートの使い方のコツ

まず、このテクニックは「問題」でも「悩み」でも使えるということを覚えておいてください。英語・国語・数学といった科目の問題でわからないところがあっても、その問題を分解することができます。そして、たとえばみなさんがなんらかのことで悩んでたとしても、このテクニックを使うことができます。

「数学ができない」
↓
「公式を覚えられない」
↓
「三角関数の分野の公式が多くて困っている」／
「ベクトルの公式が難しくて覚えられない」

このように漠然とした悩みをどんどん細かくしていこうという意識があれば、きっと同じようなことで困っている人に出会うことができるはずですし、そのための解決策を考えることができるはずです。
「数学で悩んでいる」人などこの世の中にごまんといて、その誰も彼もがきっと違うポイントで苦しんでいます。だから「数学で悩んでいたけどこうやって解決できました」と書いてある記事を読んでも参考になるかどうかわかりません。ですが、「ベクトルの公式が覚えられない」だったら、「ベクトルの公式のわかりやすい覚え方」という記事や本を読めば解決の糸口になるはずです。

悩みは、分解すればするほど、解決の糸口が見つかりやすくなるのです。東大生は徹底的に分解を行う習慣があるから、勉強や受験の悩みも自分で解決できるわけです。

悩みや問題は、分解すればするほど、解決の糸口が見つかりやすくなる。

このノートをもっと活かすには？

1つの問題を分解したら、ほかにも問題がないか探してみましょう。「この単語の意味がわからなかった」となったら、「じゃあこの単語と似たような、こういう単語の分野が自分は苦手なのかもしれない」とより大きな問題を見つけることができれば、自分の勉強を進歩させることができます。

悩みでも同じです。「ベクトルの公式が覚えられない」が分解した悩みだったら、「公式が覚えられない」というより大きな悩みが上位にあるわけです。その悩みを解決しようとしたときにはきっと、「ベクトルの公式が覚えられない」の解決法が1つのヒントになっているはずです。

勉強や仕事の進捗を
管理できない

ガントチャートノート

#自己管理#情報の可視化#汎用性が高い

みなさんは勉強や仕事の進捗管理、できていますか？
「進捗管理」とは、今自分のやっていることがあとどれくらい頑張ればゴールなのかを知ることです。ただ、進捗を意識しながら頑張れているという人は少ないのではないかと思います。

進捗が管理できれば、成長の実感も得られます。「自分の努力が次につながっている」という意識や、「努力が結果に表れてきている」という実感が、努力を継続させてくれるからです。そして、成長の実感を得るために今回紹介するのが、「ガントチャートノート」です。

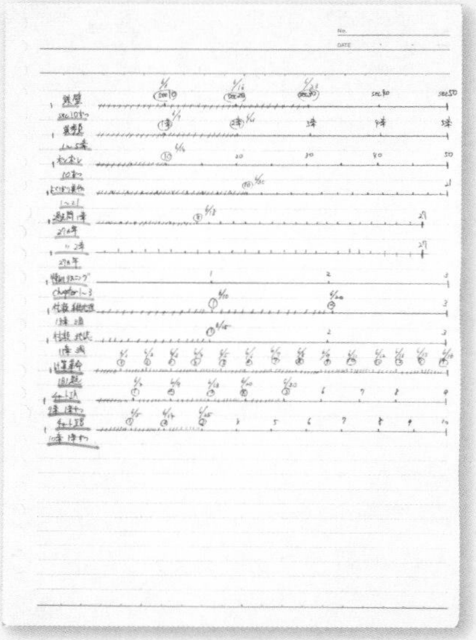

>>ノートを大きく見たいときは208ページへ

ノートの作り方

STEP 1

やりたい仕事や勉強したい内容を数字で表す(「数学の勉強を10ページ進めたい」「問題集を3周したい」など)。

STEP 2

その数字で表した目標を、3〜10個に分割して羅列する。

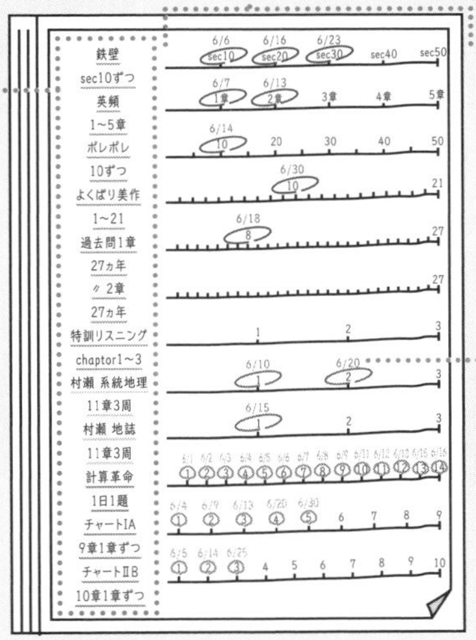

STEP 3

毎日どこまで進捗したか、何%くらい終わったのかを書く。

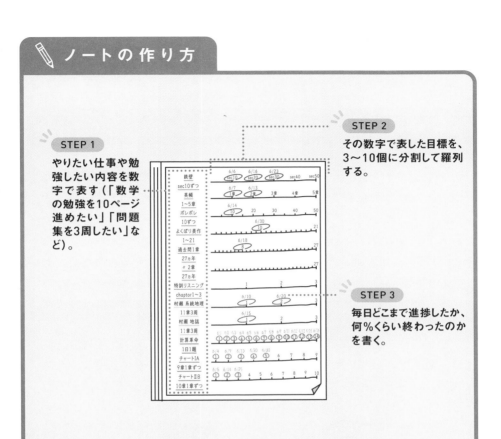

このノートのお役立ちポイント

このノートがあれば、自分が毎日どれくらい進捗しているのかがわかります。毎日少しずつでも、何%かでも前に進んでいると実感できれば、大変な勉強・仕事だったとしても正面から向き合うことができるはずです。

また、締め切りが決まっているのであれば、その日程を分割した目標の個数で割ることで、「1日どれくらい進めればいいのか」も理解できるようになります。

このノートの使い方のコツ

まずこのノートは、目標が多く、そして長期的に努力しなければならないときにこそ有効です。長い期間頑張らないといけないときは、心が折れそうになったり、今自分が何をやっているのかがわからなくなったりしてしまいますよね。そういうときにこのノートがあると、「自分は1ヵ月でここまで進んだんだ」「あと数週間でここまでやるんだから、わりと余裕があるな」などと、迷わずに努力することができるようになります。勉強や仕事が辛くなったときでも、このノートを見返すことでもう一度初心に立ち返ることができるのです。

そして使い方のコツは、なんといっても「数値化」です。やはり人間は、数字でわかりやすい目標があったり、数字で進捗がイメージできる状態になると、やるべきことが明確になって努力がはかどるものです。

数字で進捗がイメージできると、やるべきことが明確になって努力がはかどる。

「とにかく1冊を終わらせよう」ではなく、「10ページを10セットで終わらせよう」と努力していくことで、努力が見えやすくなり、やる気も湧いてくるのです。

なお、自分が「分割が多いほうが努力できる人間」なのか、「分割が少ないほうが努力できる人間」なのかを意識しておきましょう。毎日の成長を細かく実感したいという人もいれば、反対に一歩一歩を大きくしたいという人もいます。どちらが自分の肌に合っているのかも考えながら、このノートを使ってみてください。

このノートをもっと活かすには？

慣れてきたら、設定する目標を多く、そして大きくしてみてください。「1冊の参考書を終わらせる」ではなく、「1冊の参考書を2周する。復習もして完璧にする」。

このように「一度やって終わり」ではなくて、実現可能かどうかがわからないくらいのものを設定するのです。

もちろん目標が大きすぎて心が折れそうになってしまうかもしれません。しかしそれでも、実現不可能なくらい高い目標を持って努力するというのも、人間を成長させてくれる要因の1つだと思います。ぜひ試してみてください。

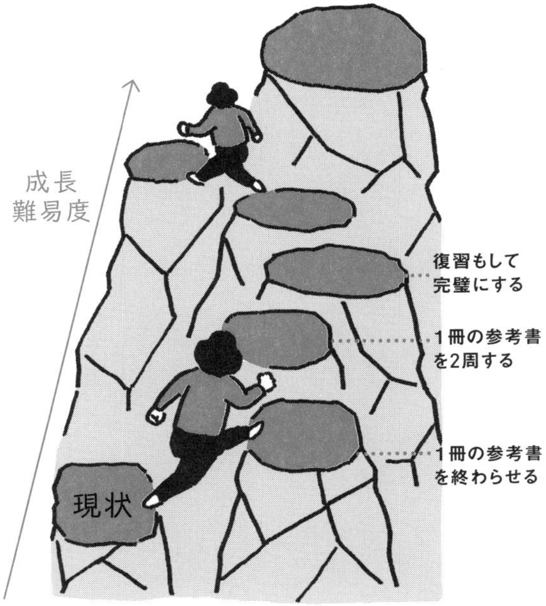

乗り換え案内ノート

#自己分析#思考力アップ#思考の可視化

「今、何をするべきなのか？」これはすごく大切な問いですが、実は答えに困る問いでもあります。試験が迫っていて、何から手をつければいいのか、どんなことを優先して努力すればいいのか……こういったことは考えるのが難しいものです。

そんなとき、東大生はどうやって頑張っていたのかというと、「現状」と「理想」を知り、そのギャップを埋めるためにはどうすればいいかを考える、ということをしていました。そして、それを考えるのが「乗り換え案内ノート」です。

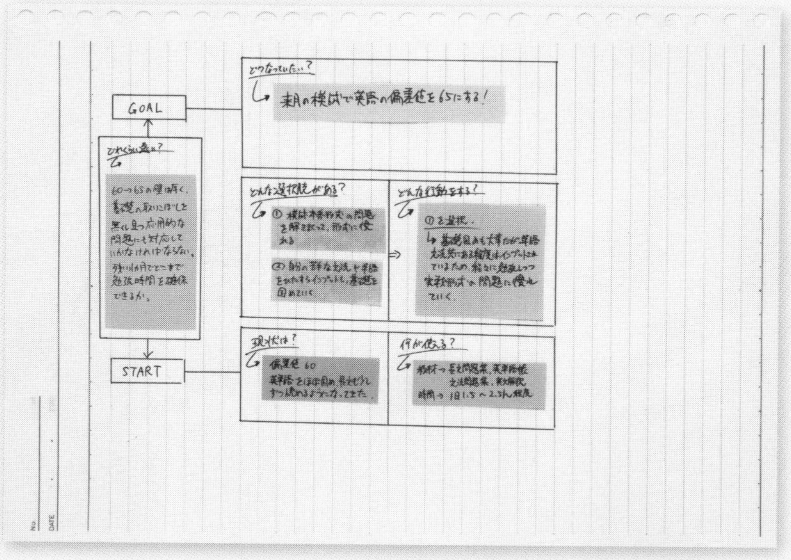

>>ノートを大きく見たいときは212ページへ

ノートの作り方

STEP 1

理想とするゴールはどういう状態なのかを書く。

STEP 2

理想に対して現状は、どんな状態なのかを書く。その際に、理想の状態になるためにどれくらいの時間をかけられるのかを書く。

STEP 3

理想と現状の間にあるギャップはどんなものなのか、どれくらいの開きがあるのかを書く。

STEP 4

ギャップを埋めるための行動を列挙して、その中からいくつかを選んで自分の行動目標として設定する。

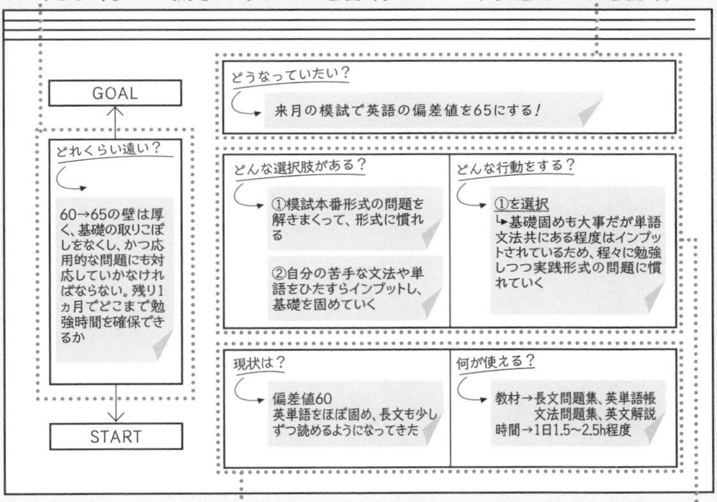

GOAL
どれくらい遠い？
60→65の壁は厚く、基礎の取りこぼしをなくし、かつ応用的な問題にも対応していかなければならない。残り1ヵ月でどこまで勉強時間を確保できるか
START
どうなっていたい？
来月の模試で英語の偏差値を65にする！
どんな選択肢がある？
①模試本番形式の問題を解きまくって、形式に慣れる
②自分の苦手な文法や単語をひたすらインプットし、基礎を固めていく
どんな行動をする？
①を選択
↳基礎固めも大事だが単語文法共にある程度はインプットされているため、程々に勉強しつつ実践形式の問題に慣れていく
現状は？
偏差値60
英単語をほぼ固め、長文も少しずつ読めるようになってきた
何が使える？
教材→長文問題集、英単語帳
文法問題集、英文解説
時間→1日1.5〜2.5h程度

このノートのお役立ちポイント

乗り換え案内のアプリを使ったことはありますか？　現在地を入れて、目的地を入れれば、そこまで行くのに最適なルートを提示してくれるというものです。

「現在地と目的地がわかっているから、その間を埋めるためにどうすればいいのかがわかる」——これと同じで、私たちの努力というのも、「現在地」と「目的地」さえ意識できれば、その「ギャップ」を埋めることができるのです。つまり、努力が結果に結びつきやすくなるというわけです。

このノートの使い方のコツ

乗り換え案内は「早い行き方」「安い行き方」「乗り換えが少なくてラクな行き方」など、いろいろな道筋があります。それと同じで、ギャップを埋めるための努力というのはいろいろな種類があります。選択肢自体は1つではなく、複数あるのです。

たとえば、テストを30点から60点に、あと30点増やしたいとします。そのとき、100点満点中70点分ある中で、30点をどこでどう増やすかを選ぶことができます。100点を目指す人はそんなにいないでしょうから、「選んで努力」することができるわけです。そして、自分がやりやすいところや、対策としてできるところをしっかり考えておくことで、前に進みやすくなるはずです。行き方は、なんでもいいのです。自分がやりやすい方法を選べば選ぶほど、努力の質もより高いものになっていくはずです。

このノートをもっと活かすには?

「ノートの作り方」のSTEP2で時間を書きましたが、その時間をSTEP4で書いた行動目標の選択肢の横に書いていきましょう。30時間使えるのなら、その30時間をどのような努力に割いていくのかを意識することができます。時間が足りなくなってしまった場合は、どう時間を捻出するか、もしくは選択肢を変えてもっと時間のかからない方法を考えることができます。時間を書くことで、より洗練された戦略を立てることができ、努力を結果に結びつけやすくなります。

どうしても目標通りに
勉強できない

二重目標ノート

＃情報の可視化＃弱点補強＃汎用性が高い

「目標を立てても、それを達成できない」という悩みを多くの方が抱えています。「30ページやるつもりが、15ページしか進まなかった」、そんな悩みです。

ですが、だからといって簡単な目標にしすぎてしまうと、自分が本当にできる範囲を狭めてしまうことになります。人間、「15ページでいいや」となったら15ページしかできないものなのです。だから、目標は高く持ちたいけれど、失敗してしまうと気分が落ち込んで目標通りにはできない……そういったときにちょうどいいのが、この「二重目標ノート」です。

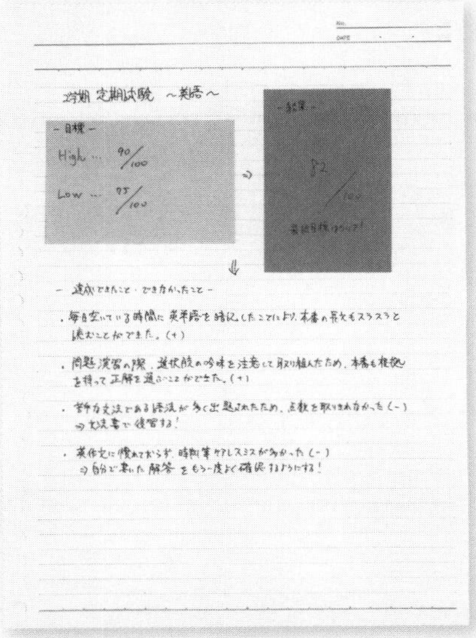

>>ノートを大きく見たいときは209ページへ

ノートの作り方

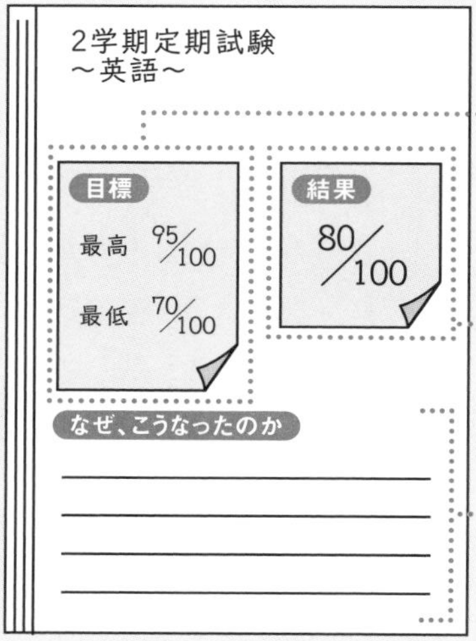

STEP 1

達成したい目標のうち、最低限達成したいラインを「最低目標」、最高で達成したいラインを「最高目標」に書く。

STEP 2

実行した結果、どうなったのかを自分で採点する。

STEP 3

その点数になった理由、次はどうしたいかを書く。

このノートのお役立ちポイント

最低目標と最高目標を設定しているので、その「間」であれば目標がある程度達成されたことになります。これなら、高すぎる目標も、低すぎる目標も作ることがありませんね。

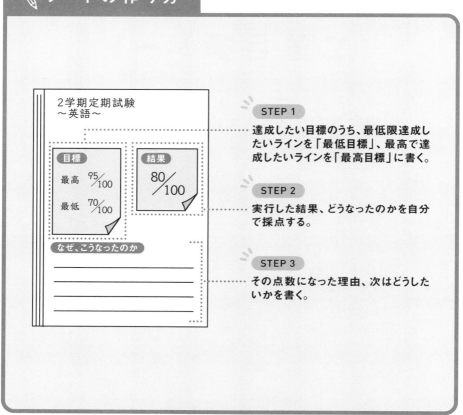

そして、それを100点満点で採点することによって、モチベーションにつなげることができます。「100点満点を目指して頑張ってみよう」

という気にもなりますし、それを分析する時間もとるので次の目標設定にも役に立つはずです。

このノートの使い方のコツ

「最低限これだけはやっておかなければいけないライン」を考えておく、こうすることで三日坊主で物事を終わらせてしまうことを防止してくれます。

大切なのは、継続的に努力することです。目標が理想に偏りすぎていると、「全然できなかった」と「やること」自体をやめてしまう場合が多いと思います。三日坊主になる人の原因はここにあります。「毎日、腹筋を100回する」という目標を立てて初めの2日間は達成できたのに3日目には達成できそうにない……。そうなったときに、人はなぜか「90回まではやろう」とはならず、「まったくやらない」という選択をしてしまいがちです。ですがこのノートを使うと、「最低でも30回は腹筋をしよう」と最低ラインが決まっている状態になるため、「まったくやらない」ということが発生しなくなるのです。

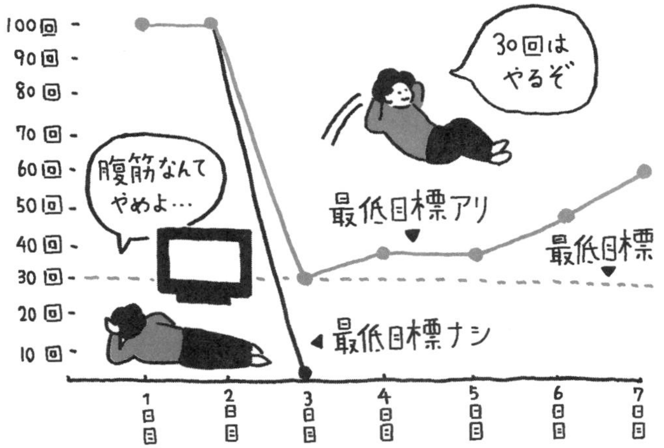

目標設定がなかなか
うまくいかない

3つの目標ノート

＃情報の可視化＃整理整頓

目標とはあいまいな言葉です。抽象的に「こんな状態になれていればいいな」という目標もあれば、具体的に「こんなことをしなければならない」という目標もあります。多くの人はこの目標設定の段階で失敗してしまって、望む結果を手にすることができないのです。

こういったときに東大生の多くはどうするかというと、抽象的な目標も具体的な目標もセットで設定できるように考えます。そして、その思考回路が色濃く反映されているノートが、今回紹介する「3つの目標ノート」になります。

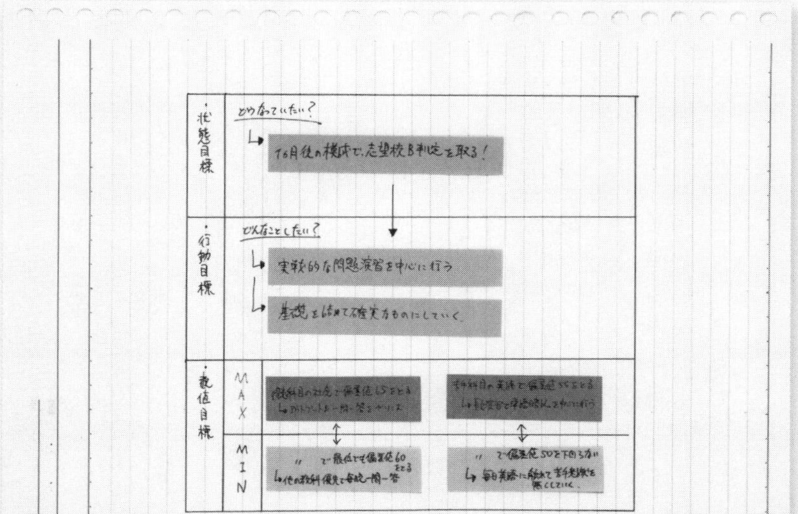

>>ノートを大きく見たいときは210ページへ

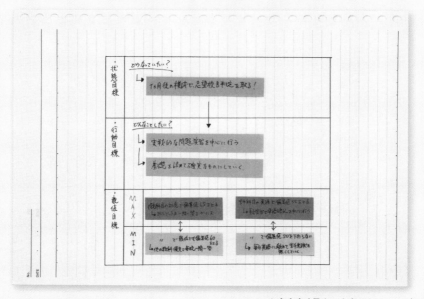

ノートの作り方

STEP 1

「状態目標」を書く。「こうなりたい」という、望む状態の目標を考える。

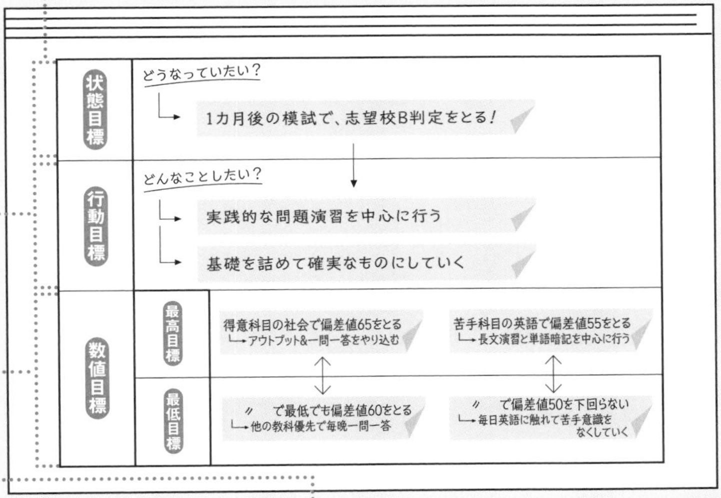
状態目標
どうなっていたい？
1カ月後の模試で、志望校B判定をとる！
行動目標
どんなことしたい？
実践的な問題演習を中心に行う
基礎を詰めて確実なものにしていく
数値目標
最高目標
得意科目の社会で偏差値65をとる
→アウトプット&一問一答をやり込む
苦手科目の英語で偏差値55をとる
→長文演習と単語暗記を中心に行う
最低目標
〃 で最低でも偏差値60をとる
→他の教科優先で毎晩一問一答
〃 で偏差値50を下回らない
→毎日英語に触れて苦手意識をなくしていく

STEP 2

「行動目標」を書く。状態目標を達成するために、「こんなことをしたい」という行動を考える。

STEP 3

「数値目標」を書く。行動目標を具体化して、「いつまでに」「どれくらい」「どんなことをやるのか」といったことを考える。この際、最低目標と最高目標の2つを作ることができるとなお良い（183ページの「二重目標ノート」を参照）。

このノートのお役立ちポイント

抽象的な目標が「状態目標」、具体的な目標が「数値目標」、その間が「行動目標」です。「なぜその目標を達成したいのか」、それをしっかりと理解しながら行動まで落とし込むことができるので、「この問題は、こういう分野の知識をつけるためにやっているんだ」と目標が明確になります。

東大生が優れているのは、この目標を設定する能力です。今、なんのために努力しているのかが明確になっているからこそ、努力が結果に結びつきやすいのです。それをこのノートは支援してくれます。

このノートの使い方のコツ

このノートはどこから書いてもかまいません。本当は状態目標から書いてもらいたいのですが、「こういう状態になっていたい」を考えるのはわりと骨が折れる作業です。

ですが、やらなければならないことや、やりたいと思っていたことに対して、「これはどんな目的があるのだろうか？」「何を達成するために、こういう行動をしているのだろうか？」という「意味づけ」をすることは比較的やりやすいと思います。意味づけができれば、「あぁそうだ、自分はたしかにこういう状態になりたいんだな」と、逆算で状態目標を作ることができます。

そして、「この本を読むのは、この分野で博識になるためだ」「こんな状態になりたいから、自分はこんな仕事をしているんだ」ということが明確になればなるほど、前のめりに努力をすることができるようになるはずですし、結果にもつながります。

人間、数字だけを追っていると、いつの間にか手段が目的になってしまいます。「営業成績を上げるために毎日100本電話しよう」と考えていても、「営業成績につなげるため」という目標が意識されていないと、100本電話しただけで「仕事をした」という感覚になってしまうかもしれません。

あくまでも状態目標が目的で、行動・数値目標が手段なのだという意識を忘れないでください。そうすれば、結果につながる努力ができるはずです。

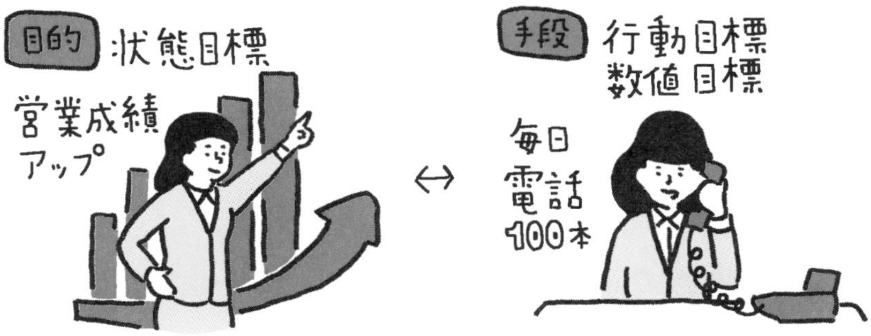

あくまで状態目標（＝営業成績アップ）が目的で、行動・数値目標（＝毎日電話100本）が手段という意識を忘れないこと。

このノートをもっと活かすには？

実は、行動目標から数値目標に移すのが、一番ハードルが高いのです。なぜなら現実と理想にはギャップがあって、「行動目標」を達成するための「数値目標」が、すごく高い目標になってしまうことがあるからです。

そのときに大事になるのは「期限」です。しっかりと達成可能な期限を設けて進めていくようにしましょう。さらに、ここで二重目標もセットにするといいかもしれません（183ページの「二重目標ノート」を参照）。「数学の問題集を終わらせたい」となったら、「最低目標：数学の問題集を20日間で終わらせる」「最高目標：数学の問題集を10日間で終わらせる」といった具合です。

期限の設け方

数学の問題集を終わらせたい

最低目標
数学の問題集を20日間で終わらせる

最高目標
数学の問題集を10日間で終わらせる

お悩み2分割ノート

#思考の可視化#思考の取捨選択#整理整頓

人間は悩む生き物です。生きていれば、いろいろなことで悩みます。そして、その悩みを解決しようと努力するわけですが、これがなかなか解決しないのが人生の辛いところですよね。

結論から言うと、すべての悩みを解決することはできません。ですが、何が解決可能で、何が不可能なのかを理解するために頑張るのは必要なことです。「お悩み2分割ノート」は、悩みを2つに分類することで「自分の力でどうにもならないもの」と「そうでなくて、自分が立ち向かわなければならないもの」を分けて考えさせてくれるものです。

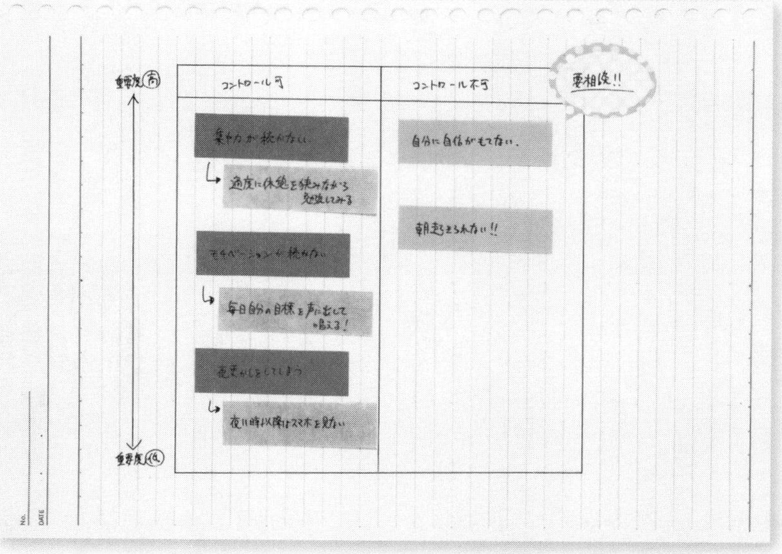
重要度(高)
重要度(低)
コントロール可
コントロール不可
要相談!!
集中力が続かない。
適度に休憩を挟みながら勉強してみる
モチベーションが続かない
毎日自分の目標を声に出して唱える!
夜更かしをしてしまう
夜11時以降はスマホを見ない
自分に自信がもてない。
朝起きられない!!

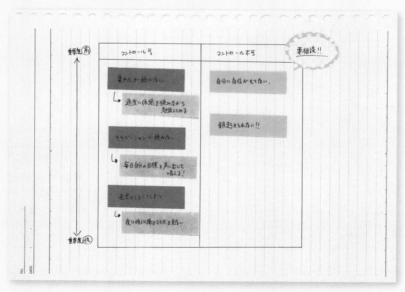

>>ノートを大きく見たいときは214ページへ

ノートの作り方

STEP 1
今、自分が悩んでいることを考えて、付せんに書く。

STEP 3
悩みの中で、「自分ではコントロール不可能なもの」「自分の努力だけではどうにもならないもの」を右に置く。

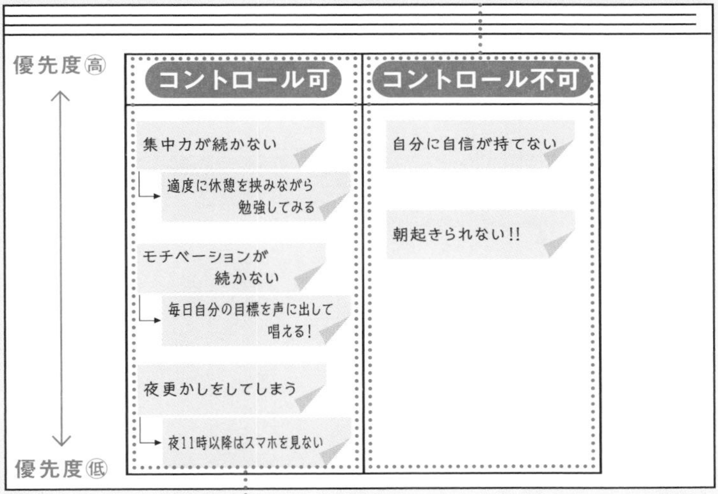
優先度㊋
コントロール可
コントロール不可
集中力が続かない
適度に休憩を挟みながら勉強してみる
モチベーションが続かない
毎日自分の目標を声に出して唱える！
夜更かしをしてしまう
夜11時以降はスマホを見ない
自分に自信が持てない
朝起きられない!!
優先度㊦

STEP 2
悩みの中で、「自分でコントロール可能なもの」「自分の努力で解決可能なもの」を左に置く。

STEP 4
それらを眺めて、できれば人にそれを見せて、「本当にその配置で大丈夫なのか」をチェックしてもらう。

このノートのお役立ちポイント

「自分でコントロールできるもの」なのであれば、それは自分で努力して解決するべきことです。反対に「自分ではどうにもならないもの」なのであれば、人の力を借りて努力するべきことです。「自分でどうにかなること」を直視しないで、「自分ではどうにもならないこと」に思い悩んでしまう……実は人間ってそういうあべこべな行動をしてしまいがちです。
それは東大生も同じです。受験期に歯が痛いのに歯医者さんに行かないで気合でなんとかしようとしてしまったり、反対に苦手な科目を「これは自分ではどうしようもない」と努力もせずに放置してしまったりと、あべこべな行動をしてしまう人はわりと多いのです。そんな状態を解消するために、定期的にこのノートで、しっかり悩みを2分割することが必要です。

このノートの使い方のコツ

人間には、どう頑張ってもできないことがあります。たとえば、朝起きるのが苦手な人もいます。物事がなかなか続かない人もいます。それはもう、本人の努力ではなく先天的で、精神論ではなんともならない部分もあります。「じゃあ、全部生まれつきの才能なのか」というと、まったくそんなことはありません。朝起きるのが苦手ならモーニングコールをしてもらえばいいですし、なかなか物事が続かないのならほかの人と一緒にやったり、続かなくても大丈夫なように工夫したりすればいいのです。
東大生だって、「この科目は自分だけではどうにもならないから、先生に教わろう」「塾に行こう」と、しっかり他人に頼るという選択肢をとっていることが多いです。「すべて自分だけの力でコントロールして頑張ろう」など、傲慢な考えなのです。
だからといって、「自分には何もできない」と決めつけるのも良くありません。このノートで「自分にはできない」と思って書いたことでも、やってみたら意外となんとかなることもあるかもしれません。「数学は本当にできない」という人であっても、中学までの範囲はできるかもしれませんし、数学の中でも確率はできないけどベクトルはできる……ということもあるはずです。「何もできない」などありえないことなのです。

できないことはできないとしっかりと認める。それでいて、自分にできるのはどういう範囲なのかを考える。こういった内省の時間は、必ず後々になって効いてくるものです。ぜひ、このノートで整理してみましょう。

このノートをもっと活かすには？

定期的にこのノートを見直す習慣をつけましょう。そして、「これは本当に自分でできるのか？」「これは本当に自分にはできないのか？」と考えます。そうすると、「やっぱりできないな」「もしかしたらできるかも」というものが出てくるはずです。

自分を知っている人ほど強い人はいません。自分自身のことをしっかりと把握するために、こういった時間を持つのは非常に有効なことなのです。

頑張っても結果に
つながらない

主観⇄客観 マトリクスノート

#情報整理#弱点補強#自己分析

みなさんは、自分のことをよく理解できているでしょうか。「自分が思っている以上に、自分のことがわかっていない」という現象はよくある話です。自分が「得意だ」と考えている分野の成績が意外と低かったり、自分が「苦手だ」と思っている分野の成績が意外と高かったり。人間は、主観と客観があべこべになることが多い生き物なのです。

東大生は、この主観と客観を合わせる訓練をしています。自分は「本当に得意なのか？」「本当に苦手なのか？」、それを正しく把握できるよう努めているのです。その方法を、これから紹介します。

得意
不得意
できた
確率
データの分析
三角関数
プレゼン
集合と命題
場合の数
できなかった
微分
図形の性質
図形と計量
二次関数

>>ノートを大きく見たいときは216ページへ

ノートの作り方

STEP 1

縦に「できた」「できなかった」、横に「得意」「不得意」と書き、マトリクスを作る。

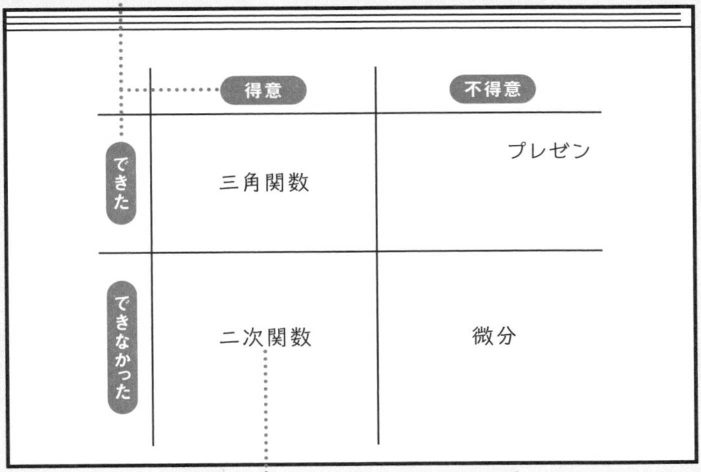

得意
不得意
できた
できなかった
三角関数
プレゼン
二次関数
微分

STEP 2

そこに、自分が今から自己分析したいことを書く。たとえば、二次関数が「得意だと思っているけれど、この前のテストではダメだった」のなら「得意」「できなかった」、プレゼンが「苦手だと思っているけれど、この前はうまくいった」のなら「不得意」「できた」に書く。

STEP 3

シートを完成させていって、「得意」「不得意」「できた」「できなかった」の、主観と客観のズレを修正していく。

このノートのお役立ちポイント

　このノートを作ってみると、意外と主観と客観がズレていることに気づくと思います。得意だと思っていてもできない場合がありますし、不得意だと思っていることもできている場合があります。

　そして、このノートに書いた中で「得意」なのに「できなかった」ところは、ちょっとした努力でできるようになる、または簡単なことでつまずいてしまっている可能性が高いです。優先順位としては、「得意」「できなかった」を最初にやっていくべきなのです。「もっとも先にやるべきこと」が理解できるようになり、すぐに結果につながるのがこのノートの良いところです。

このノートの使い方のコツ

このノートの理想は、「得意」「できた」をいっぱいにすることです。逆に言えば、それ以外の場所に書いてあることを、「得意」「できた」の領域に持ってくることが目標になります。その際、優先順位としては以下のようになります。

優先順位①「得意」「できなかった」: 少しの努力で「できた」に持ってこれる可能性が高いので、最優先で努力するべき

優先順位②「不得意」「できた」: 自分が勝手に苦手意識を持っているだけかもしれない。時間はかかるかもしれないが、努力すれば「得意」に持ってくることも可能

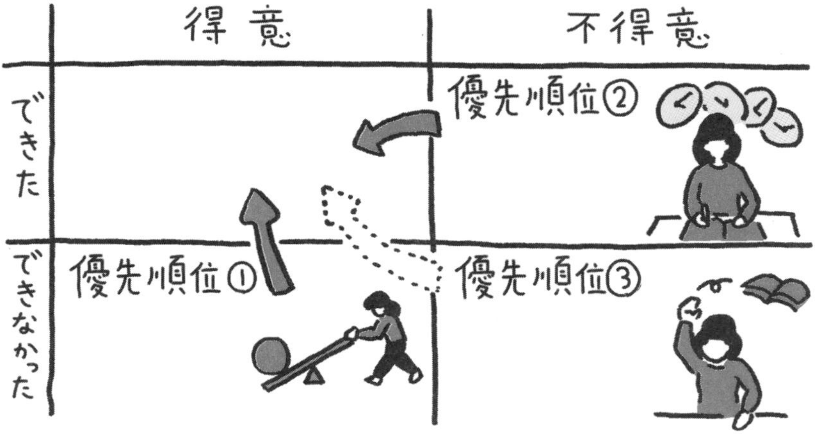

優先順位③「不得意」「できなかった」: 一番対策に時間がかかるところなので、もしかしたら捨てていい領域かもしれない。テストでもなんでも、100点満点をとる必要はない

この順番に沿って努力していけば、必ず結果が出ます。一番やっていけないのは、結果が出にくいところに時間をかけてしまって、「全然やっても成績が上がらない」と嘆いて続かなくなることです。きちんと結果につながりやすい努力を効率的にやっていくことで、目標達成ができるようになります。

このノートをもっと活かすには?

積極的にほかの人にこのノートを見てもらいましょう。そして、「君はここが不得意と言っているけど、ここは得意だと思うよ」「ここができないって言ってるけど、わりとできてると思うけどな」と、他人からフィードバックをもらうようにしましょう。そのやりとりによって、よりノートの精度が上がり、努力が形になりやすくなります。

積極的に他人にノートを見せ、フィードバックをもらう。そのやりとりによって、ノートの精度が上がり、努力が形になりやすくなる。

継続して努力
することができない

三日坊主防止ノート

#自己管理#弱点補強#自己分析

人間、三日坊主になりがちですよね。「やるぞ！」と意気込んでも、なかなか努力は継続しません。それでも東大生は、三日坊主のタイプだったとしても毎日勉強を継続してします。

なぜ、そんなことができるのでしょうか。それは毎日の振り返りに理由があります。継続的に何かを続けられない人であっても、「今日はできたのか」「今日はできなかったのか」をチェックする習慣があれば三日坊主にはならないで済むのです。

その振り返りを自分で行うのが、この「三日坊主防止ノート」です。

>>ノートを大きく見たいときは218ページへ

ノートの作り方

STEP 1

まず、最初の3日間の目標を決める。

STEP 3

次に4〜6日目の目標を決める。そのとき、1日〜3日目でもし1日でも無理な日があったら、この目標はもっと簡単なものに変える。

習慣	1-3日 鉄壁sec1〜3 毎日1sectionごとに進めていく できる時は2section ⇒	4-6日 鉄壁5〜7 前日の復習もサラッとやる ⇒	7-9日 鉄壁8〜10 慣れてきたので最終日には3日間の復習もプラスしてみる ⇒	10-12日 鉄壁11〜13 部活との兼ね合いがあってこなせるか不安… 続けていこう ⇒	13-15日 鉄壁13〜15 この3日間は前回できなかった分ガッツリとやる！
どれくらいできたかチェック	1日 初日ということでsection1、2を暗記した CLEAR!	4日 section5の暗記 4があまり覚えられていなかったので明日もやる CLEAR!	7日 前日の復習&section8 だいぶ慣れてきたかな？ CLEAR!	10日 section11がなかなか覚えられず苦戦！ 明日も要復習 ALMOST!	13日 section13と14を暗記 覚えることが苦ではなくなってきた CLEAR!
	2日 昨日の復習とsection3の暗記を行った CLEAR!	5日 4、5の復習と6の暗記だが、覚えきれなかった。明日に回す ALMOST!	8日 section9、10 9が早く終わったので10も取り組んでみた CLEAR!	11日 部活&section12の難易度で覚えきれず… 11の復習はできたので明日に回す FAILURE…	14日 昨日の復習とsection15 習慣化を実感する CLEAR!
	3日 昨日の復習とsection4暗記 3日目もクリア CLEAR!	6日 section6、7の暗記 なんとか溜め込まずに済んだので良し CLEAR!	9日 section10と3日間の復習。抜けているところが多々あったので復習して良かった CLEAR!	12日 section12と復習をクリア。13はできなかったので明日以降にまとめてやる ALMOST!	15日 section16と17の暗記をした！ 15日間クリア！ CLEAR!

STEP 2

その目標を達成できたかどうかを下に書く。

STEP 4

以降はSTEP2〜3を繰り返す。

このノートのお役立ちポイント

　このノートを毎日書いていけば三日坊主になりません。夏休みにラジオ体操でスタンプを押してもらえるからと毎朝早起きをした経験がある人もいるでしょうが、同じ要領で、毎日振り返れば必ず少しは努力できるようになります。学校だって、遅刻はするかもしれませんが、出欠があるなら登校はしようという意識が働くはずです。

その上で、無理な目標を立ててしまっても意味がありません。毎日続けるというのは大変な行為です。もし1日でもできないような目標設定なのであれば、それはレベル感を下げて、達成可能なものに変えていく必要があります。それを3日ごとに設定していくことができるというのが、このノートのお役立ちポイントです。

このノートの使い方のコツ

「3日ごとに目標を変えられる」ことがこのノートのポイントです。最初の時点では、どれくらい努力できるのか自分ではわからないものです。たとえば「数学を毎日3ページ」という目標は、やってみた経験がないと達成可能なのかどうかはわかりません。どれくらい大変なものかわかりませんから、それが適切な目標設定なのかわからないのです。多くの場合、辛い目標を設定して「あぁ、無理」となって、何もかも放り出してしまいます。3日ごとに目標を変えられるというのは、この「無理」を避けることになります。難しい目標ならハードルを下げればいいのです。反対にもっとできるならハードルを上げてもいいわけです。

もっと言えば、「この3日間はほかの仕事が多いな」というときは減らしてもいいですし、「明日からは少し時間がとれるはず」というときは増やしてもいいわけです。そうやって自分がどれくらい毎日継続できる人間なのかが、このノートを使うと明らかになっていきますし、できる努力の量がどんどん上がっていくはずです。

このノートをもっと活かすには？

15日ほど継続したら、もっと高い目標にも挑戦してみましょう。そうやって自分に高い負荷をかけていくことで、努力の質はどんどん上がっていきます。それが必然、あなたのレベルアップにつながります。

やるべきことが
漠然としてしまう

細分化ノート

#深い理解ができる#情報の可視化

「何をするべきか」が漠然としてしまって、なかなか頑張れないのが人間というものです。

たとえばコンビニでバイトしているとき、「レジでお客さんが待たされないコンビニを目指そうね」と言ってもなかなか行動に移せない人が多いそうです。ですが、「レジに2人以上お客さんが待っていたら応援にいってね」と言えば、行動に移せる人がグッと多くなるのだとか。

具体化されているタスクがあると、人はやる気になる。それを利用して、このノートでは「やるべきことをもっと具体的に」していきます。

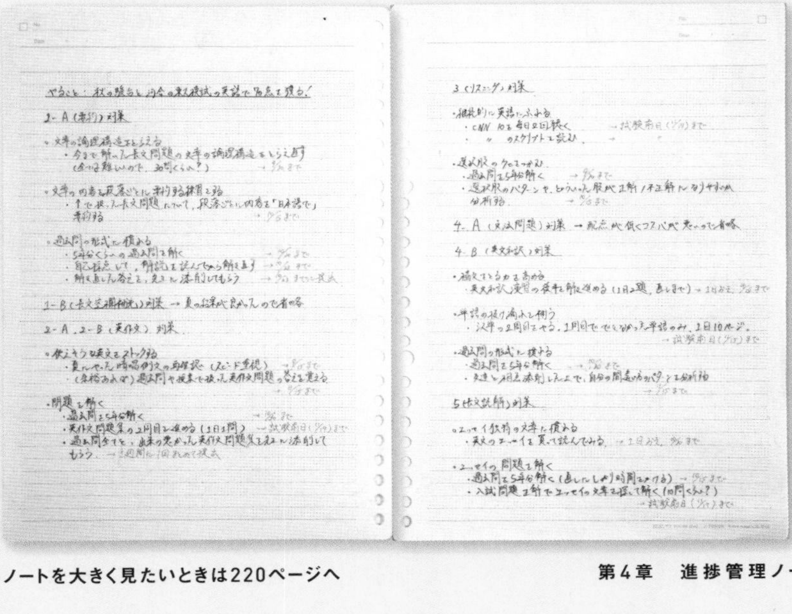

>>ノートを大きく見たいときは220ページへ

ノートの作り方

STEP 1

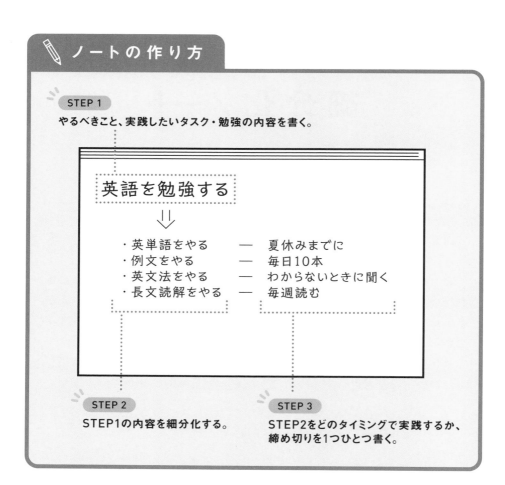

やるべきこと、実践したいタスク・勉強の内容を書く。

英語を勉強する

⇓

- 英単語をやる　―　夏休みまでに
- 例文をやる　―　毎日10本
- 英文法をやる　―　わからないときに聞く
- 長文読解をやる　―　毎週読む

STEP 2

STEP1の内容を細分化する。

STEP 3

STEP2をどのタイミングで実践するか、締め切りを1つひとつ書く。

このノートのお役立ちポイント

1つの勉強・タスクにも、いろいろなステップがあります。「単語帳を終わらせる」でも、「1回通しでやる」「その後で、もう1回復習する」「最後にテストして、できていないところを再度復習する」というステップにできるかもしれません。それに「数学の問題集を3ページやる」でも、「問題を解く」「採点をする」「できていないところを整理する」

というステップにできるはずです。

具体的になっていけば、やることが明確になり、どんどん最初の一歩が踏み出しやすくなるのです。

このノートの使い方のコツ

最初のうちは「細分化」が難しいと思います。「えーと、この問題集を解くのって、何をするんだっけ？」「この仕事って、どこから手をつけて、次は何をするってことになるんだ？」とフワフワしてしまいステップにできない……。そのため、「このノートを使えない」と思ってしまう人もいるかもしれません。

しかし、「細分化」できないのなら、おそらくそれは実際にやってみようと思っても実践できないはずです。なぜなら、細分化というステップにできないということは、何をどう取り組んだらいいかわからないということです。

だからこそ東大生は、このノートを書くことで「あぁ、自分は何をしていいかわかっていなかったんだな」「ステップにするために、本や記事で調べて、何をするべきなのかを調査してみよう」と、細分化のための努力をし始めるわけです。そういう意味で、この「ステップにする」という行為自体が、やるべきことを整理するためのステップなのだと考えてみてください。そうやってやることが整理できれば、あとはそれ通りに努力していくことができます。

このノートをもっと活かすには？

「ガントチャートノート（176ページを参照）」や「3つの目標ノート（186ページを参照）」と一緒に作ってみましょう。ガントチャートでやるべきことが明確になり、行動目標を数値目標にしやすくなります。

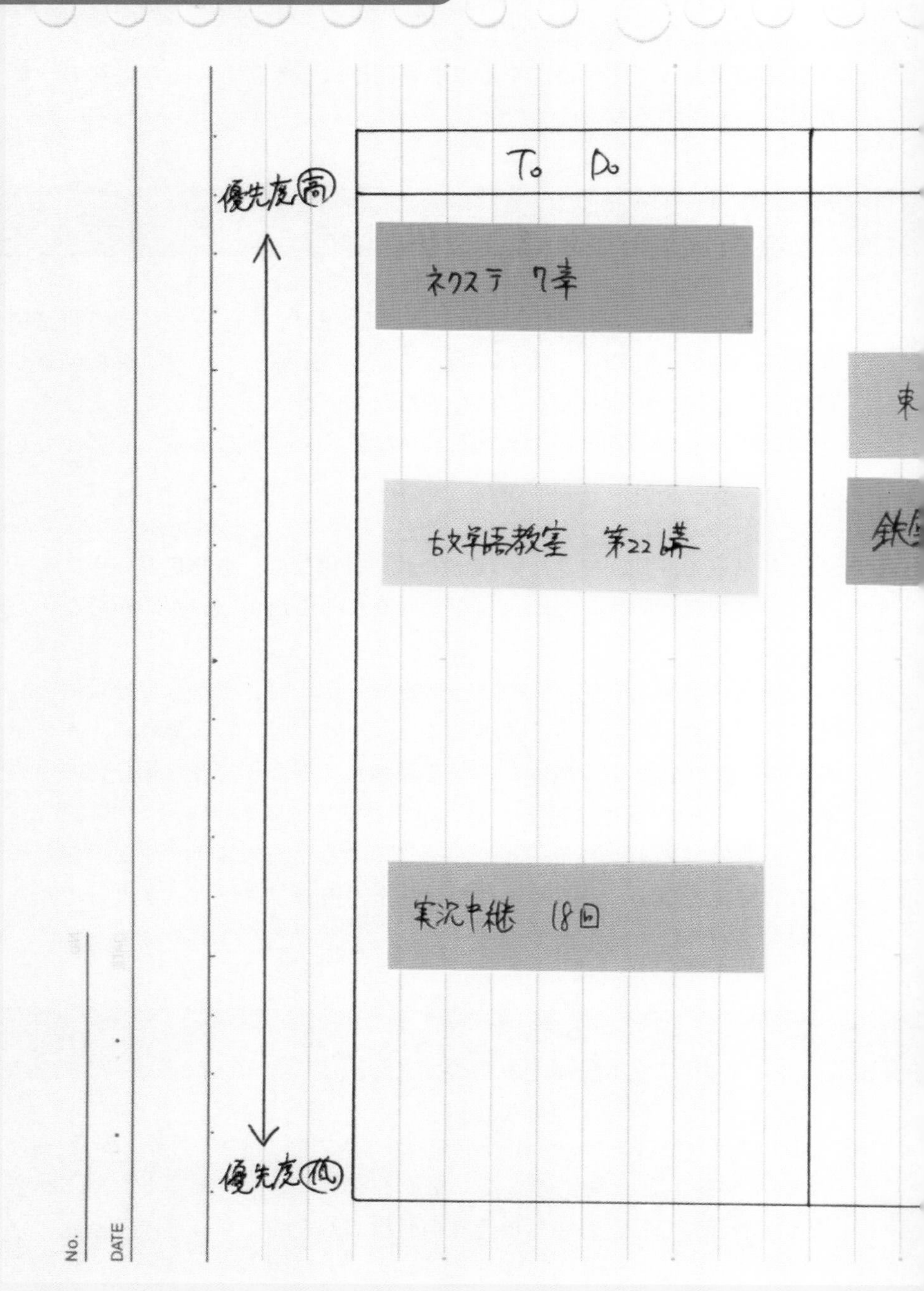
To Do
優先度高
ネクステ 7章
古文単語教室 第22講
実況中継 18回
優先度低
No.
DATE

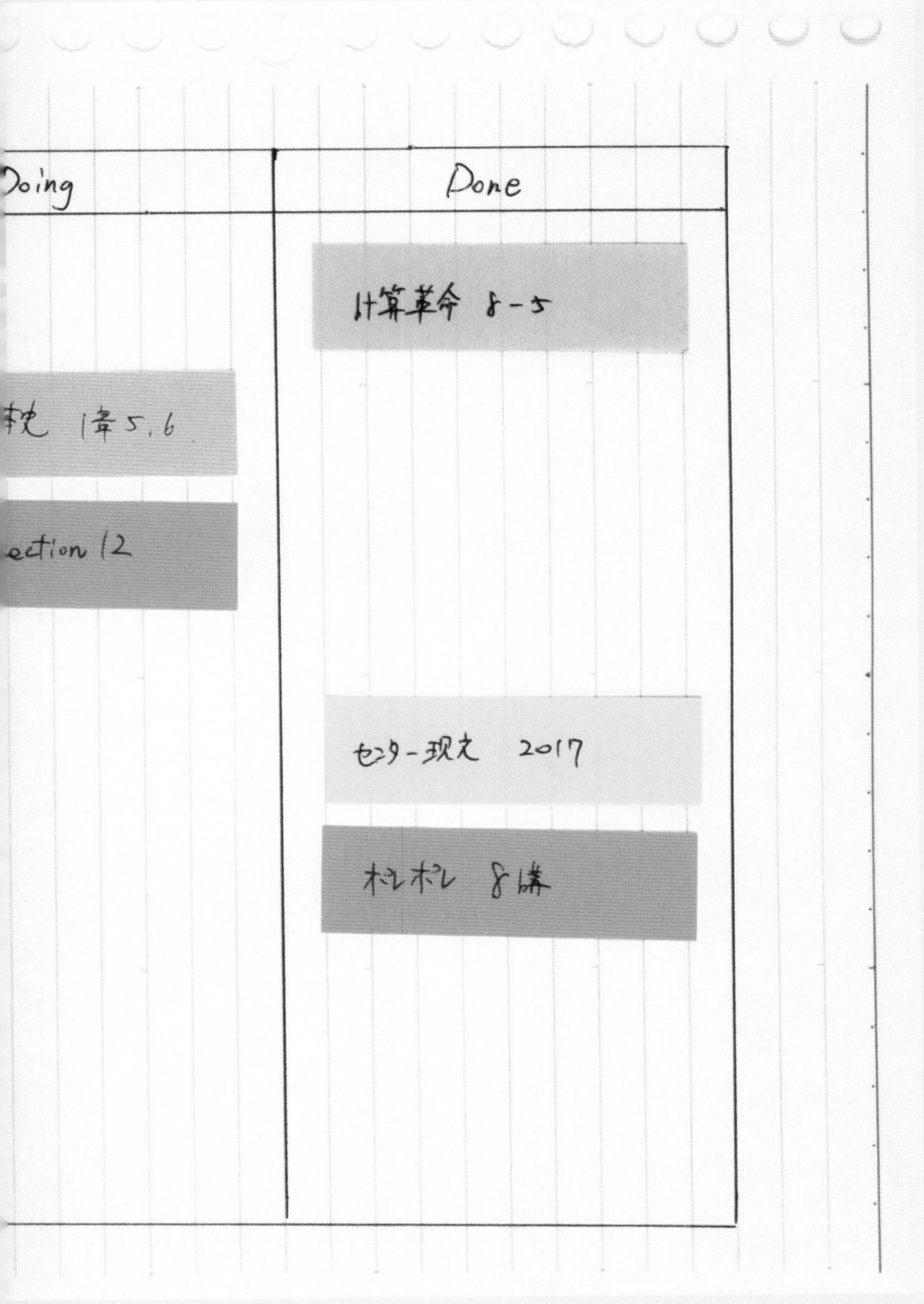

>>ノートの作り方を知りたいときは168ページへ

「わからない」分解ノート

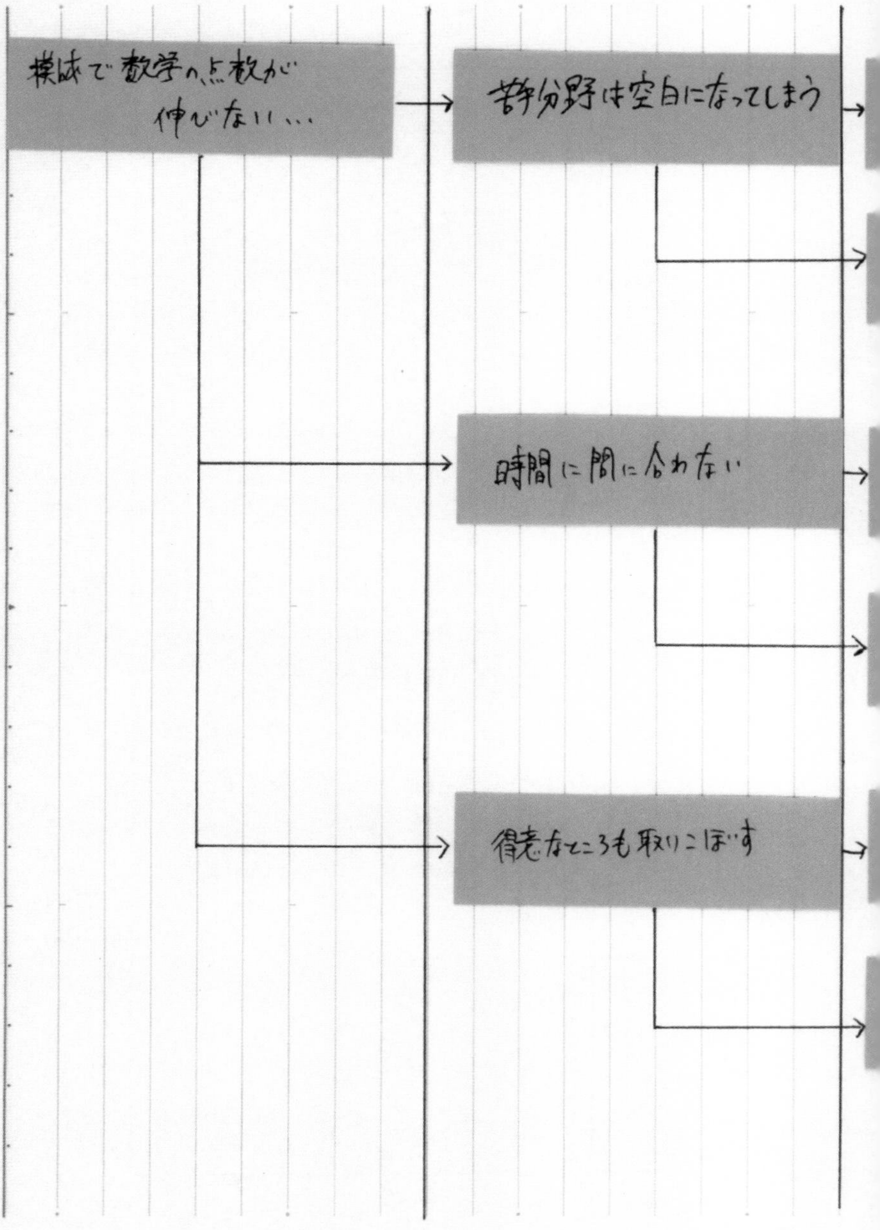

模試で数学の点数が伸びない…
苦手分野は空白になってしまう
時間に間に合わない
得意なところも取りこぼす

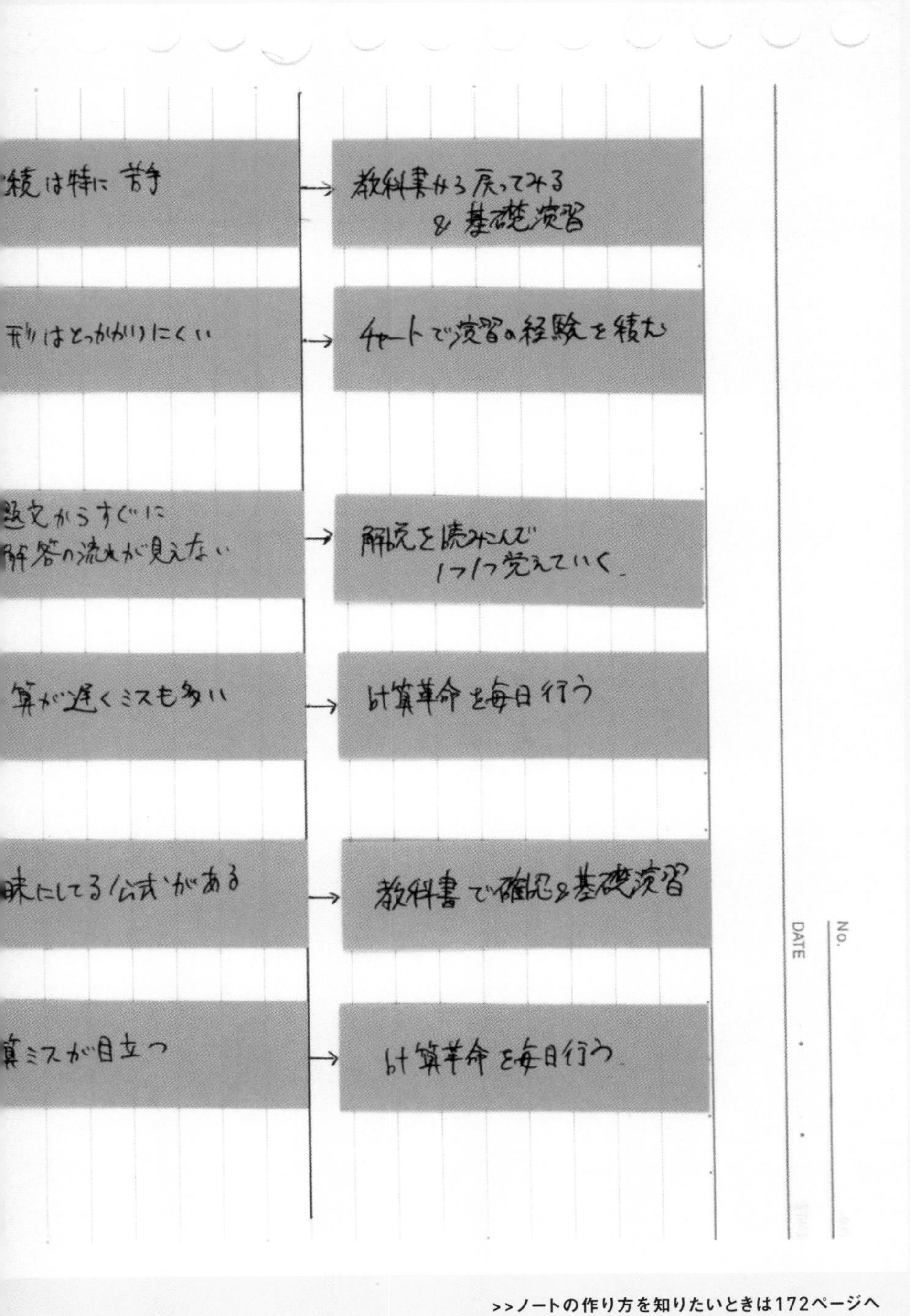
績は特に苦手
教科書から戻ってみる
& 基礎演習
形はとっかかりにくい
チャートで演習の経験を積む
文からすぐに
解答の流れが見えない
解説を読みこんで
1つ1つ覚えていく
算が遅くミスも多い
計算革命を毎日行う
昧にしてる公式がある
教科書で確認&基礎演習
算ミスが目立つ
計算革命を毎日行う
DATE
No.

>>ノートの作り方を知りたいときは172ページへ

ガントチャートノート

No.
DATE
鉄壁
sec10ずつ
英頻
1~5章
よくばり英作
1~21
過去問 1章
27カ年
〃 2章
27カ年
特訓リスニング
Chapter1~3
村瀬 系統地理
1章 3周
村瀬 地誌
1章 3周
計算革命
1日1題
チャートIA
9章 1章ずつ
チャートIIB
10章 1章ずつ

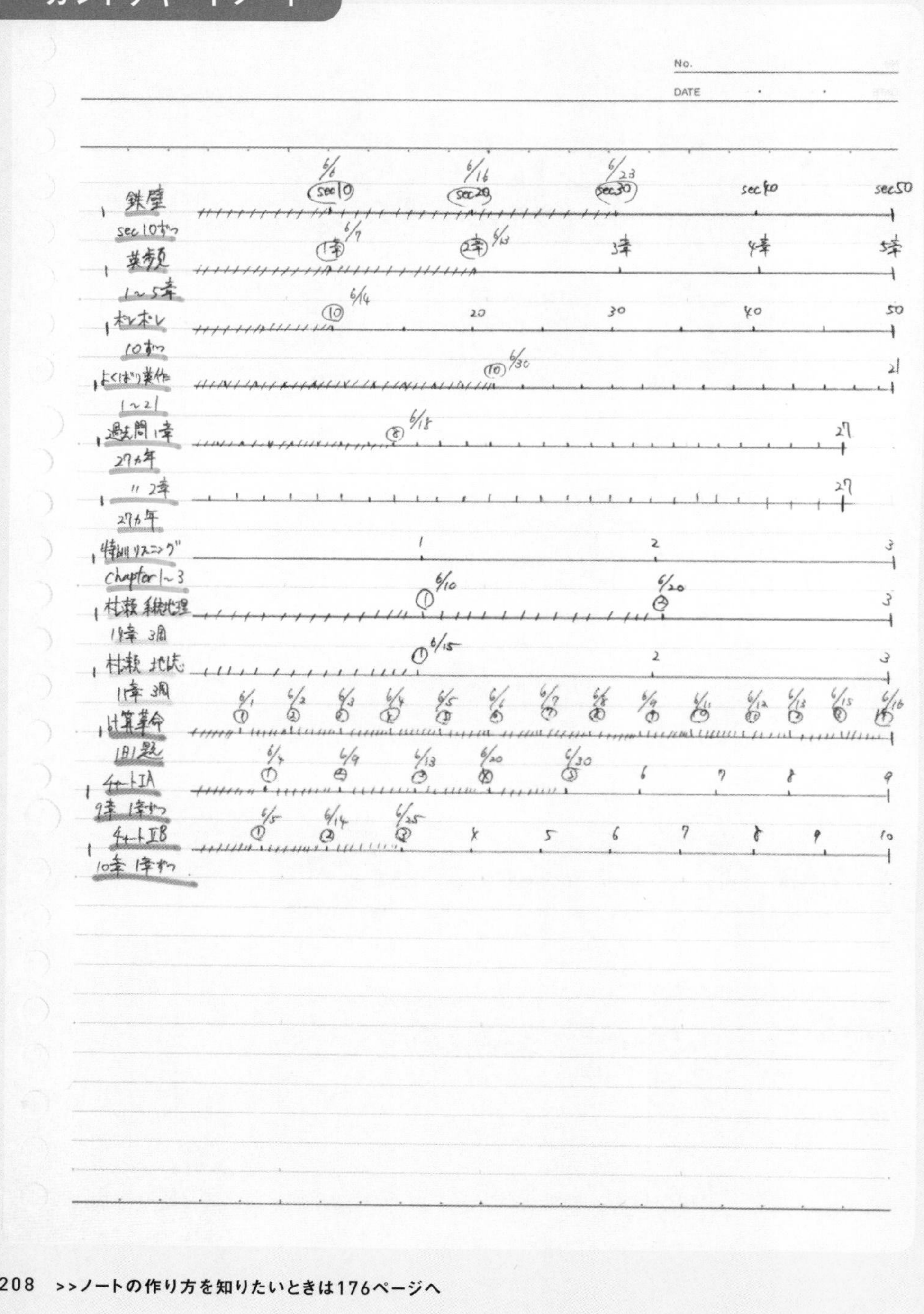

No.
DATE

2学期 定期試験 ～英語～

－目標－

High… 90/100

Low… 75/100

⇒

－結果－

82/100

最低目標はクリア!

⇓

－達成できたこと・できなかったこと－

・毎日空いている時間に英単語を暗記したことにより、本番の長文もスラスラと読むことができた。(+)

・問題演習の際、選択肢の吟味を注意して取り組んだため、本番も根拠を持って正解を選ぶことができた。(+)

・苦手な文法である語法が多く出題されたため、点数を取りきれなかった(−)
⇒文法書で復習する!

・英作文に慣れておらず、時制等ケアレスミスが多かった(−)
⇒自分で書いた解答をもう一度よく確認するようにする!

>>ノートの作り方を知りたいときは183ページへ

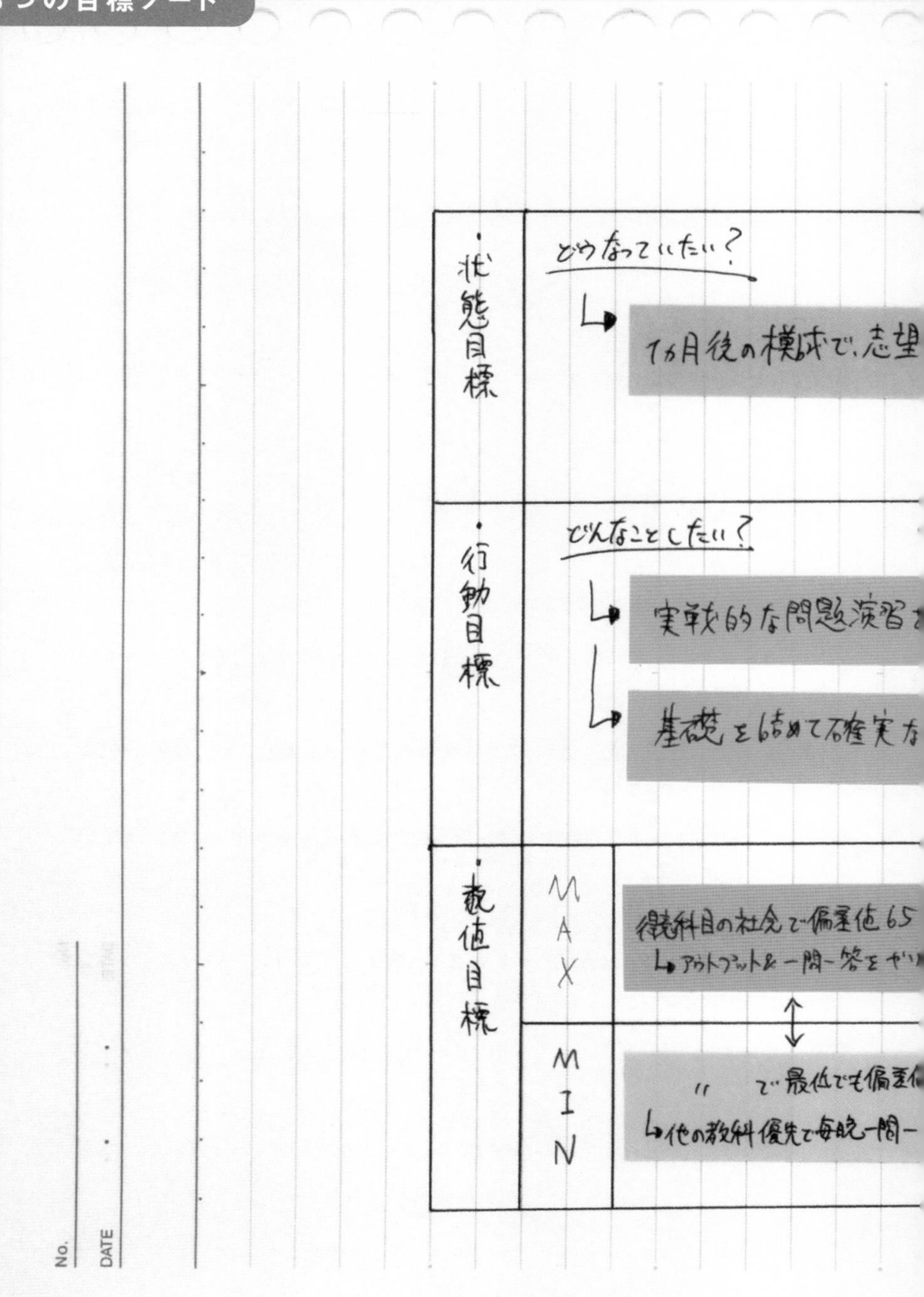
状態目標
どうなっていたい？
1カ月後の模試で、志望
行動目標
どんなことしたい？
実戦的な問題演習を
基礎を固めて確実な
数値目標
MAX
得意科目の社会で偏差値65
アウトプット&一問一答をやり
MIN
〃 で最低でも偏差値
他の教科優先で毎晩一問一
No.
DATE

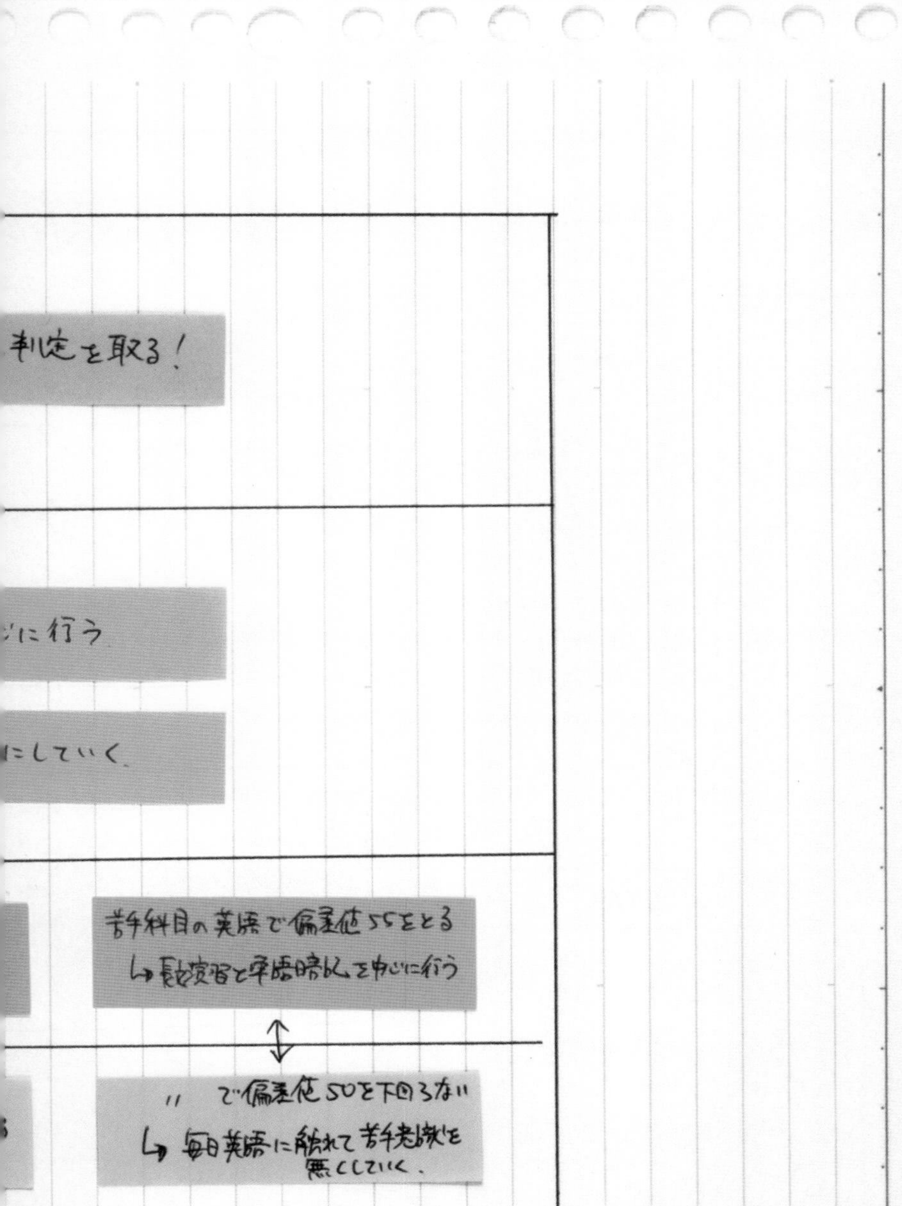
判定を取る！
に行う
にしていく。
苦手科目の英語で偏差値55をとる
↳長文演習と単語暗記を中心に行う
〃 で偏差値50を下回らない
↳毎日英語に触れて苦手意識を無くしていく。

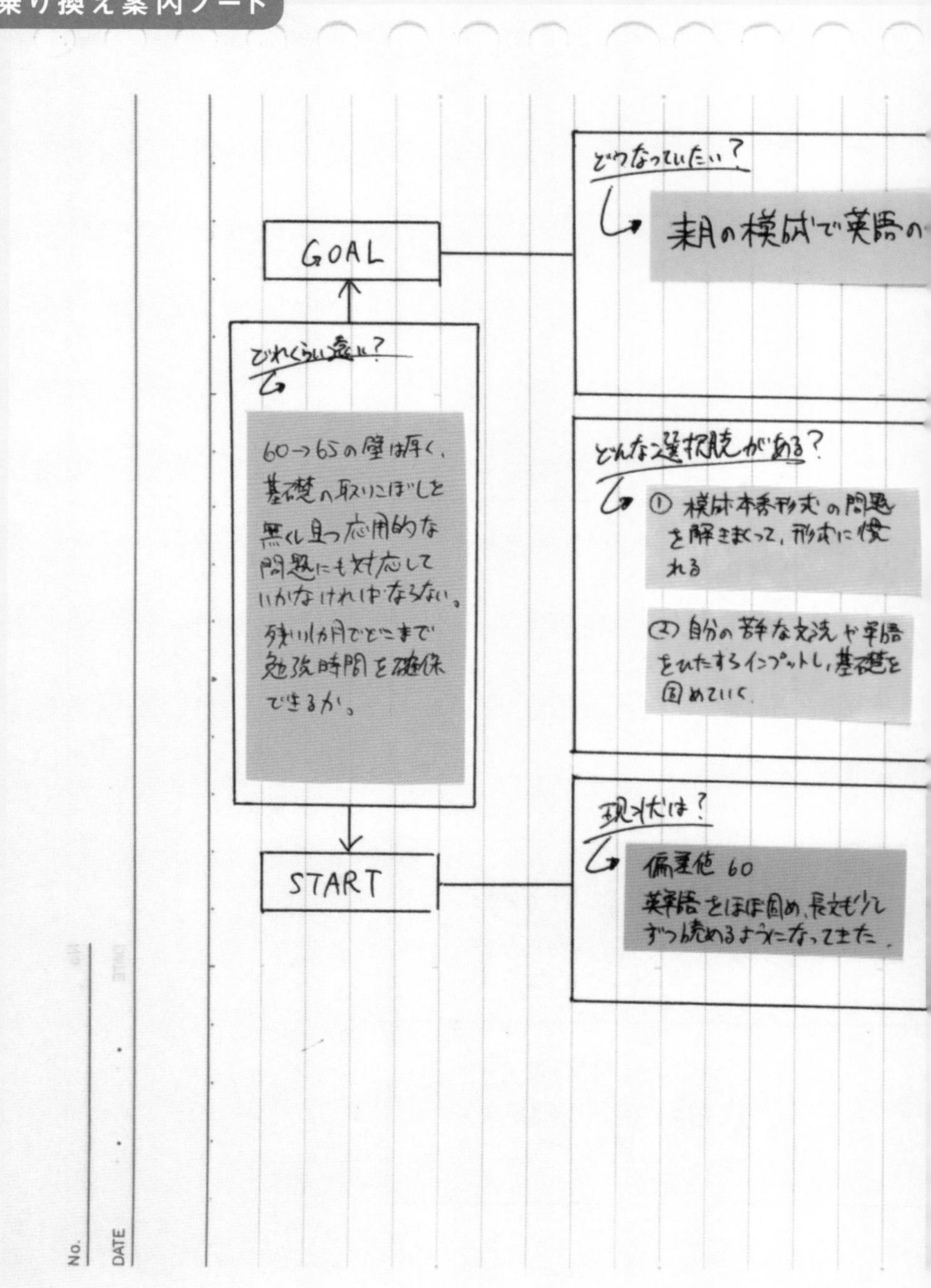
GOAL
どうなっていたい？
来月の模試で英語の
どれくらい遠い？
60→65の壁は厚く、基礎の取りこぼしを無くし且つ応用的な問題にも対応していかなければならない。残り1か月でどこまで勉強時間を確保できるか。
どんな選択肢がある？
① 模試本番形式の問題を解きまくって、形式に慣れる
② 自分の苦手な文法や単語をひたすらインプットし、基礎を固めていく。
START
現状は？
偏差値 60
英単語をほぼ固め、長文も少しずつ読めるようになってきた。
No.
DATE

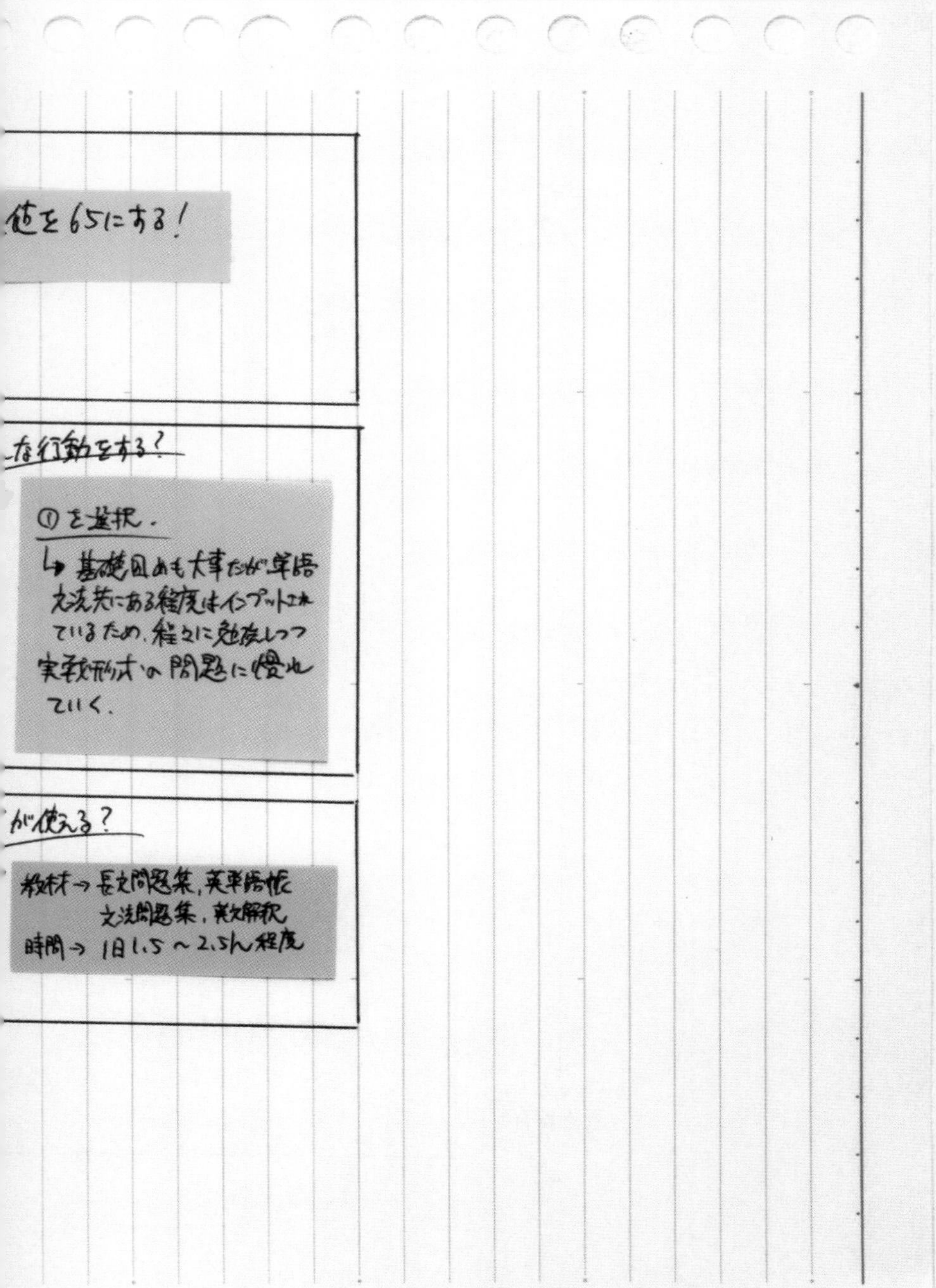
値を65にする！
な行動をする？
①を選択。
↳ 基礎固めも大事だが単語 文法共にある程度はインプットされているため、徐々に勉強しつつ実戦形式の問題に慣れていく。
が使える？
教材→長文問題集、英単語帳
文法問題集、英文解釈
時間→1日1.5～2.5h程度

>>ノートの作り方を知りたいときは180ページへ

重要度(高)

↕

重要度(低)

コントロール可

集中力が続かない。

↳ 適度に休憩を挟みながら勉強してみる

モチベーションが続かない

↳ 毎日自分の目標を声に出して唱える！

夜更かしをしてしまう

↳ 夜11時以降はスマホを見ない

No.

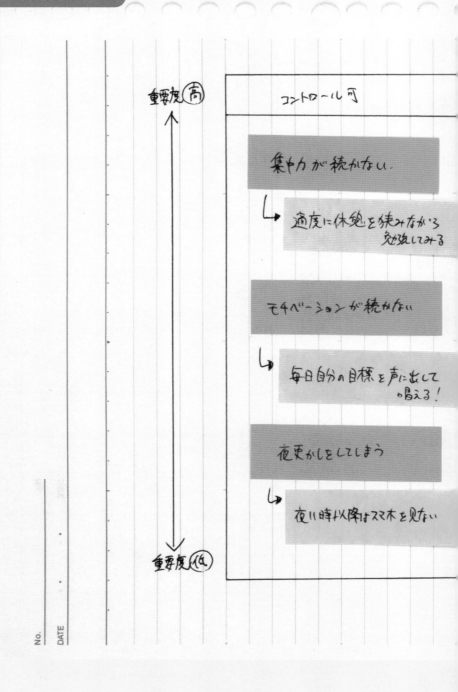

DATE

コントロール不可

要相談!!

自分に自信がもてない。

朝起きられない!!

>>ノートの作り方を知りたいときは190ページへ

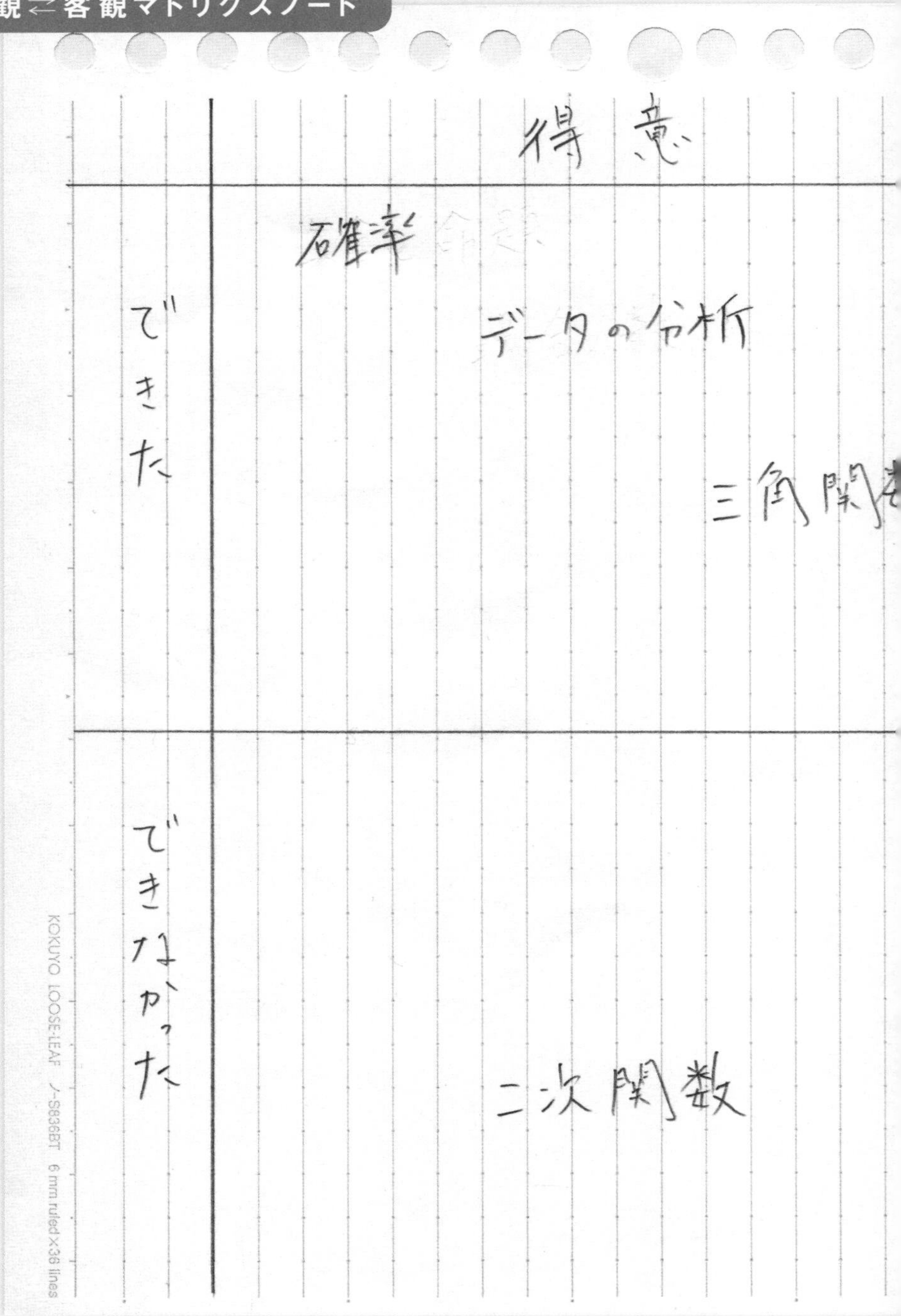
得意
できた
確率
データの分析
三角関
できなかった
二次関数
KOKUYO LOOSE-LEAF ノ-S836BT 6 mm ruled×36 lines

不得意

プレゼン
集合と命題
場合の数

微分
図形の性質
図形と計量

Date
No.

習慣	1-3日 鉄壁 sec1~3 毎日1sectionごとに進めていく できる時は2section.	4-6日 鉄壁5~7 ⇒ 前日の復習もサラッとやる
どれくらいできたかチェック。	1日 初日ということでsection1,2を暗記した。 CLEAR!	4日 section5の暗記 4があまり覚えられていなかったので明日もやる CLEAR!
	2日 昨日の復習とsection3の暗記を行った。 CLEAR!	5日 4,5の復習と6の暗記だが、覚えきれなかった。明日に回す。 ALMOST!
	3日 昨日の復習とsection4の暗記 3日目もクリア CLEAR!	6日 section6,7の暗記 なんとか溜め込まずに済んだので良し。 CLEAR!

NO.

DATE

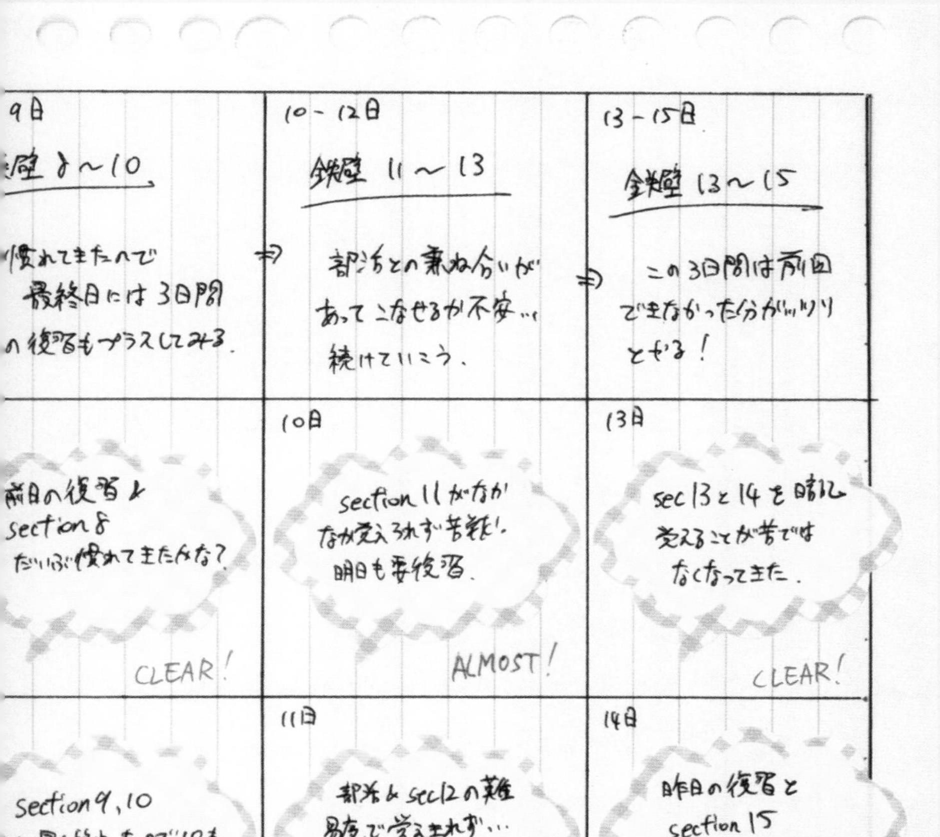

9日 壁 8〜10 慣れてきたので最終日には3日間の復習もプラスしてみる。	10-12日 鉄壁 11〜13 ⇒ 部活との兼ね合いがあってこなせるか不安…。続けていこう。	13-15日 鉄壁 13〜15 ⇒ この3日間は前回できなかった分がっつりとやる！
前日の復習とsection 8 だいぶ慣れてきたかな？ CLEAR!	10日 section 11がなかなか覚えられず苦戦！ 明日も要復習。 ALMOST!	13日 sec 13と14を暗記 覚えることが苦ではなくなってきた。 CLEAR!
section 9, 10 が早く終わったので10も取り組んでみた。 CLEAR!	11日 部活とsec 12の難易度で覚えきれず… 11の復習はできたので明日に回す。 FAILURE…	14日 昨日の復習とsection 15 習慣化を実感する CLEAR!
section 10と3日間の復習。抜けているところが多々あったので復習してよかった。 CLEAR!	12日 section 12と復習をクリア。13はできなかったので明日以降にまとめてやる。 ALMOST!	15日 section 16と17の暗記をした！ 15日間クリア！ CLEAR!

>>ノートの作り方を知りたいときは198ページへ

No.

Date

やること：秋の駿台と河合の東大模試の英語で70点を獲る！

1-A（要約）対策

◦文章の論理構造をとらえる
・今まで解いた長文問題の文章の論理構造をとらえ直す
（全ては難しいので、30問くらい？） → 9/30まで

◦文章の内容を段落ごとに要約する練習をする
・↑で扱った長文問題について、段落ごとに内容を「日本語で」要約する → 10/15まで

◦過去問の形式に慣れる
・5年分くらいの過去問を解く → 10/20まで
・自己採点して、解説を読んでから解き直す → 10/23まで
・解き直した答えを、先生に添削してもらう → 10/23までに提出

1-B（長文空欄補充）対策 → 夏の結果が良かったので省略

2-A、2-B（英作文）対策

◦使えそうな英文をストックする
・夏にやった暗唱例文の再確認（スピード重視） → 9/15まで
・（余裕あれば）過去問や授業で扱った英作文問題の答えを覚える
→ 11/15まで

◦問題を解く
・過去問を5年分解く → 10/30まで
・英作文問題集の2周目を進める（1日1問） → 試験前日（11/17）まで
・過去問全てと、出来の悪かった英作文問題集を先生に添削してもらう → 1週間に1回まとめて提出

No.
Date

3（リスニング）対策

・継続的に英語にふれる
　・CNN 10を毎日2回聴く → 試験前日（11/17）まで
　・〃 のスクリプトを読む → 〃

・選択肢のクセをつかむ
　・過去問を5年分解く → 9/30まで
　・選択肢のパターンや、どういった肢が正解／不正解になりやすいか分析する → 10/15まで

4-A（文法問題）対策 → 配点が低くコスパが悪いので省略

4-B（英文和訳）対策

・構文をとる力を高める
　・英文和訳演習の後半を解き進める（1日2題、直しまで）→ 1日おき、10/15まで

・単語の抜け漏れを補う
　・シス単の2周目をやる。1周目でできなかった単語のみ。1日10ページ。
　→ 試験前日（11/15）まで

・過去問の形式に慣れる
　・過去問を5年分解く → 10/30まで
　・友達と相互添削した上で、自分の間違い方のパターンを分析する
　→ 11/15まで

5（長文読解）対策

・エッセイ独特の文章に慣れる
　・英文のエッセイを買って読んでみる → 1日おき、10/30まで

・エッセイの問題を解く
　・過去問を5年分解く（直しにしっかり時間をかける）→ 10/15まで
　・入試問題正解でエッセイの文章を探して解く（10問くらい？）
　→ 試験前日（11/17）まで

KOKUYO LOOSE-LEAF ノ-F836BK 6 mm ruled × 36 lines

第5章 試験合格ノート

部分点が思うようにとれない

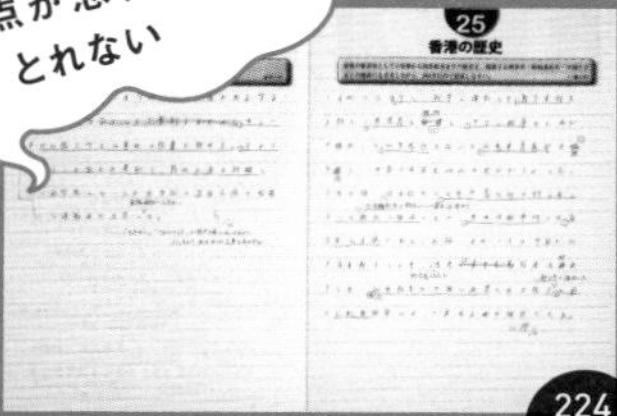

部分点ノート

224ページ

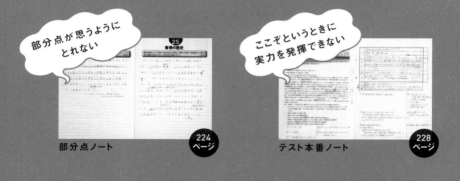

ここぞというときに実力を発揮できない

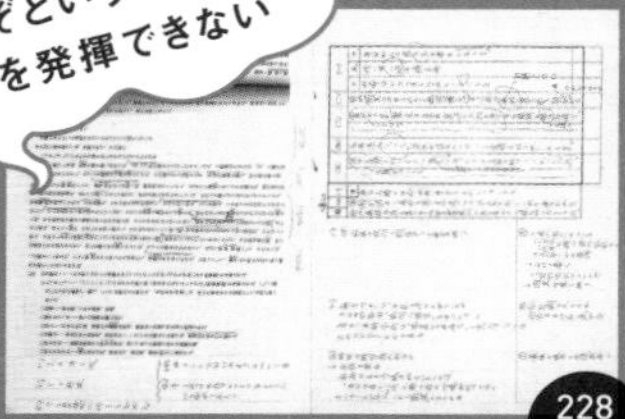

テスト本番ノート

228ページ

本番で普段通りの実力が発揮できない

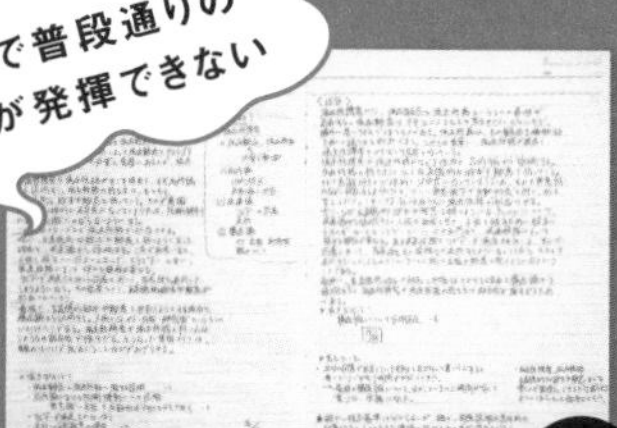

避難訓練ノート

231ページ

間違えた理由がわからない

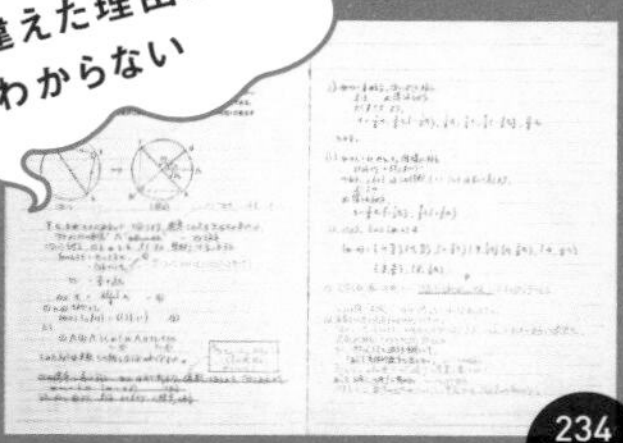

「なぜ間違えた?」ノート

234ページ

Note deviation value

ノート偏差値　45～60

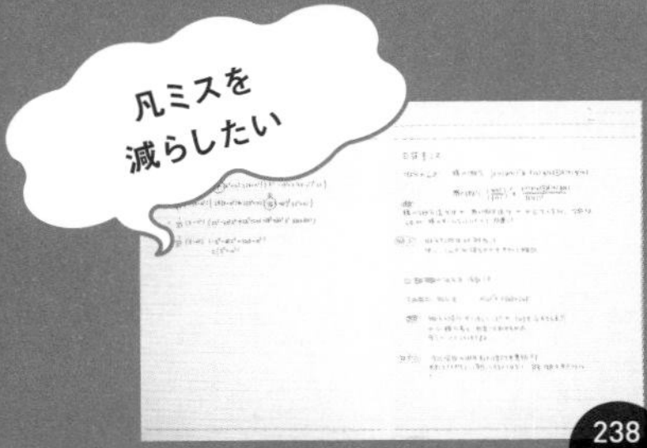

ケアレスミスノート

238ページ

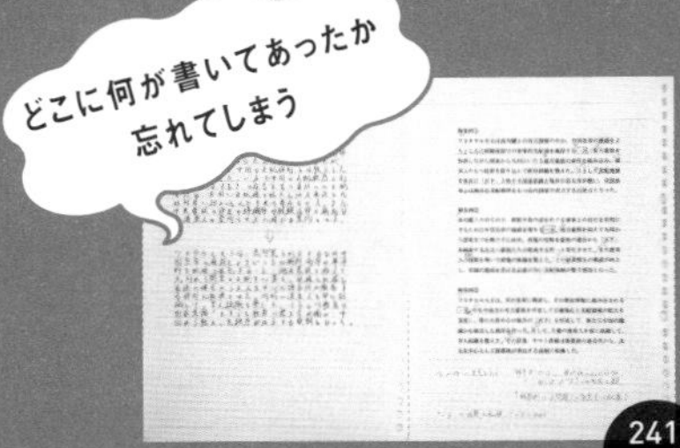

解答一元化ノート

241ページ

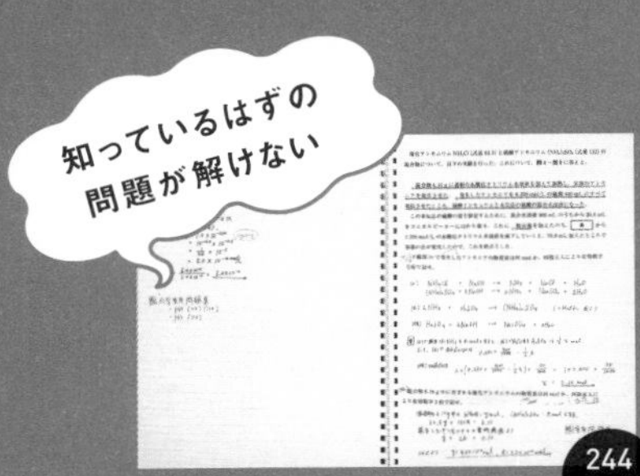

関連情報ノート

244ページ

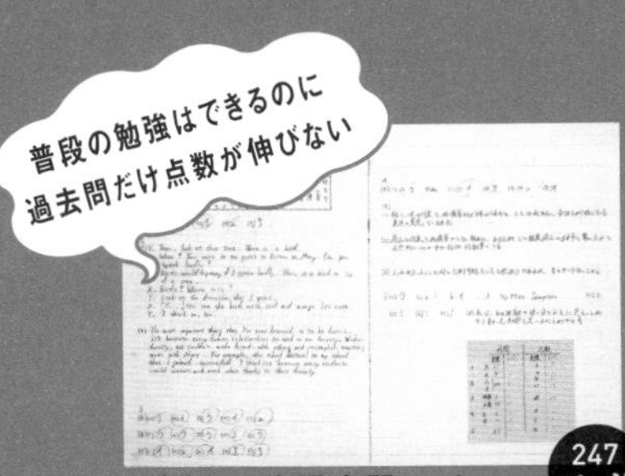

普段の勉強はできるのに
過去問だけ点数が伸びない

できなかった過去問ノート

247ページ

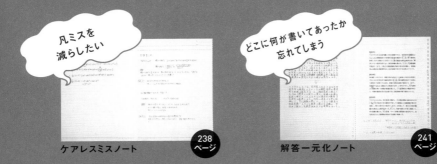

部分点ノート

＃テスト前のお供＃情報の取捨選択

テストの論述問題で、何を書くか迷った挙句、答案に得点対象外のことを書いてしまって部分点がとれなかった経験はありませんか？　定期テストにせよ、模試や入試問題にせよ、記述式の問題で満点をとるのは難しいものです。ほとんどの場合、最低限の部分点をとって目標をクリアする、という戦略で試験に挑むことになります。

しかし、何を書けば部分点になるのかわからなければ、書くべきことを書き漏らして思わぬ失点をしてしまいます。そこで、「部分点ノート」を作って効率的な点数の取り方を身につけましょう。

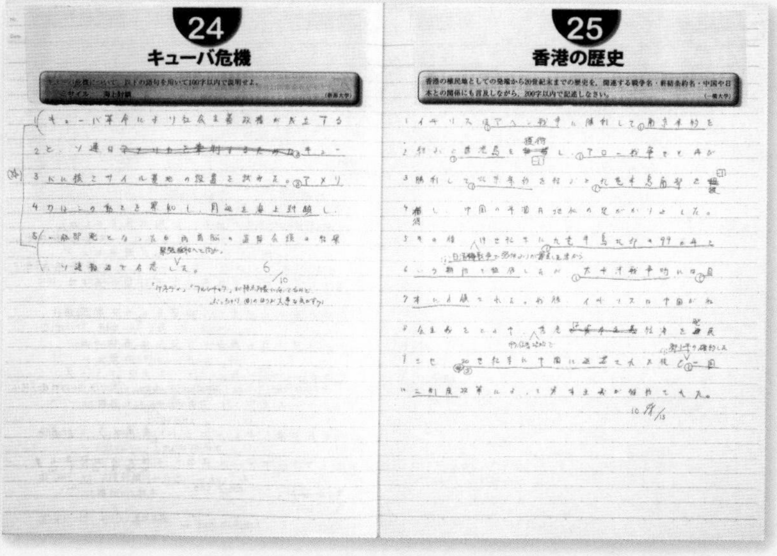

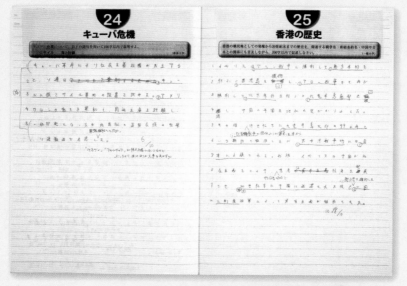

>>ノートを大きく見たいときは250ページへ

ノートの作り方

STEP 1

間違えた問題と、その直しをノートに書く。

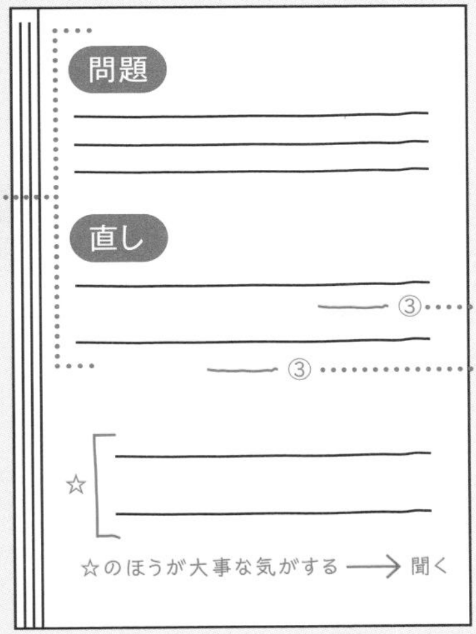

STEP 2

直しの答案をどこまで書けば、どれだけ部分点がもらえるかを書く。

このノートのお役立ちポイント

このノートで部分点の感覚を身につけておけば、試験本番で点数を確実に安定させ、効率的に目標点をとることができるようになります。

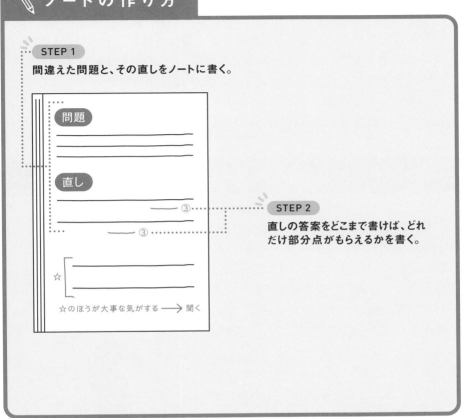

普段の勉強で部分点を意識するのは簡単なことではありません。論述問題の直しをするにしても、模範解答が手元にあると、どうしても満点の答案を作る方向に意識が働いてしまい、「ここまで書けば○点もらえ

る」といったところまで意識を働かせにくいのです。
もちろん、試験によって部分点の配分は違います。しかし、試験問題の目的は、採点者が「受験者が何を、どこまで理解しているのか」を知ることにあります。テーマが同じであれば、「この受験生はこの知識について理解しているな」と採点者が判断する基準は似通ってくるのです。そうした意味で、部分点の効率的な取り方を身につけておけば、1点を争う入試問題でより有利に立つことができるようになるのです。

このノートの使い方のコツ

同じ問題が出題されることは二度とありませんから、部分点の「パターン」を把握することを重視しましょう。たとえば数学の証明問題では、途中の細かいプロセスがわからなくても「これがわかれば証明できる」という方針だけでも示せれば、ある程度点数が返ってくることが多いです。そうしたパターンを発見したら、付せんにメモしていつでも確認できるようにしておきましょう。

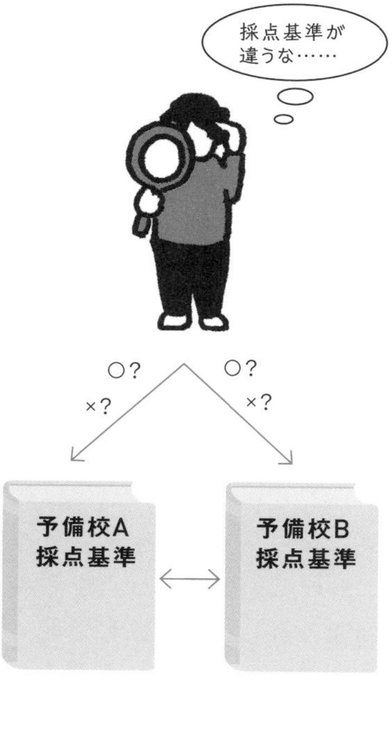

また、すべての問題の解答・解説に部分点が書いてあるわけではありません。とくに学校の定期テストでは、何が採点基準なのか明らかにされていないことが多いものです。そうした場合には、過去に取り組んだ類題をもとに自分で採点基準を作ってしまいましょう。自分で部分点を考えることは、採点者の立場に立って考えることにもつながるので、高得点の答案を作る上で良いトレーニングになります。

このノートをもっと活かすには？

部分点に注目して勉強を進めてみると、「この内容を書いただけで、こんなに点数がもらえるはずがない！」とか「この内容を書いても点数が返ってこないのは間違っている！」と思うことが増えてきます。そう感じるようになったら、「もとの採点基準よりも良い部分点の配分はないか？」と考えてみましょう。とくに、多くの大学は過去問の採点基準を公表していません。問題集の採点基準が必ずしも正しいとは限らないのです。

なんでもそうなのですが、与えられたものをそのまま受け入れるよりも、自分なりにアレンジしたほうが頭を使いますし、成長にもつながるものです。

もちろん、自分の意見が間違っていて、採点者の部分点の配分が合っていることもあるかもしれません。自分の意見が本当に正しいかどうか不安に感じるのなら、友達や信頼できる先生に相談してみましょう。仮に自分の意見が間違っていたとしても、何もしないよりは成長があるはずです。

部分点のパターン例

英語

英作文は文法ミスさえしていなければ、最低限の点数は返ってくる

日本史・世界史

記述問題では人物名を忘れても、最後までなんとか書き切れば点数はある程度返ってくる。書き終えなければ大幅減点

古文

減点方式で採点されるので、助動詞の現代語訳は厳密に行うと点数が返ってきやすい

ここぞというときに
実力を発揮できない

テスト本番ノート

#テストのお供#汎用性が高い#本番思考

「なんとなく答えはわかったけど、うまく答案が書けなかった」「テストで解けたと思った問題が、なぜか減点されていた」といった経験をしたことはないでしょうか。

もちろん勉強不足であることも理由の１つなのですが、テストの答案の限られたスペースを使って、採点者にわかりやすく伝える練習が不十分であるという理由もあります。そこで普段の問題演習の時間から、テストを想定した勉強をしてみましょう。「問題をただ解く」のではなく、「答案を作成する」勉強を行うのです。

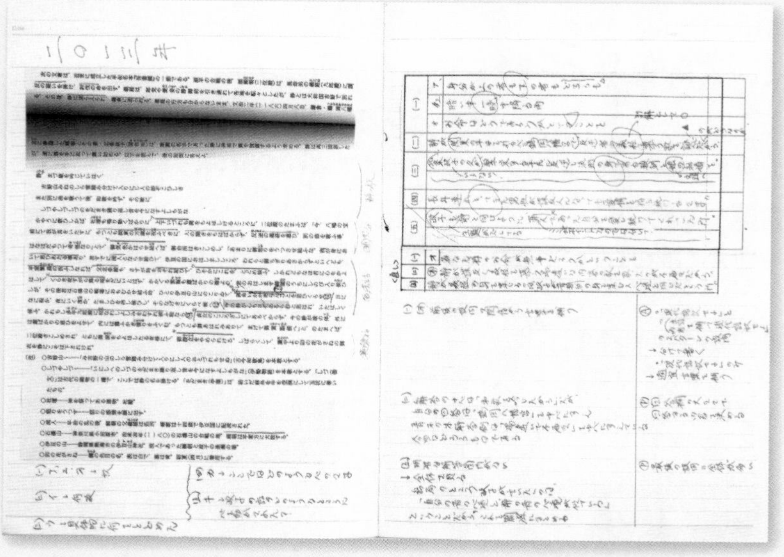

>>ノートを大きく見たいときは252ページへ

ノートの作り方

STEP 1

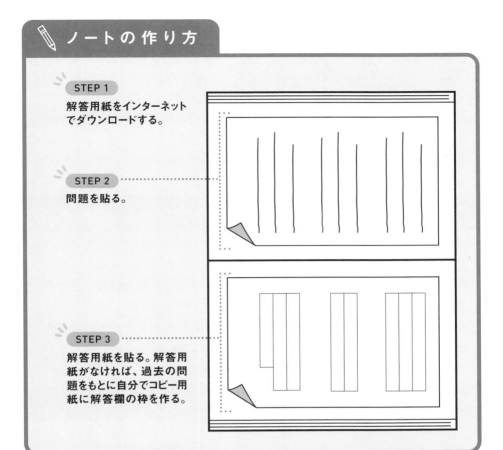

解答用紙をインターネットでダウンロードする。

STEP 2

問題を貼る。

STEP 3

解答用紙を貼る。解答用紙がなければ、過去の問題をもとに自分でコピー用紙に解答欄の枠を作る。

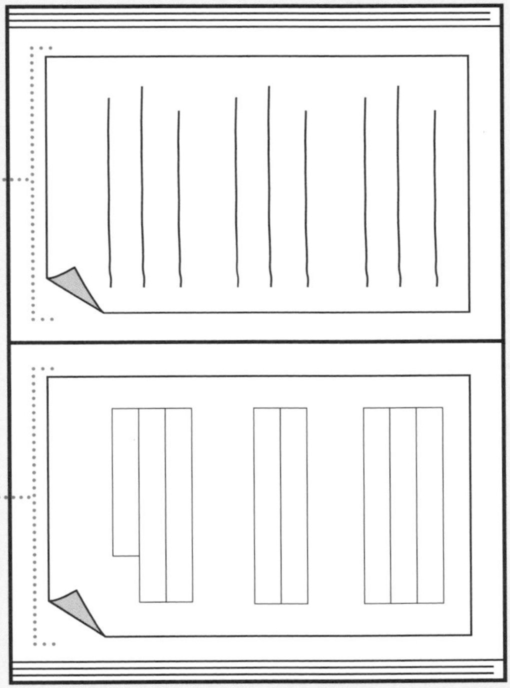

このノートのお役立ちポイント

本物と100%同じ解答用紙を用意する必要はなく、解答箇所は無地なのか、罫線が引いてあるのか、解答に使えるスペースが狭いのか広いのかといった解答用紙の特徴さえつかめていれば問題ありません。神経質な人やきっちりした人が陥りがちなのですが、解答用紙の再現に時間をかけすぎてしまうと時間のロスになり、本末転倒です。

自分が受ける試験や志望校がどのような解答用紙を使っているかわからない場合は、「この試験ならこのくらいの解答欄の大きさになるだろうな」と自分なりに予想してみましょう。数学のように答えだけでなく、答えを出すまでのプロセスも解答用紙に記入しなければならない試験では、解き始めから解き終わりまでの問題の道筋がイメージできていなければ、解答に必要なスペースを予想することもできません。まさに自分がどの程度この問題を理解しているかの試金石になるわけです。

このノートの使い方のコツ

入試問題のように、出題傾向や解答欄の長さが例年同じくらいになる試験では、一度解答用紙を作ってしまえば、それをコピーすることで何度も使えます（ルーズリーフに印刷してファイリングすればとてもラクです）。また、作った解答用紙をクラスメイトや同じ志望校を目指している友人と一緒に使えば、お互いの勉強効率が向上するのでおすすめです。

このノートをもっと活かすには？

解答用紙に解いた問題を蓄積していくと、普段問題を解いているときには気づけなかった自分の癖やミスの傾向を把握することができるようになります。

たとえば、「最初に文字を大きく書いてしまって解答欄のスペースを使いすぎてしまい、最後になると文字がとても小さくなってしまう」「数式を横に長く書きすぎてしまって、計算ミスや写し間違いが発生しやすい状況を作り出してしまう」といった癖は、本番と似た形式の解答用紙に記入してみないとなかなかわからないものです。このように自分の解答の癖を把握し、改善しようと意識することで得点アップにつながります。

本番で普段通りの
実力が発揮できない

避難訓練ノート

#本番思考#汎用性が高い

テストでは、結局練習の８割ほどの実力しか発揮できないことがほとんどです。「あんなに練習で頑張ったのに、本番では焦って全然できなかった」……と、後悔することもしょっちゅうあります。

東大生も同じです。テストで練習通りの結果を残せる人など一握りしかいません。ですが東大生には、不測の事態が起こっても本番で実力の９割ほどの結果を残せる人が多いのです。

その秘密の鍵は、これからご紹介する「避難訓練ノート」が握っています。

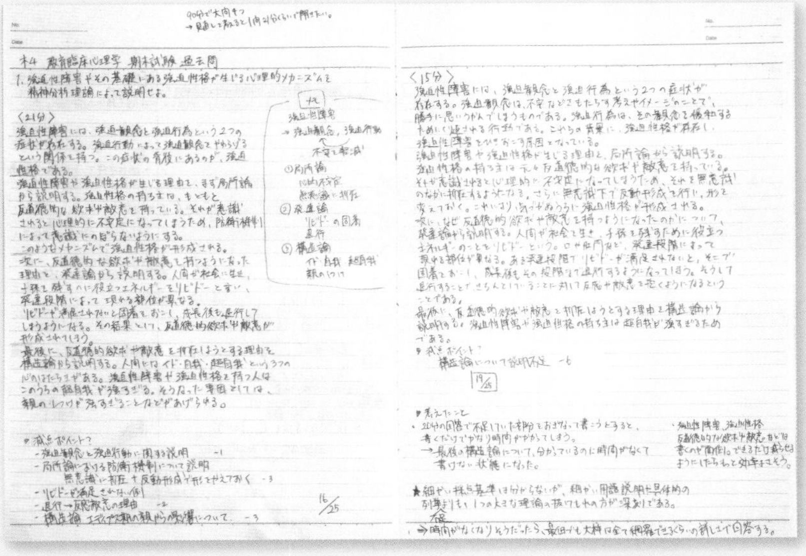

>>ノートを大きく見たいときは254ページへ

ノートの作り方

STEP 1

通常の時間で過去問を解き、点数を書く。

STEP 2

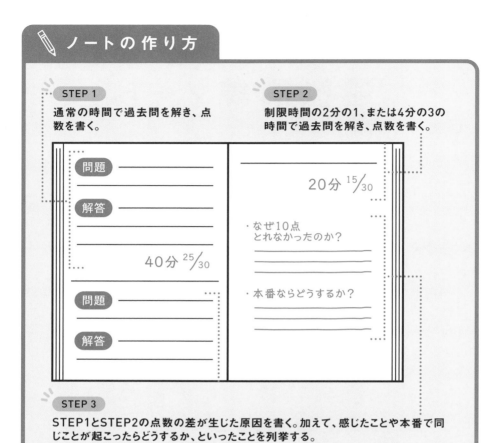

制限時間の2分の1、または4分の3の時間で過去問を解き、点数を書く。

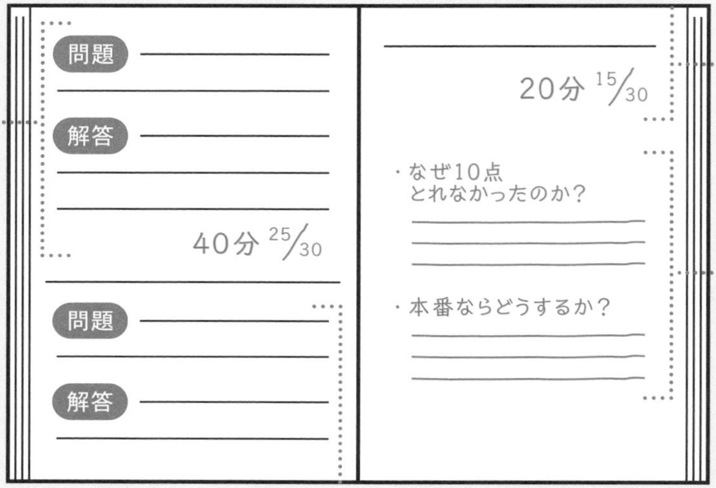

STEP 3

STEP1とSTEP2の点数の差が生じた原因を書く。加えて、感じたことや本番で同じことが起こったらどうするか、といったことを列挙する。

このノートのお役立ちポイント

このノートをひと言でたとえるならば、タイトル通り「避難訓練」になります。「もし不測の事態が発生し、本来の時間の半分しか使えなかったら？」「４分の３の時間を浪費してしまったら？」……そういった「もしも」の事態を考えて、「備え」をしておくのです。「備えあれば憂いなし」備えてさえいれば、何があっても対応できるようになります。

このノートの使い方のコツ

なぜ本番で自分の実力を発揮できないのか。その最大の原因は「緊張」にあります。そのため、本番に普段通りの実力を発揮する上でもっとも重要なことは、緊張をできる限り和らげることです。

では、本番で緊張しないためにはどうするべきか。それは「本番で緊張したらどうしよう」と普段から考えておくことです。大抵のことは、準備しておけばなんとかなります。試験中にお腹が痛くなってトイレにかけこみ､10分ムダにしても、試験会場に遅れて時間が半分なくなっても、「そうなった場合のために」準備さえしておけばいい。人間は、「想定内」の事態に対しては対処可能なのです。

自分の本番を、「想定外」から「想定内」にすること。これこそが本番で緊張しないマインドを作るのです。東大生は、このノートでそれを実際に文字にして言語化することによって「イメージトレーニング」をしています。だからこそ本番で実力を発揮できるわけです。

さらに言うと、多くの場合、準備しておけばそんなことは起こりません。逆説的ですが、「お腹が痛くなったらどうしよう」と考えておくと、大体お腹は痛くならないものなのです。練習の段階から時間的制約を加えて過去問演習に取り組むことで、さまざまな「想定外」の事態を「想定内」にしておくのがこのノートの利点なのです。

このノートをもっと活かすには？

何度もやってみましょう。最初のうちは「無理だよ！」となってしまうかもしれません。ですが、制限時間が短いなら短いなりの戦い方があり、何度も実践すればなんとなく身につくようになります。制限時間が2分の1になったとしても、点数まで2分の1になるわけではありません。その感覚が身につくまで実践あるのみです。

間違えた理由が
わからない

「なぜ間違えた？」ノート

#復習しやすい#自己分析#思考の可視化

間違えた問題を解き直していると、「なぜこの問題を間違えたのだろう？」と、理由を考えることがあります。ケアレスミスや知識不足であれば、間違いの理由としてわかりやすいでしょう。

しかし、知っていたのに思い出せなかった、知識をうまく使えなかったといった場合は簡単ではありません。突き詰めて考えても、明確な答えが出てきにくいからです。

こうした「よくわからない間違い」を、「『なぜ間違えた？』ノート」を使って克服していきましょう。

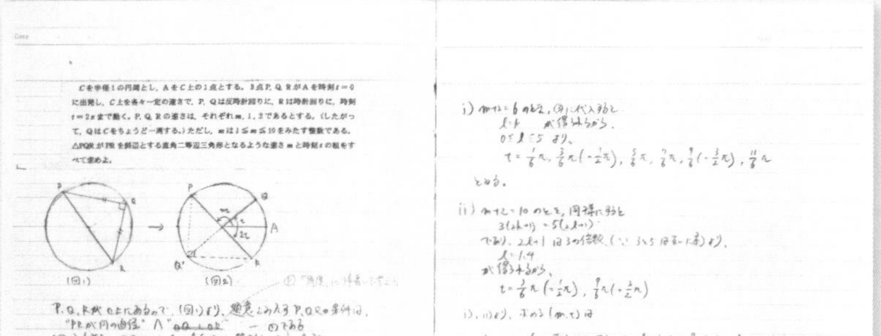

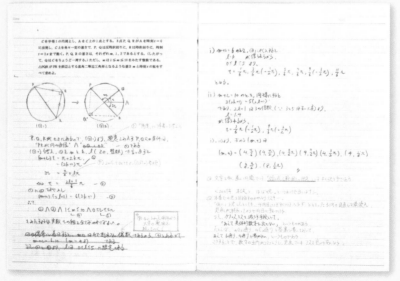

>>ノートを大きく見たいときは256ページへ

ノートの作り方

STEP 1
間違えた問題を直す。解答のポイントには下線を引く。

STEP 2
間違いの理由を「知識不足」「理解不足」「演習不足」の中から選び、その中身を具体的に記入する。

このノートのお役立ちポイント

勉強における間違いの原因は、「知識不足」「理解不足」「演習不足」の3つでほぼ説明することができます。そこで間違えた問題をこの3つに分類することで、次に何をすればいいかが明確になります。

「知識不足」とは、単純に知識がなかったために解けなかった問題です。試験中に覚えていたことを突然忘れてしまうのも「知識不足」になります。これは、単純に知識が足りなかったことに原因があるわけですから、インプットの量や方法を改善する必要があります。
「理解不足」とは、知識のインプットはされていたものの、その知識に対する理解が浅かったがために解けなかった問題です。少しひねった問題だったので、知識としては知っていたのに答えられなかった問題などがこれに当たります。理解の浅さに原因があるので、先生にわからない部分を質問したり、教科書や参考書を読み込んだりして理解を深める必要があります。
「演習不足」とは、問題演習が足りなかったために解けなかった問題です。解き方がわからなかった問題、時間が足りなかった問題がこれに含まれます。この演習不足の場合は、知識のインプットや理解度はクリアできていそうなので、アウトプットの時間を増やしていく必要があるでしょう。

このノートの使い方のコツ

さまざまな間違いのパターンがあるので、この3つの分類に必ずしも含まれない間違い方があるかもしれません。ですが、無理やりでいいので、ひとまずこの3つに分類してみましょう。何が間違いの原因かわからない状況に直面したとき、ただ漫然と「わからないなぁ……」と思っているだけでは、間違いを乗り越えることはできません。とりあえずこの3つの枠の中で考えてみて、その上で修正をしていったほうが、原因にたどり着きやすくなります。
また、間違いの原因がわかったら、「次に何をするのか」まで突き詰めて考えましょう。たとえば、英単語の知識がなかったために解けなかった問題は「知識不足」に分類されますが、考えられる原因はさまざまです。単語帳をサボったからなのか、単語帳を1周しただけだったので知識の定着が甘かったのか、知っていたが本番で忘れてしまったのか……。原因が違えば、その対応策も変わってくるはずです。

間違えの原因がわかったら、「次に何をするのか」まで考える。たとえば、英単語帳をサボったために間違えた問題であれば、毎日、通学中に英単語帳をやる、というところまで考える。

このノートをもっと活かすには？

できなかった問題に対する分析の裏返しとして、解けなかったと思ったのに正解してしまった、いわば「できてしまった」問題に対しても間違えた問題と同じように対応してみましょう。

「できてしまった」問題というのは、本来の実力が発揮されたのであれば間違っていたはずの問題です。模試や小テストなどで、運良く解けてしまったために自分の実力不足を見逃してしまい、入試本番や定期テストで間違えてしまう、というケースは案外よくあります。定期テストや入試のように、重要な試験で良いパフォーマンスをするために勉強をしているのですから、普段の勉強では自分に厳しく、運良く正解した問題についても復習の対象にしましょう。

凡ミスを
減らしたい

ケアレスミスノート

#弱点補強#思考の可視化#自己分析

数学や理科の計算ミス、国語や社会の漢字の書き間違い、試験の解答欄間違いなど、ケアレスミスに悩んでいる人は多いでしょう。

こうしたケアレスミスを「本来なら解けた問題だから大丈夫」「本番は集中しているからミスはしない」と楽観視してはいないでしょうか。しかし、決してそんなことはありません。本番では、練習の成果「しか」発揮できないのです。

人間のミスには個性やパターンがあります。原因を考え、「気合」以外の解決策を考えることができれば、ミスは大きく減少します。

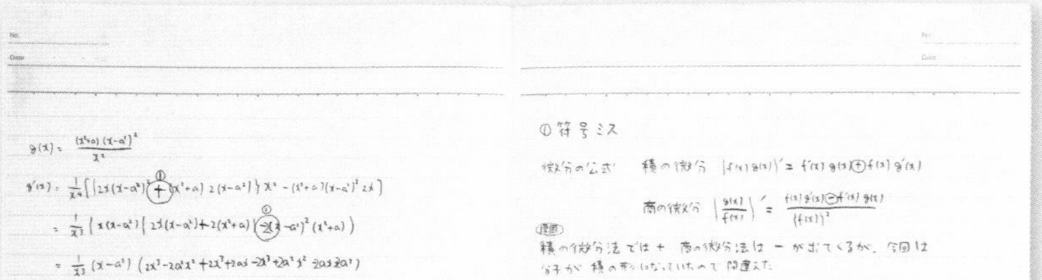

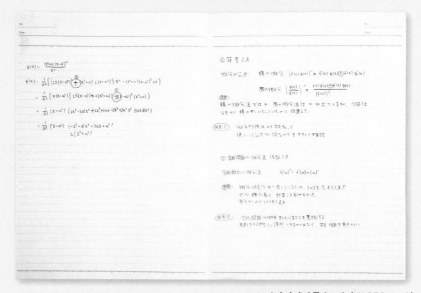

>>ノートを大きく見たいときは258ページへ

ノートの作り方

STEP 1

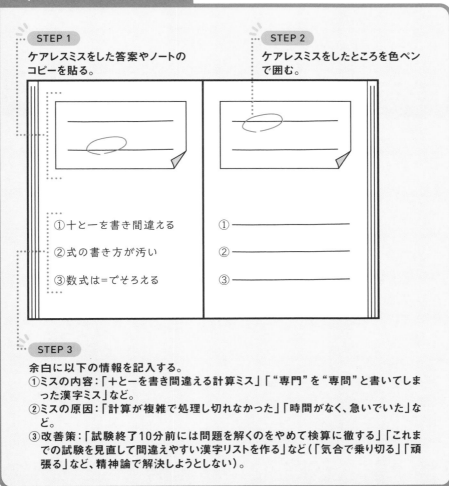

ケアレスミスをした答案やノートのコピーを貼る。

STEP 2

ケアレスミスをしたところを色ペンで囲む。

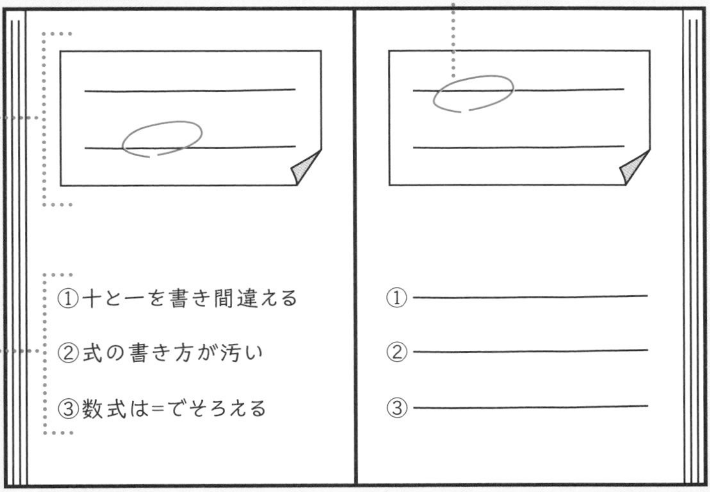

①十と一を書き間違える
②式の書き方が汚い
③数式は=でそろえる
①
②
③

STEP 3

余白に以下の情報を記入する。

①ミスの内容:「十と一を書き間違える計算ミス」「"専門"を"専問"と書いてしまった漢字ミス」など。

②ミスの原因:「計算が複雑で処理し切れなかった」「時間がなく、急いでいた」など。

③改善策:「試験終了10分前には問題を解くのをやめて検算に徹する」「これまでの試験を見直して間違えやすい漢字リストを作る」など(「気合で乗り切る」「頑張る」など、精神論で解決しようとしない)。

このノートのお役立ちポイント

最大のポイントは、ケアレスミスを気合で解決しようとしないことです。いくら気を張っていても、ミスは思わぬところで発生するものですから、気合でミスを防ぐことは不可能です。そんなことをしようとするより、さまざまな工夫やテクニックを使ってミスを未然に防いだり、発見しやすくしたほうがはるかに効率的です。

このノートの使い方のコツ

ミスを蓄積していくと、次第に自分のケアレスミスのパターンが見えてくるようになります。たとえば、「計算で符号を間違えがち」「試験終了直前になるとミスが増える」などがあるかもしれません。こうしたミスが多いということは、それが自分の悪い癖として定着してしまっているということです。ですから、これらのミスをしないように意識的に改善案を考えればいいということになります。

加えて、ミスのパターンを解答用紙やノートに直接書き込むのではなく、付せんに書いておけば、後でひとまとめに貼り直してミスの分析だけをまとめてできるようになります。

このノートをもっと活かすには？

試験本番は、限られた時間の中でいかにミスなく自分の実力を発揮するかが重要になります。そのため、ミスを発見する能力を高めるよりも、そもそもミスをせず、見直しの時間を短縮する方法を考えるほうが最終的には重要になります。

どこに何が書いてあったか
忘れてしまう

解答一元化ノート

＃1冊で完璧＃テスト前のお供＃整理整頓

ほとんどの記述問題には字数制限があり、その限られた字数に要求されていることをすべて盛り込む必要があります。そのためにはしっかり説明する必要がある重要な箇所と、そこまで重要ではない箇所とで文字数を調整するバランス感覚を養うことが重要です。

この文字数を調整する練習に役立つのが問題の模範解答です。どのような内容を入れるべきか、どのようなさじ加減で文字数を調整すればいいのかを複数の模範解答から学び、ほかの問題を解く際に応用が利くようにノートによって「情報の一元化」をしておくべきなのです。

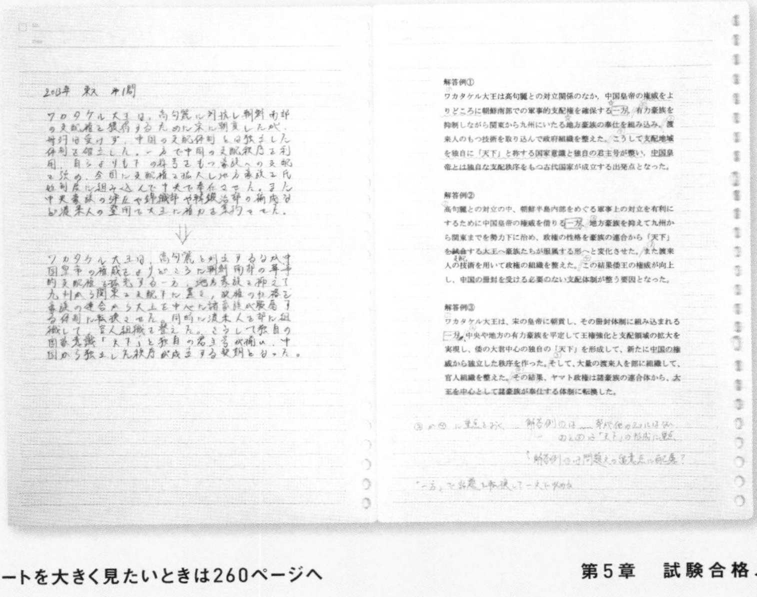

>>ノートを大きく見たいときは260ページへ

ノートの作り方

STEP 1

何も見ずに解答を作る。

STEP 2

解答例を集めて書き写す、もしくはコピーを貼る（大学の過去問のように、解答例が複数ある場合は、できる限り多く集める）。

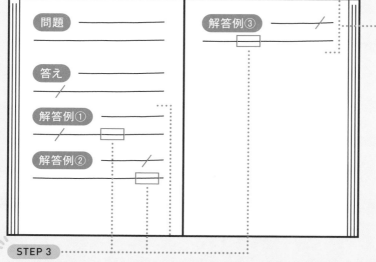

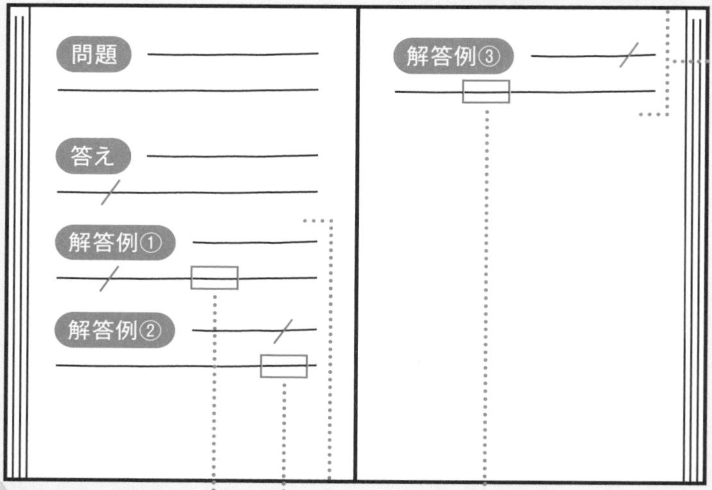

STEP 3

文字数の使い方を分析する。自分の解答と見比べつつ、どのように字数を削っているのか、または削っていないのかを考える。

このノートのお役立ちポイント

このノートのメリットの1つは、限られた文字数の中でどのような配分で記述問題の答えを書くか、について理解を深めることができる点にあります。このノートを使って何問も記述問題を分析し、「なぜ、解答例はこの部分に字数を割いているのか」と考えていくと、次第に字数配分のパターンが見えてきます。そうすれば、字数配分を誤って論点を大きく外した解答をしてしまうことがなくなります。つまりこのノートは、普段の定期試験や模試よりも、出題傾向や問題形式の分析が重要となる入試問題（とくに大学受験）でもっとも効果を発揮します。

このノートのもう1つのメリットは、オリジナルの解答例を作成できることにあります。とくに過去問では、1つの問題に対して複数の解答例が世に出回っています。それらを横並びで見て、「この解答例のこの部分は優れているな」とか「この部分は問題とはマッチしていないな」などと考え、自分なりのベストな解答例を作り上げていきましょう。

このノートの使い方のコツ

1つひとつの問題を見ていくよりも、同じ形式の問題を数回分（過去問であれば数年分）比較して見直すことをおすすめします。

たとえば過去問では、解答例を数年分分析すると、字数の圧縮や字数配分に一定のパターンがあることがわかります。ノートを作っている段階ではわからないかもしれませんが、後で見直したときに気づくこともあるので、そうした気づきは忘れずにメモに残しておきましょう。

このノートをもっと活かすには？

解答例は万能ではありません。難易度の高い大学の問題では、予備校が出すような解答例にばらつきが出ることもあります。

また、次第に勉強ができるようになってくると、「この解答例は間違っているんじゃないか」「あっちの答えより、こっちの解答例のほうがいいな」というふうに、自分の中で判断基準が養われてきます。受験のプロが作った解答例に対して、学生が批評家になってはいけません。しかし、解答例の違いをフラットな視点で観察し、良い部分と悪い部分を見分ける能力を養うことは、自分の答案作成能力にも直結します。

関連情報ノート

#知識をつなげる#復習しやすい

「あの問題は解けたのに、同じ知識を使う別の問題が解けなかった」という経験のある人は多いでしょう。これは非常にもったいないことです。答えにたどり着くための道具を持っていたにもかかわらず、それを発揮できなかったということだからです。

同じ問題は二度と出題されません。当然のことですが、多くの人がそれを見落とし、応用の利かない復習をしてしまっています。せっかく時間をかけて、やりたくもない解き直しをするのですから、ノートにひと手間加えて効率良く復習をしてしまいましょう。

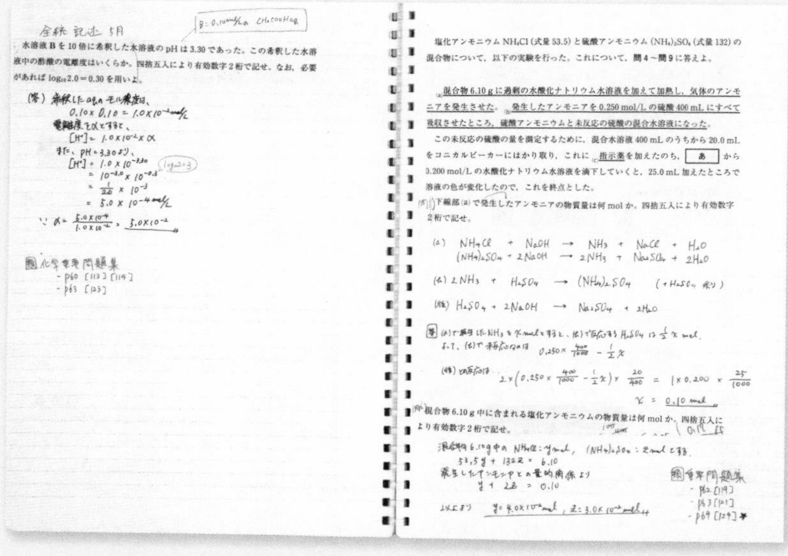

>>ノートを大きく見たいときは262ページへ

ノートの作り方

STEP 1
間違えた問題を解き直す。

STEP 2
解き直した問題と同じ知識を聞いている類題を探し、そのコピーをノートに貼る。

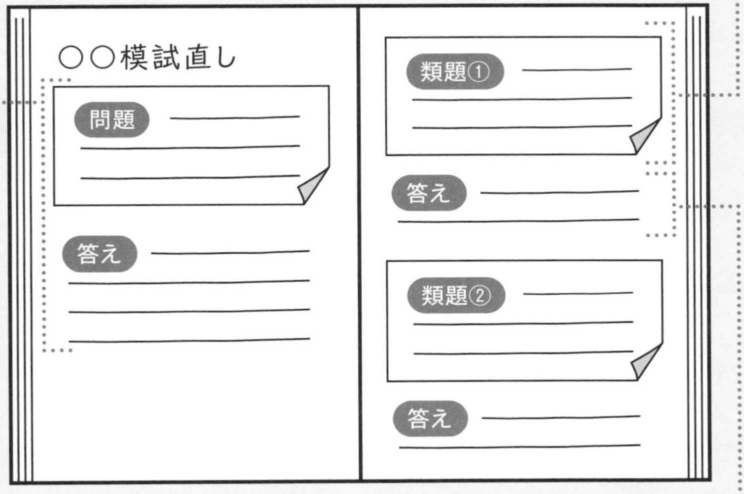

STEP 3
類題を解く。

このノートのお役立ちポイント

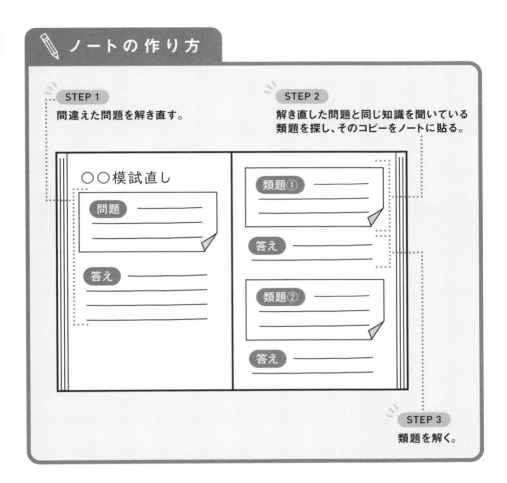

自分ができなかったこと、間違えたことは何かをはっきりととらえる上で有効なテクニックです。そもそも、なぜ間違い直しが成績を上げるために重要なのでしょうか。それは、できなかったことができるようになること以外に、成績を上げる方法がないからです。つまり、今まで解いてきた問題が解けるようになったとしても、成績アップには直結しま

せん。これまで学んだことを活かして、新しい問題が解けるようになることこそが重要なのです。

そう考えるならば、漫然と間違えた問題を直すだけでは価値がないことがわかるでしょう。類題を探して解き直し、自分ができなかった問題をさまざまな角度から見れば、自分ができなかったことを正しく発見することができます。こうして初めて自分ができなかったことを克服し、間違いを成績アップにつなげることができるのです。

このノートの使い方のコツ

「類題をいかに探すか」、これがこのテクニックの肝です。このとき、重要なポイントが2つあります。

第一に、自分がよく使っている問題集を使いましょう。このテクニックのために新しく問題集を買っても、見たことも解いたこともない問題ばかりでは類題を探すことができません。

第二に、類題を厳密に探しすぎないようにしましょう。たとえば数学では、どの問題が「類題」に当たるのかの判断が非常に難しいです。問題の解き直しをその場限りのものにしないことが目的なので、数学なら「同じ定理を使う問題」、歴史なら「同じ時代の問題」程度のざっくりした区分で類題を引っ張ってくるのがおすすめです。

このノートをもっと活かすには?

受験勉強を控えている場合は、志望校の過去問の類題を探すときにほかの年度の過去問を使ってみることをおすすめします。大学受験なら、過去問を25年分ほど参照してみると、想像以上に類題が多いことに気づきます。そして、志望校の入試問題の特徴を自然と把握できるようになるので、解き直しと過去問研究を一緒に進めることができます。

普段の勉強はできるのに
過去問だけ点数が伸びない

できなかった過去問ノート

#これ1冊で完璧#本番思考

過去問は志望校合格のためには不可欠な勉強ツールです。本番と同じ問題形式で、ともすれば自分が受ける本番の試験問題を作っている人が、過去問を作っているかもしれないのです。

しかし、過去問を十分に活用できている学生はそこまで多くありません。普通の参考書と同じように過去問を使ってしまい、その価値を十分に発揮できていないのです。

過去問をフル活用し、ほかの受験生と差をつけるためにも、この「できなかった過去問ノート」を作ってみましょう。

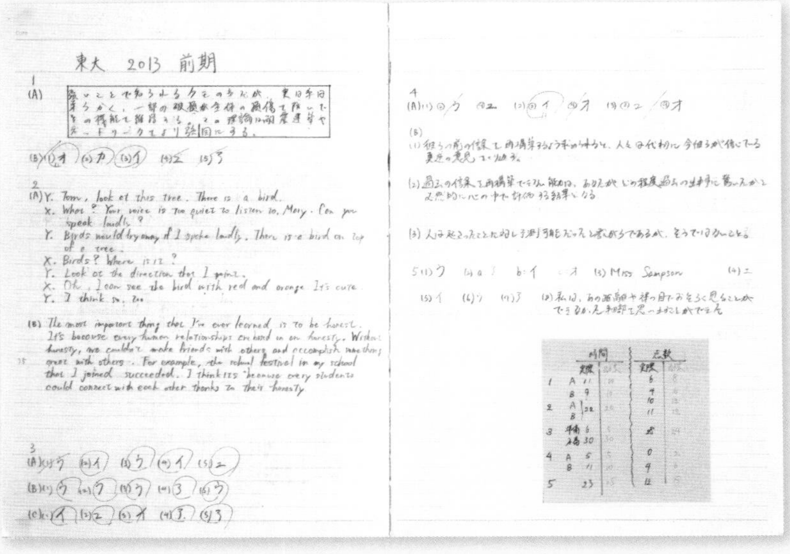

>>ノートを大きく見たいときは264ページへ

ノートの作り方

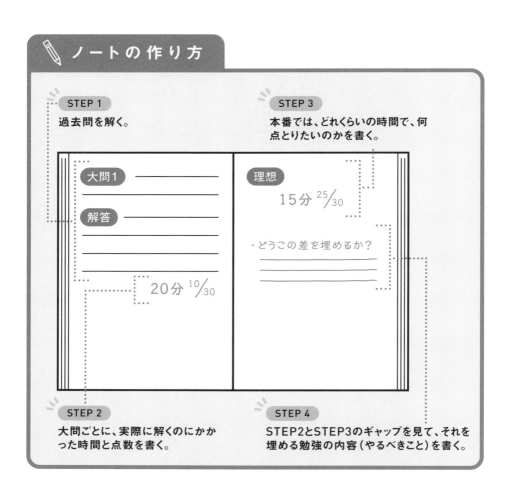

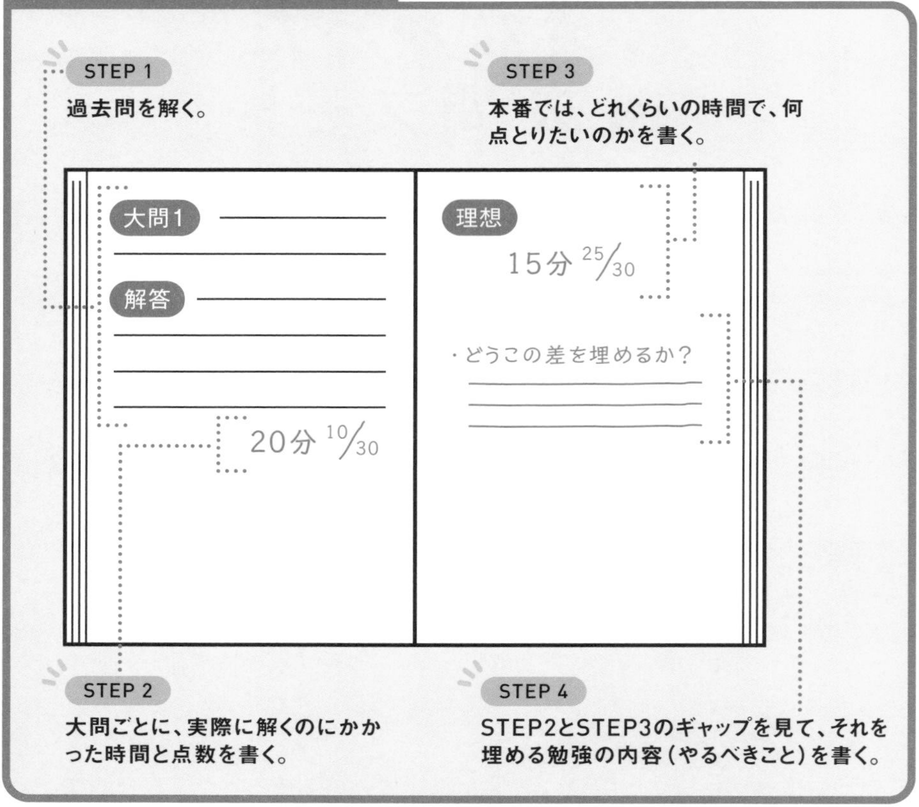

STEP 1
過去問を解く。
STEP 3
本番では、どれくらいの時間で、何点とりたいのかを書く。
大問1
解答
20分 10/30
理想
15分 25/30
・どうこの差を埋めるか？
STEP 2
大問ごとに、実際に解くのにかかった時間と点数を書く。
STEP 4
STEP2とSTEP3のギャップを見て、それを埋める勉強の内容（やるべきこと）を書く。

このノートのお役立ちポイント

ガムシャラに勉強してもなかなか結果は出ません。自分の現状を正しく知った上で、自分はどの勉強が足りていないのかを把握する必要があります。

もっと言うならば、「何が足りていないのか」だけではなく、「どれくらい足りていないのか」も大切です。どんなテストでも100点満点が必要になるわけではありません。70点や80点を目標点数とし、その目標に到達できるような努力をしなければならないのです。受験勉強に使える時間は有限です。本番で目標点を大幅に超える点数をとるのは極めて難しいですし、そのために1つの科目に時間を使いすぎる、ほかの科目の勉強がおろそかになるのは非効率的ですらあります。

「何を」「どれくらい」。この2つを知ることができるのが、このノートの強みです。

このノートの使い方のコツ

とにかくギャップを意識するようにしましょう。「時間」と「点数」の両者において、現実と目標にどれくらいの「差」があるのかを可視化するのがこのノートです。現状と合格ラインの間のギャップを完全に埋めることができれば、試験にはおのずと合格することができます。そのための学習計画を構築し、実行することができれば、誰だってうまくいくのです。

難しく考えて、「あれもやらなきゃ」「この部分も頑張らなきゃ」と焦る必要はどこにもありません。やるべきことをやるだけで点数は伸びますし、合格に近づきます。このノートは、試験本番から逆算したときに自分は何を勉強するべきなのか、または何を勉強するべきでないのか、について教えてくれます。これにより、やるべきことがわからずあれこれ目移りする、という状態を脱することができるのです。

また、ノートに所要時間と目標とする時間を記入することにより、時間を意識するきっかけを得ることができます。当然のことですが、いくら100点をとれたとしても、試験時間内で終わらなければなんの意味もありません。時間内に終わらせるというのは、問題に正しく答えること以上に重要です。このノートを通じて時間のギャップを明らかにすることで、「試験本番に合格点をとるためには、あと何分足りないのか？」について突き詰めて考えることができるようになります。

No.

Date

24 キューバ危機

キューバ危機について，以下の語句を用いて100字以内で説明せよ。
　ミサイル　　海上封鎖　　　（新潟大学）

(☆)
1 キューバ革命により社会主義政権が成立する
2 と、ソ連は~~アメリカを牽制するために~~③キュー
3 バに核ミサイル基地の設置を試みた。③アメリ
4 カはこの動きを察知し、周辺を海上封鎖し、
5 一触即発となったが両首脳の直接会談の結果緊張緩和へと向かい、
ソ連撤退で合意した。

6/10

「ケネディ」「フルシチョフ」が採点基準になってるけど、
ぶっちゃけ(☆)のほうが大事な気がする…

25
香港の歴史

香港の植民地としての発端から20世紀末までの歴史を，関連する戦争名・終結条約名・中国や日本との関係にも言及しながら，200字以内で記述しなさい。（一橋大学）

イギリスはアヘン戦争に勝利して南京条約を結ぶと香港島を獲得し、アロー戦争でも再び勝利して北京条約を結ぶと九竜半島南部を獲得し、中国の半植民地化の足がかりとした。その後、日清戦争で弱体ぶりが露呈した清から19世紀末に九竜半島北部を99か年という期限で租借したが、太平洋戦争時には日本に占領された。戦後、イギリスは中国が社会主義をとる中、香港は移住者増加で経済を発展させ、20世紀末に中国に返還された後も鄧小平の確約した一国二制度政策によって資本主義が維持された。

10/15

Date

二〇一三年

次の文章は、近世に成立した平仮名本『吾妻鏡』の一節である。源平の合戦の後、源頼朝(二位殿)は、異母弟の義経(九郎殿)に謀反の疑いを掛け、討伐の命を出す。義経は、郎党や愛妾の静御前を引き連れて各地を転々としたが、静とは大和国吉野で別れる。その後、静は捕らえられ、鎌倉に送られる。義経の行方も分からないまま、文治二年(一一八六)四月八日、鎌倉・鶴岡八幡宮に参詣した頼朝とその妻・北条政子(御台所)は、歌舞の名手であった静に神前で舞を披露するよう求める。静は再三固辞したが、遂に扇を手に取って舞い始める。以下を読んで、後の設問に答えよ。

静、まづ歌を吟じていはく、

吉野山みねのしら雪踏み分けて入りにし人の跡ぞこひしき

また別に曲を歌うて後、和歌を吟ず。その歌に、

しづやしづしづのをだまき繰り返し昔を今になすよしもがな

かやうに歌ひしかば、社壇も鳴り動くばかりに、ア上下いづれも興をもよほしけるところに、二位殿のたまふは、「今、八幡の宝前にて我が芸をいたすに、もつとも関東の万歳を祝ふべきに、人の聞きをもはばからず、反逆の義経を慕ひ、別の曲を歌ふ事、はなはだもつて奇怪なり」とて、イ御気色かはらせ給へば、御台所はきこしめし、「あまりに御怒りをうつさせ給ふな。我が身において思ひあたる事あり。君すでに流人とならせ給ひて、伊豆の国におはしましころ、われらと御ちぎりあさからずといへども、平家繁昌の折ふしなれば、父北条殿も、さすが時をおそれ給ひて、ウひそかにこれを、とどめ給ふ。しかれどもなほ君に心をかよはして、エくらき夜すがら降る雨をだにいとはず、かかぐる裳裾も露ばかりの隙より、オ君のおはします御閨のうちにしのび入り候ひしが、その後君は石橋山の戦場におもむかせ給ふ時、ひとり伊豆の山にのこりゐて、御命いかがあらんことを思ひくらせば、日になに程か、夜にいく度か、たましひを消し候ひし。そのなげきにくらべ候へば、今の静が心もさぞあるらむと思はれ、いたはしく候ふ。かれもし多年九郎殿に相なれしよしみをわすれ候ふ程ならば、カ貞女のこころざしにてあるべからず。今の静が歌の体、外には露ばかりの思ひをよせて、内には霧ふかき憤りをふくむ。もつとも御あはれみありて、まげて御賞翫候へ」と、のたまへば、二位殿きこしめされ、ともに御涙をもよほしたる有様にて、キ御腹立をやめられける。しばらくして、簾中より卯の花がさねの御衣を静にこそは下されけれ。

(注)
○吉野山〜——「み吉野の山のしら雪踏み分けて入りにし人のおとづれもせぬ」(古今和歌集)を本歌とする。
○しづやしづ〜——「いにしへのしづのをだまき繰り返し昔を今になすよしもがな」(伊勢物語)を本歌とする。「しづ(倭文)」は古代の織物の一種で、ここでは静の名を掛ける。「をだまき(苧環)」は、紡いだ麻糸を中を空洞にして玉状に巻いたもの。
○社壇——神を祭ってある建物。社殿。
○怒りをうつす——怒りの感情を顔に出す。
○流人——平治の乱の後、頼朝の父義朝は処刑、頼朝は十四歳で伊豆国に配流された。
○石橋山——神奈川県小田原市。治承四年(一一八〇)の石橋山の合戦の地。頼朝は平家方に大敗する。
○伊豆の山——静岡県熱海市の伊豆山神社。流人であった頼朝と政子の逢瀬の場。
○卯の花がさね——襲の色目の名。表は白で、裏は青。初夏(四月)に着用する。

(一) ア、エ、オ → 訳

(二) イ → 何故

(三) ウ → 具体的に何をとどめん

(四) カ → ここではどのような心のまま

(五) キ → 政子の話のどのようなところに心を動かされた?

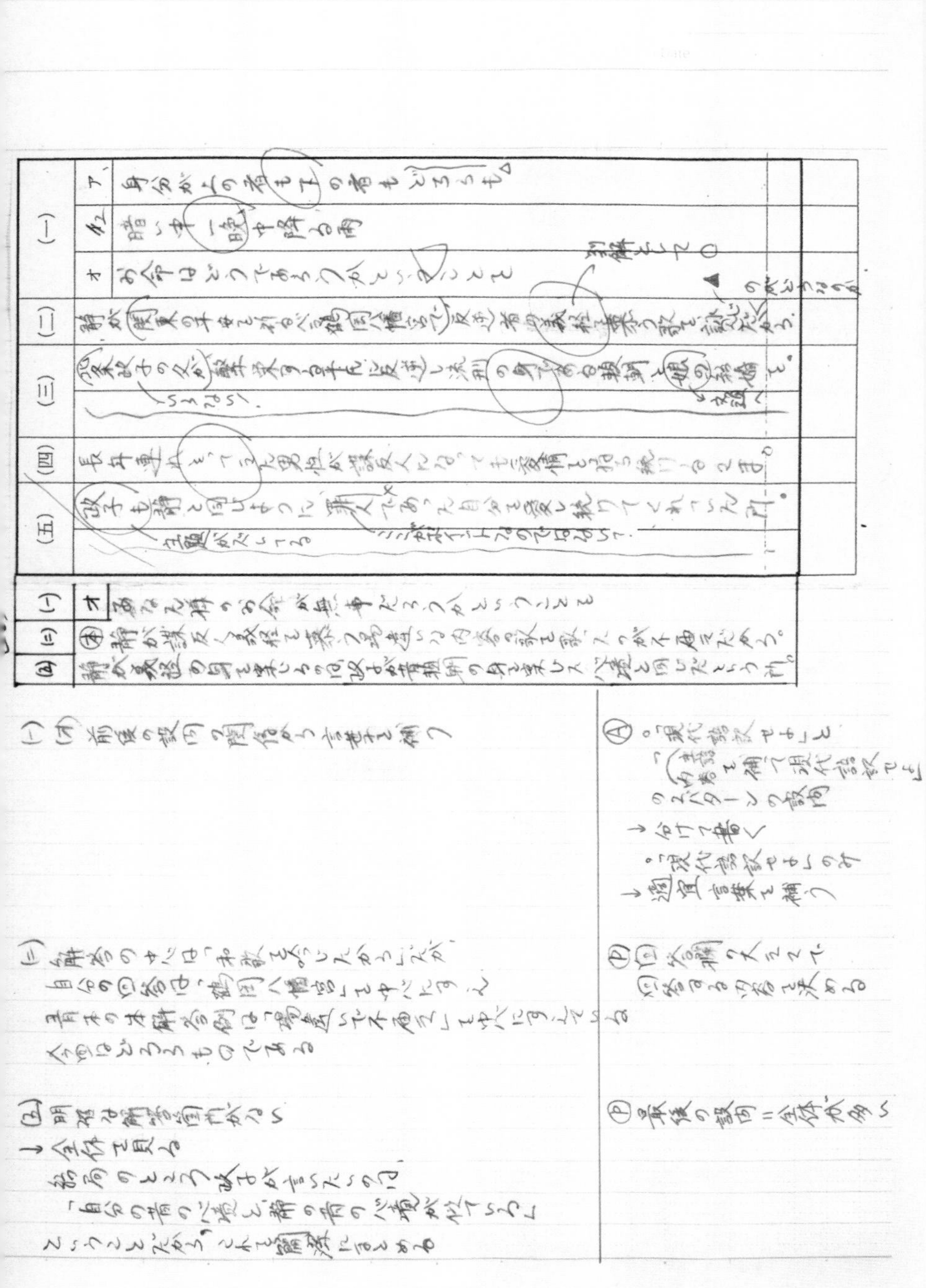

>>ノートの作り方を知りたいときは228ページへ

No.

Date　・　・

90分で大問4つ
→見直しで考えると1問21分くらいで解きたい。

木4　教育臨床心理学　期末試験　過去問

1. 強迫性障害やその基礎にある強迫性格が生じる心理的メカニズムを
精神分析理論によって説明せよ。

〈21分〉

強迫性障害には、強迫観念と強迫行為という2つの症状が存在する。強迫行動によって強迫観念をやわらげるという関係を持つ。この症状の背後にあるのが、強迫性格である。

強迫性障害や強迫性格が生じる理由を、まず局所論から説明する。強迫性格の持ち主は、もともと反道徳的な欲求や敵意を持っている。それが意識されると心理的に不安定になってしまうため、防衛機制によって意識にのぼらないようにする。

このようなメカニズムで強迫性格が形成される。

次に、反道徳的な欲求や敵意を持つようになった理由を、発達論から説明する。人間が社会に生き、子孫を残すのに役立つエネルギーをリビドーと言い、発達段階によって現れる部位が異なる。

リビドーが満足されないと固着をおこし、成長後も退行してしまうようになる。その結果として、反道徳的欲求や敵意が形成されてしまう。

最後に、反道徳的欲求や敵意を抑圧しようとする理由を構造論から説明する。人間にはイド・自我・超自我という3つの心のはたらきがある。強迫性障害や強迫性格を持つ人はこのうちの超自我が強すぎる。そうなった要因としては、親のしつけが強すぎることなどがあげられる。

メモ
強迫性障害
→強迫観念，強迫行
　不安を軽減
①局所論
　心的不安定
　無意識に抑圧
②発達論
　リビドーの固着
　退行
③構造論
　イド・自我・超自我
　親のしつけ

※減点ポイント？
- 強迫観念と強迫行動に関する説明　−1
- 局所論における防衛機制について説明
　無意識に抑圧 ＋ 反動形成で形をかえておく　−3
- リビドーが満足されない例
- 退行→反感敵意の理由　−2
- 構造論　エディプス期の親からの影響について。　−3

16/25

No.

Date

15分 >

強迫性障害には、強迫観念と強迫行為という2つの症状が存在する。強迫観念は、不安などをもたらす考えやイメージのことで、勝手に思いうかんでしまうものである。強迫行為は、その観念を緩和するためにくり返される行動である。これらの背景に、強迫性格が存在し、強迫性障害をひきおこす原因となっている。

強迫性障害や強迫性格が生じる理由を、局所論から説明する。強迫性格の持ち主は元々反道徳的な欲求や敵意を持っている。それが意識されると心理的に不安定になってしまうため、それを無意識のなかに抑圧するようになる。さらに無意識下で反動形成を行い、形を変えておく。これにより気づかぬうちに強迫性格が形成される。

次に、なぜ反道徳的欲求や敵意を持つようになったのかについて、発達論から説明する。人間が社会を生き、子孫を残すために役立つエネルギーのことをリビドーという。口や肛門など、発達段階によって現れる部位が異なる。ある発達段階でリビドーが満足されないと、そこで固着をおこし、成長後もその段階まで退行するようになってしまう。そうして退行することで、きちんとしていることに対して反感や敵意を抱くようになるということである。

最後に、反道徳的欲求や敵意を抑圧しようとする理由を構造論から説明する。強迫性障害や強迫性格の持ち主は超自我が強すぎるためである。

・減点ポイント?

構造論について説明不足 −6

19/25

・考えたこと

20分の回答で不足していた部分をおぎなって書こうとすると、書くだけでかなり時間がかかってしまう。

→最後の構造論について、分かっているのに時間がなくて書けない状態になった。

・強迫性障害、強迫性格、反道徳的な欲求や敵意などは書くのが面倒。できるだけ減らせるようにしたらもっと効率よさそう。

・細かい採点基準は分からないが、細かい用語説明や具体的の列挙よりも、1つの大きな理論の抜けもれの方が深刻である。

不足

⇒時間がなくなりそうだったら、最低でも大枠は全て網羅できるくらいの詳しさで回答する。

>>ノートの作り方を知りたいときは231ページへ

Date

Cを半径1の円周とし，AをC上の1点とする。3点P, Q, RがAを時刻$t=0$に出発し，C上を各々一定の速さで，P，Qは反時計回りに，Rは時計回りに，時刻$t=2\pi$まで動く。P, Q, Rの速さは，それぞれm，1，2であるとする。（したがって，QはCをちょうど一周する。）ただし，mは$1 \leqq m \leqq 10$をみたす整数である。△PQRがPRを斜辺とする直角二等辺三角形となるような速さmと時刻tの組をすべて求めよ。

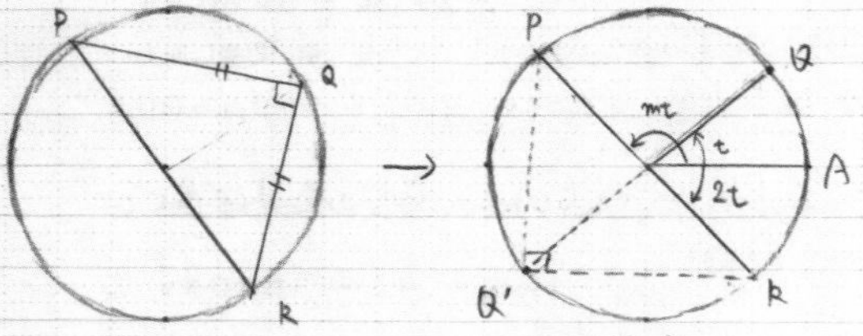

(図1)　　(図2)

Ⓟ「角度」に帰着して考える

P, Q, RがC上にあるので，(図1)より，題意をみたすP, Q, Rの条件は，
"PRが円の直径" ∧ "OQ ⊥ OR" ― ①である

(図2)も考え，①をmとk, l(≧0，整数)で言い直すと

$(m+2)t = \pi + 2k\pi$, ― ①
$\quad = (2k+1)\pi$

Ⓟ $2n\pi$でなくてもよい（(図2)参照）

$3t = \frac{\pi}{2} + l\pi$

$\Leftrightarrow t = \frac{2l+1}{6}\pi$ ― ②

①に②を代入し

$(m+2)(2l+1) = 6(2k+1)$ ― ③

よって

② ∧ ③ ∧ $1 \leqq m \leqq 10$ ∧ $0 \leqq t \leqq 2\pi$
　　　　└④　　　　└⑤

をみたすような実数 tの組を全て求めればよい。

☆ Ⓟ与えられた条件から文字の範囲を絞っていく！

③の偶奇に着目すると，m+2は4で割れない偶数であるから，④とあわせて
$m+2 = 6, 10$ $(m=4, 8)$ である

また②と⑤より，lは$0 \leq l \leq 5$に限定される

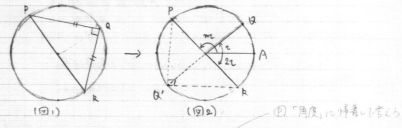

Date

i) $m+n=6$ のとき、③に代入すると、
$l=k$ が得られるから、
$0 \leq l \leq 5$ より、
$t=\frac{1}{6}\pi, \frac{3}{6}\pi\left(=\frac{1}{2}\pi\right), \frac{5}{6}\pi, \frac{7}{6}\pi, \frac{9}{6}\left(=\frac{3}{2}\pi\right), \frac{11}{6}\pi$
となる。

ii) $m+n=10$ のとき、同様にすると
$3(2k+1)=5(2l+1)$
であり、$2l+1$ は3の倍数（∵ 3と5は互いに素）より、
$l=1, 4$
が得られるから、
$t=\frac{3}{6}\pi\left(=\frac{1}{2}\pi\right), \frac{9}{6}\pi\left(=\frac{3}{2}\pi\right)$

i), ii)より、求める (m, t) は

$(m, t)=\left(4, \frac{\pi}{6}\right)\left(4, \frac{\pi}{2}\right), \left(4, \frac{5}{6}\pi\right)\left(4, \frac{7}{6}\pi\right)\left(4, \frac{3}{2}\pi\right), \left(4, \frac{11}{6}\pi\right)$

$\left(8, \frac{\pi}{2}\right), \left(8, \frac{3}{2}\pi\right)$ //

② 文字を多く置く問題では、「等式（範囲）の限定」はよく使う手である。

＜2009年 本試＞ ほぼ4完。というわけで直しはナシ。
② 本番で4完を目指すのはかなりリスキー。
「仮に」3完したとしても、4問目にはすぐには入らず、とってった3問の見直しを最優先。
見直しが終わってから4問目に手をつける。
また、ケアレスミスを減らす手段として、
「あえて具体的数字を出さない」というものがある。
たとえば、$_4C_2$通り、$_4C_1$通りと答案に書いておいて、
あえて6通り、4通りと書かない、というものである。
こうすることで、数字の出所がはっきりし、見直しでもミスを見つけ易くなる。

ケアレスミスノート

No.

Date

$$g(x)=\frac{(x^2+a)(x-a^2)^2}{x^2}$$

$$g'(x)=\frac{1}{x^4}\left[\{2x(x-a^2)^2 \textcircled{+} (x^2+a)\,2(x-a^2)\}x^2-(x^2+a)(x-a^2)^2\,2x\right]$$

①

$$=\frac{1}{x^3}\{x(x-a^2)\{2x(x-a^2)+2(x^2+a)\}\textcircled{-2}(x-a^2)^2(x^2+a)\}$$

②

$$=\frac{1}{x^3}(x-a^2)(2x^3-2a^2x^2+2x^3+2ax-2x^3+2a^2x^2-2ax+2a^3)$$

$$=\frac{1}{x^3}(x-a^2)(-x^3-a^2x^2-3ax+a^3)$$

$$2(x^3+a^3)$$

No.

Date

①符号ミス

微分の公式　積の微分　$\{f(x)g(x)\}' = f'(x)g(x) \oplus f(x)g'(x)$

商の微分　$\left\{\frac{g(x)}{f(x)}\right\}' = \frac{f(x)g'(x) \ominus f'(x)g(x)}{\{f(x)\}^2}$

(原因)
積の微分法では＋、商の微分法は－が出てくるが、今回は
分子が積の形になっていたので間違えた

(対策法)・微分する際は必ず符号チェック
・使っている公式が何なのかをきちんと確認

② 合成関数の微分法 係数ミス

合成関数の微分法　$f(u)' = f'(u) \times (u)'$

(原因)・微分の操作を一度していたため、$(u)'$を忘れてしまった
・式が横に長く 計算ミスをしやすかった
・自分がよくしてしまうミス

(改善法)・合成関数の微分をしていることを意識する
・見直しをする際に漠然とするのではなく、符号・係数を重点的に

>>ノートの作り方を知りたいときは238ページへ

No.

Date

2013年 東大 第1問

ワカタケル大王は、高句麗に対抗し朝鮮南部の支配権を獲得するために宋に朝貢したが、冊封は受けず、中国の支配体制とは独立した体制を確立した。一方で中国の支配秩序を利用、自らよりも下の称号をもつ豪族への支配を強め、全国に支配権を拡大し地方豪族を氏姓制度に組み込んで中央で奉仕させた。また中央豪族の伴造や錦織部や韓鍛冶部の編成など渡来人の登用で大王に権力を集約させた。

⇓

ワカタケル大王は、高句麗と対立するなか中国皇帝の権威をよりどころに朝鮮南部の軍事的支配権を拡充する一方、地方豪族を抑えて九州から関東を支配下に置き、政権の性格を豪族の連合から大王を中心に諸豪族が服属する体制に転換させた。同時に渡来人を部に組織して、官人組織を整えた。こうして独自の国家意識「天下」と独自の君主号が揃い、中国から独立した秩序が成立する契期となった。

No.

Date

解答例①

ワカタケル大王は高句麗との対立関係のなか，中国皇帝の権威をよりどころに朝鮮南部での軍事的支配権を確保する一方，有力豪族を抑制しながら関東から九州にいたる地方豪族の奉仕を組み込み，渡来人のもつ技術を取り込んで政府組織を整えた。こうして支配地域を独自に「天下」と称する国家意識と独自の君主号が整い，中国皇帝とは独自な支配秩序をもつ古代国家が成立する出発点となった。

解答例②

高句麗との対立の中、朝鮮半島内部をめぐる軍事上の対立を有利にするために中国皇帝の権威を借りる一方、地方豪族を抑えて九州から関東までを勢力下に治め、政権の性格を豪族の連合から「天下」を~~試合~~支配する大王へ豪族たちが服属する形へと変化させた。また渡来人の技術を用いて政権の組織を整えた。この結果倭王の権威が向上し、中国の冊封を受ける必要のない支配体制が整う要因となった。

解答例③

ワカタケル大王は、宋の皇帝に朝貢し、その冊封体制に組み込まれる一方、中央や地方の有力豪族を平定して王権強化と支配領域の拡大を実現し、倭の大君中心の独自の「天下」を形成して、新たに中国の権威から独立した秩序を作った。そして、大量の渡来人を部に組織して、官人組織を整えた。その結果、ヤマト政権は諸豪族の連合体から、大王を中心として諸豪族が奉仕する体制に転換した。

②か④に重点をおく … 解答例①は～～部が他の2つにはない、
〃 ②と③は「天下」の形成に重点、
↑解答例①は問題文の留意点に配慮？

「一方」で話題を転換して一文で収める

>>ノートの作り方を知りたいときは241ページへ

全統 記述 5月

B = 0.10 mol/L の CH_3COOHaq

水溶液 B を 10 倍に希釈した水溶液の pH は 3.30 であった。この希釈した水溶液中の酢酸の電離度はいくらか。四捨五入により有効数字 2 桁で記せ。なお，必要があれば $\log_{10}2.0 = 0.30$ を用いよ。

(答) 希釈した aq のモル濃度は、

$0.10 \times 0.10 = 1.0 \times 10^{-2}$ mol/L

電離度を α とすると、

$[H^+] = 1.0 \times 10^{-2} \times \alpha$

また、pH = 3.30 より、

$[H^+] = 1.0 \times 10^{-3.30}$　($\log_{10}2 = 3$)

$= 10^{-3.0} \times 10^{-0.3}$

$= \frac{1}{2.0} \times 10^{-3}$

$= 5.0 \times 10^{-4}$ mol/L

$\therefore \alpha = \frac{5.0 \times 10^{-4}}{1.0 \times 10^{-2}} = 5.0 \times 10^{-2}$ //

類 化学重要問題集

- p60 [113] [114]
- p63 [123]

塩化アンモニウム NH_4Cl（式量 53.5）と硫酸アンモニウム $(NH_4)_2SO_4$（式量 132）の
混合物について，以下の実験を行った。これについて，**問 4 〜問 9** に答えよ。

(a) 混合物 6.10 g に過剰の水酸化ナトリウム水溶液を加えて加熱し，気体のアンモニアを発生させた。(b) 発生したアンモニアを 0.250 mol/L の硫酸 400 mL にすべて吸収させたところ，硫酸アンモニウムと未反応の硫酸の混合水溶液になった。

この未反応の硫酸の量を測定するために，混合水溶液 400 mL のうちから 20.0 mL コニカルビーカーにはかり取り，これに (c) 指示薬を加えたのち，［ あ ］から .200 mol/L の水酸化ナトリウム水溶液を滴下していくと，25.0 mL 加えたところで溶液の色が変化したので，これを終点とした。

) 下線部 (a) で発生したアンモニアの物質量は何 mol か。四捨五入により有効数字 桁で記せ。

(a) $NH_4Cl + NaOH \rightarrow NH_3 + NaCl + H_2O$
$(NH_4)_2SO_4 + 2NaOH \rightarrow 2NH_3 + Na_2SO_4 + 2H_2O$

(b) $2NH_3 + H_2SO_4 \rightarrow (NH_4)_2SO_4$ （$+H_2SO_4$ 余り）

(後) $H_2SO_4 + 2NaOH \rightarrow Na_2SO_4 + 2H_2O$

答 (a) で発生した NH_3 を x mol とすると、(b) で反応する H_2SO_4 は $\frac{1}{2}x$ mol.
よって、(b) で未反応なのは $0.250 \times \frac{400}{1000} - \frac{1}{2}x$

(後) との反応は
$$2 \times \left(0.250 \times \frac{400}{1000} - \frac{1}{2}x\right) \times \frac{20}{400} = 1 \times 0.200 \times \frac{25}{1000}$$

$x = $ <u>0.10 mol</u> //

混合物 6.10 g 中に含まれる塩化アンモニウムの物質量は何 mol か。四捨五入により有効数字 2 桁で記せ。

混合物 6.10g 中の NH_4Cl : y mol，$(NH_4)_2SO_4$: z mol とする.
$53.5y + 132z = 6.10$
発生したアンモニアとの量的関係より
$y + 2z = 0.10$

以上より <u>$y = 4.0 \times 10^{-2}$ mol，$z = 3.0 \times 10^{-2}$ mol</u> //

類 重要問題集
- p62 [119]
- p63 [121]
- p64 [124] ★

Date

東大 2013 前期

1

(A) 強いことで知られるクモの糸だが、実は半は柔らかく、一部の破損が全体の損傷を防いでその機能を維持する。この理論は耐震建築やネットワークをより強固にする。

(B) (1) オ (2) カ (3) イ (4) エ (5) ア

2

(A) Y. Tom, look at this tree. There is a bird.

X. What? Your voice is too quiet to listen to, Mary. Can you speak loudly?

Y. Birds would fly away if I spoke loudly. There is a bird on top of a tree.

X. Birds? Where is it?

Y. Look at the direction that I point.

X. Oh, I can see the bird with red and orange. It's cute.

Y. I think so, too.

(B) The most important thing that I've ever learned is to be honest. It's because every human relationships are based on an honesty. Without honesty, we couldn't make friends with others and accomplish something great with others. For example, the school festival in my school that I joined succeeded. I think its because every students could connect with each other thanks to their honesty.

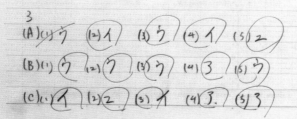

3

(A) (1) ウ (2) イ (3) ウ (4) イ (5) エ

(B) (1) ウ (2) ア (3) ウ (4) ア (5) ウ

(C) (1) イ (2) エ (3) イ (4) ア (5) ア

Date

)(1) ② ウ ④エ (2) ② イ エ ④オ (3) ② エ ④オ

3)

) 彼らの前の信条を再構築するよう求められると、人々は代わりに今彼らが信じている真逆の意見をくり返す。

) 過去の信条を再構築できない能力は、あなたがどの程度過去の出来事に驚いたかを必然的に心の中で評価する結果となる。

) 人は起こったことに対し予測可能だったと考えがちであるが、そうではないこと。

(1) ウ (2) a:ア b:イ c:オ (3) Miss Sampson (4) エ

(5) イ (6) ウ (7) ア (8) 私は、あの距離や裸の目でおそらく見ることができなかった細部を思い出すことができた

		時間		点数	
		実際	目標	実際	目標
1	A	11	10	6	8
	B	9	10	4	6
2	A	22	20	10	12
	B			11	12
3	準備	6	5	28	24
	本番	30	30		
4	A	5	5	0	2
	B	11	10	4	6
5		23	25	12	15

第6章 科目別 勉強ノート

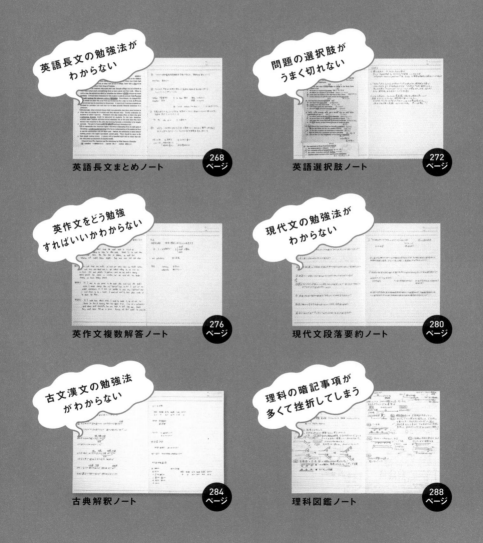

英語長文の勉強法がわからない

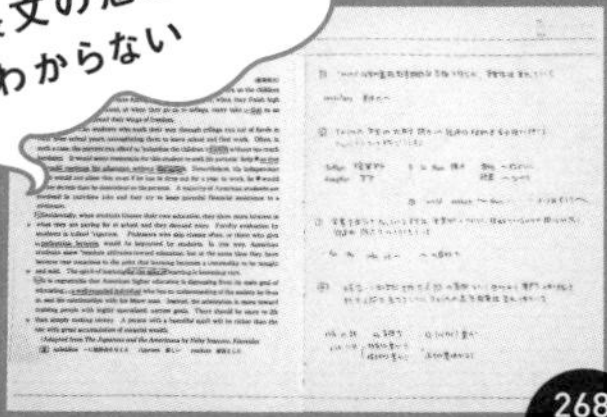

英語長文まとめノート

268ページ

問題の選択肢がうまく切れない

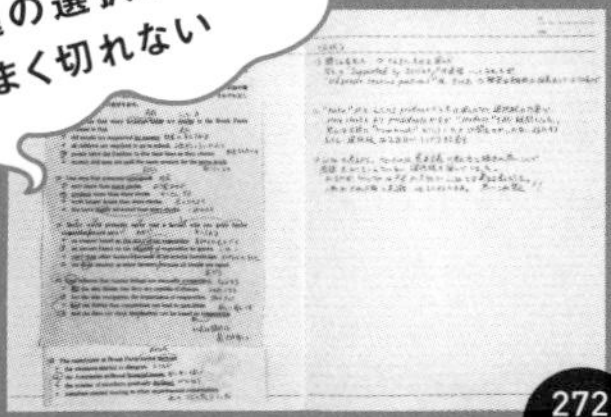

英語選択肢ノート

272ページ

英作文をどう勉強すればいいかわからない

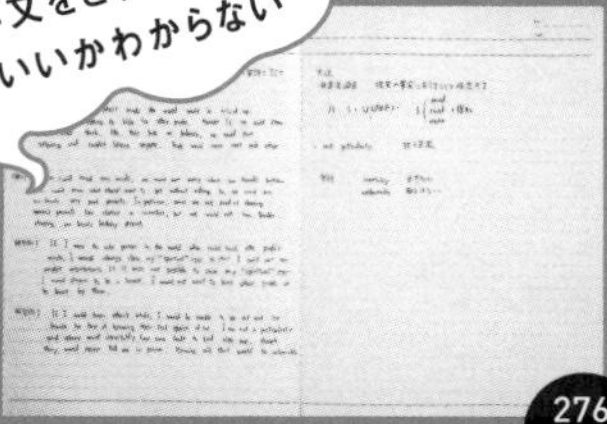

英作文複数解答ノート

276ページ

現代文の勉強法がわからない

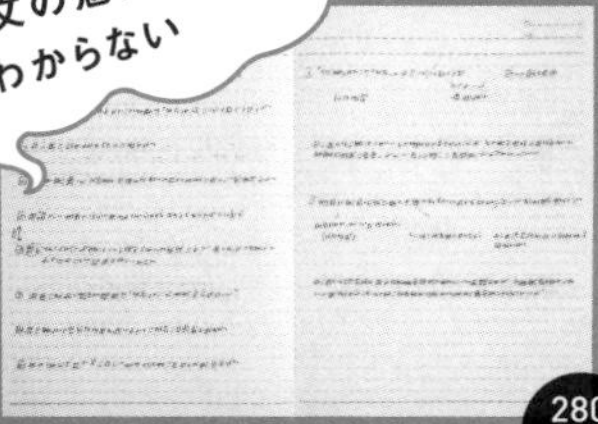

現代文段落要約ノート

280ページ

古文漢文の勉強法がわからない

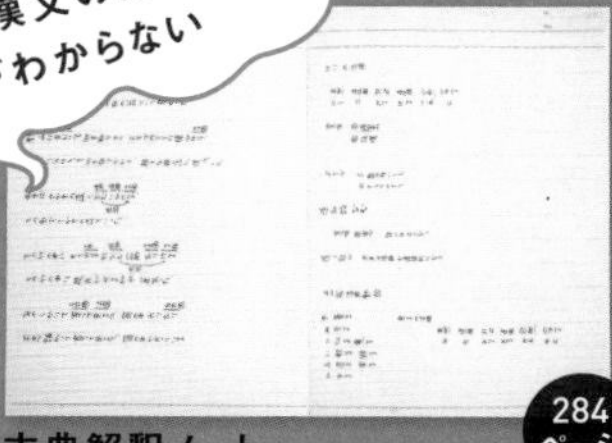

古典解釈ノート

284ページ

理科の暗記事項が多くて挫折してしまう

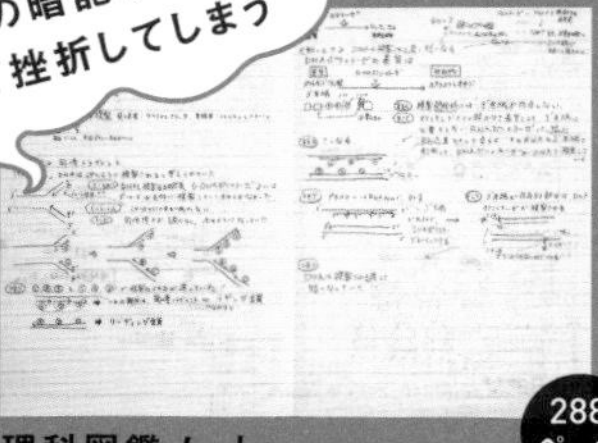

理科図鑑ノート

288ページ

Note deviation value

ノート偏差値　50～60

効率良く
暗記ノートを作りたい

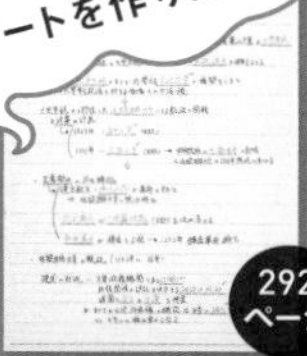

292ページ

オレンジペン
暗記ノート

数学の記述式の問題を
解くのが苦手

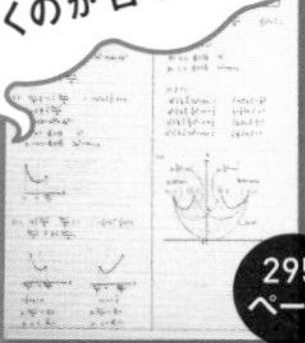

295ページ

すっきり2分割ノート

数学の問題集は解けても
テストになると解けない

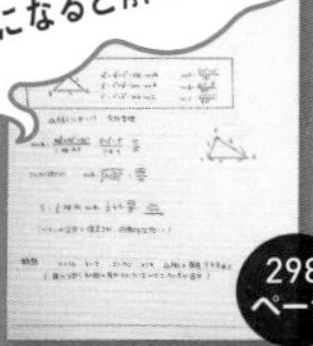

298ページ

「チャート式」型
問題演習ノート

グラフの読み取りが
苦手

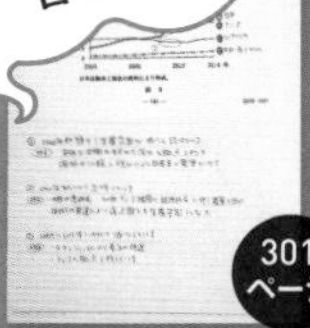

301ページ

グラフ読解ノート

数学の公式が
覚えられない

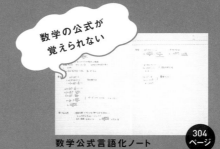

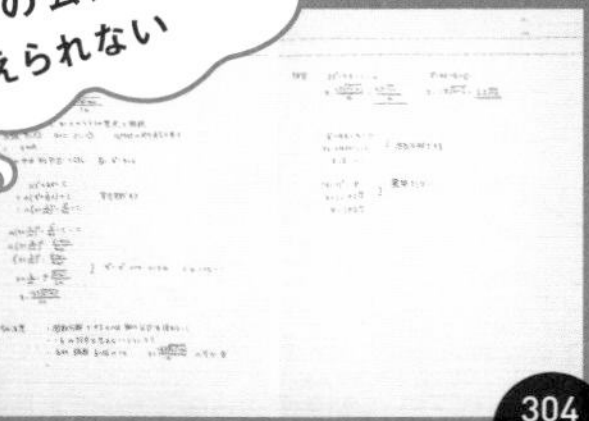

数学公式言語化ノート

304ページ

歴史の横の流れが
わからない

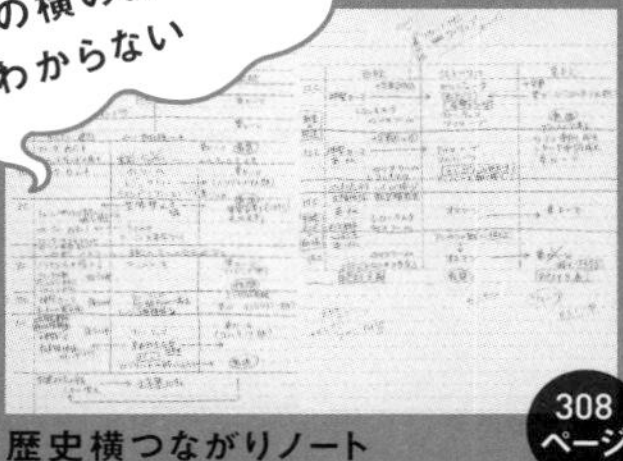

308ページ

歴史横つながりノート

歴史上の人物が
こんがらがってしまう

311ページ

歴史上の人物
吹き出しノート

英語長文の勉強法が
わからない

英語長文まとめノート

#復習しやすい #英語の勉強のお供

日本における英語学習で一番大切なのはリーディングであり、英語の勉強の核となるのは長文読解です。１つの長文を何時間もかけて勉強することは間違えではありませんが、単語をすべて調べて全訳するとなると大変すぎて、次のノートを作る気力が湧かないといったことにもなりかねません。

英語長文で一番大切なのは、文章の内容を理解することです。いくら単語や文法の知識があっても、内容が理解できなければ意味はありません。シンプルな英語長文のノートを作り、効率良く勉強しましょう。

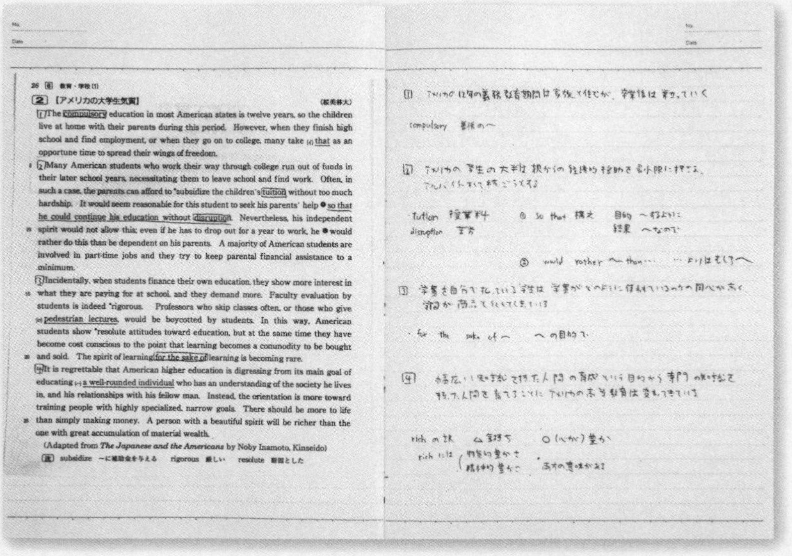

>>ノートを大きく見たいときは314ページへ

ノートの作り方

STEP 1

英語の文章を書く、またはコピーしてノートの左ページに貼る。

STEP 2

各段落の内容を簡潔に要約する。

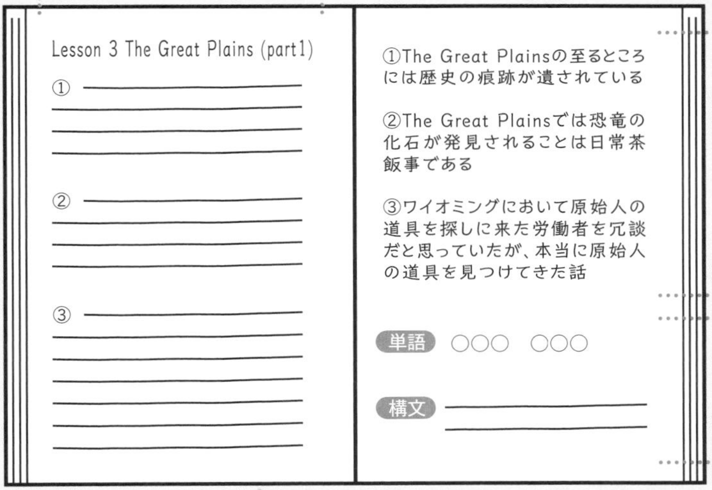

Lesson 3 The Great Plains (part1)
①
②
③
①The Great Plainsの至るところには歴史の痕跡が遺されている
②The Great Plainsでは恐竜の化石が発見されることは日常茶飯事である
③ワイオミングにおいて原始人の道具を探しに来た労働者を冗談だと思っていたが、本当に原始人の道具を見つけてきた話
単語 ○○○ ○○○
構文

STEP 3

重要な単語、文法、構文などをまとめる。

このノートのお役立ちポイント

このノートは第3章の「要約ノート（152ページを参照）」の作り方を応用しています。英語の文章は基本的に１つのテーマを１つの段落に書きます。各段落の内容がわかれば、全体の文章の意味もわかるということです。ただ、英語を読んで内容を理解したつもりで終わらせず、実際に日本語で内容を書こうとすることで、自分がきちんと内容を理解できているかを確認することができます。

英語がきちんと読めていないと、内容があいまいにしかわかっていないため、各段落の要約がうまくできないはずです。裏を返せば要約ができるまでしっかり英語を読んで理解することが大切というわけです。

このノートの使い方のコツ

わからない単語を調べることは悪いことではありませんが、文章中にあまりにも知らない単語がある場合や、専門用語ばかりの文章を選んでしまうと単語を調べる作業が大変になってしまいます。勉強の題材にする英語長文を選ぶときの目安は、一文にわからない単語が1語以下のものとしましょう。

また、わからない単語をすべて調べるのではなく、「この単語の意味がわからないと、文章の内容がわからない」といった、読解に大切な単語のみ調べます。余力があればわからない単語を調べて意味を書いてもいいのですが、単語の勉強は単語帳で行ったほうが効率的です。

文法と構文も重要な箇所のみピックアップしてノートにまとめれば十分です。重要な文法、構文の判断基準は以下の通りです。

・一読してもよくわからない
・文法書で見たことがあるけど、この文ではどのように使われているかわからない
・教科書でテーマになっている重要な文法事項である

これらを参考に重要なテーマのみまとめましょう。

このノートをもっと活かすには？

自分の勉強に役立つと感じることは積極的にノートに書きましょう。英作文で役立つフレーズをまとめてみたり、難しかった箇所だけ和訳してみるといった工夫をすることで、あなた専用の英語長文ノートが完成します。

また、このノートは自分の苦手な分野や重要な箇所のみまとめているので効率良く復習ができます。復習の仕方としては、右ページを見ずに左ページの文章を読みながら重要な箇所を見て、右ページにどんな内容をまとめたかを確認するという作業です。ただまとめるだけでなく、きちんと頭に入っているかどうかを確認しましょう。

復習として、右ページを見ずに、左ページの文章を読みながら重要な箇所を見る。そして、右ページにどんな内容をまとめたかを確認する。

問題の選択肢が
うまく切れない

英語選択肢ノート

#英語の勉強のお供#自己分析

大学入学共通テストや資格試験の多くは、マーク形式の問題になっています。そのマーク形式の問題を解こうとしたとき、内容はわかっていたのに、選択肢の選び方を失敗して間違えたという経験がある人も多いと思います。

もちろん「必要な知識がうろ覚えだった」「勘違いしてしまっていた」といった理由もあると思います。ですが、自分の実力をしっかり発揮して試験で高得点をとるためには、選択肢の選び方も研究、勉強することが大切です。

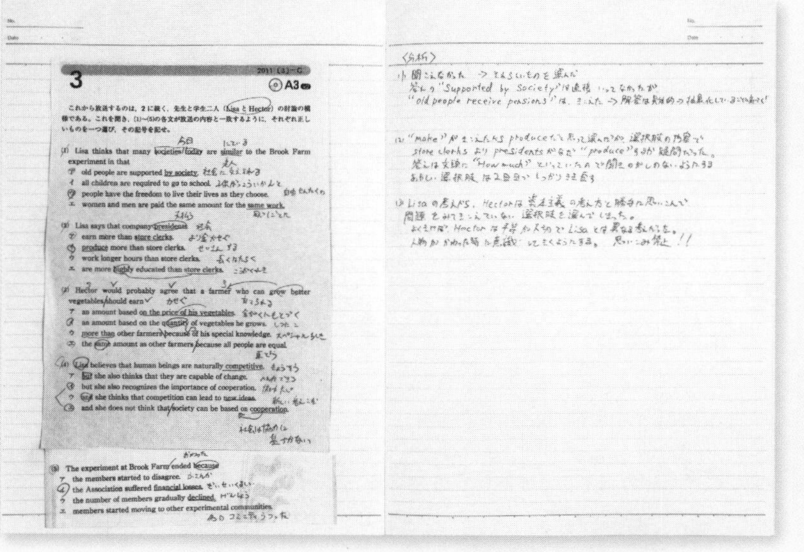

>>ノートを大きく見たいときは316ページへ

ノートの作り方

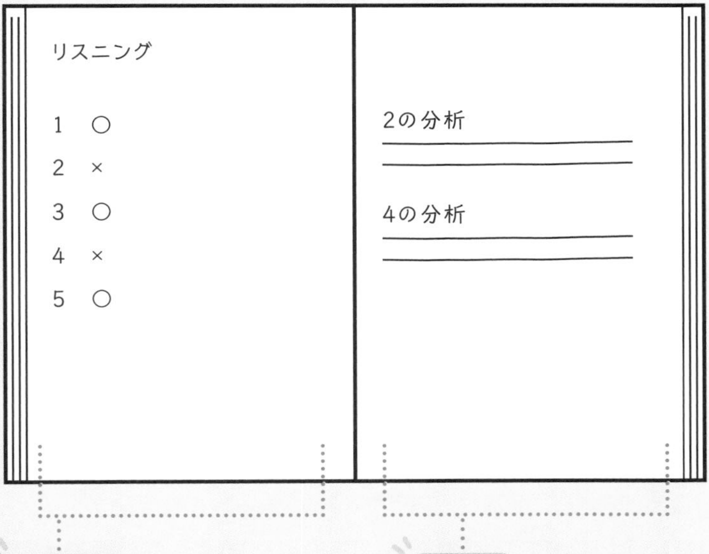

STEP 1

左ページに問題番号を書き、まずは問題を解く。

STEP 2

右ページに間違えた問題の原因と分析を書く。

このノートのお役立ちポイント

選択肢の選び間違いの原因は、大きく以下のパターンに分類されます。これを自分の間違えに照らし合わせると、効率的、効果的に分析を行うことができます。

①知識不足（わからず適当に選んだ問題を含む）

②問題文の解釈違い（誤っているものを選ぶ問題なのに、正しいものを選ぶなど）
③知識運用の失敗（知識はあったけれど正しく使えなかった）
④その他

①の「知識不足」は、単純に「単語の意味がわからなかった」「イディオムを知らなかった」ことが原因による間違いです。この間違えは解決策も明確で、足りなかった知識を覚え直せばOKです。注意点は、間違えた問題をなんでも知識不足としてしまわないことです。実はほかの原因でないかをよく吟味しましょう。

②の「問題文の解釈違い」は、問題文や選択肢をきちんと解釈できなかったことが原因による間違いです。このミスは単にうっかりミスで終わらせず、「なぜ解釈ミスをしてしまったのか」まできちんと分析するようにしましょう。「時間がなくて焦ってしまい、問題文の一部を見落としていた」「選択肢を吟味する際に、形がよく似た別の単語と見間違えてしまった」など、具体的に原因を書いていきましょう。

③の「知識運用の失敗」は、解答できるだけの知識はあったはずなのに正解できなかった間違いです。「単語帳で見たことがある単語なのに間違えてしまった」「問題で聞かれている文法知識はあったのに間違え

てしまった」などによって起こります。これも具体的に間違えたパターンを分析しましょう。「実はまだ知識の定着が不十分であったからなのか？」「本文中に書いてあったけど読み落としてしまっていたのか？」といった視点で自己分析し、自分のミスの傾向をつかんでください。

このノートの使い方のコツ

このノートは、ある程度問題が解けるレベルになっていないとあまり役に立ちません。実力を出し切るための勉強法であって、英語の実力がないままやっても効果は薄いのです。

目安として6割以上の正答率がとれていない場合は、まだ実力不足である可能性が高いです。その場合、まずは英語を正確に読む練習を行いましょう。

このノートをもっと活かすには?

ある程度の問題数を解くと、自分の間違えた問題がストックされます。このストックを見て自分のミスの傾向を分析し、今後問題を解くときに意識することや勉強法の方針を決めましょう。

たとえば、本文に書かれていないけど、正しいことを言っているように思える選択肢を選んでよく間違えてしまう人。そんな人は「選んだ選択肢が本文の◯行目にあるから」という根拠をしっかり探して問題を解く、といった対策が可能です。

この選択肢の分析を行っていくと、「なんとなくこれが正しい選択肢ではないか」という勘も養うことができます。TOEICや英検といった有名な英語の試験問題は毎年似たような問題形式で、選択肢の作られ方も似た傾向のため、この勘を磨くことでさらに得点力をアップさせることができるでしょう。

英作文をどう勉強
すればいいかわからない

英作文
複数解答ノート

＃英語の勉強のお供＃テスト前のお供

英作文は独学で勉強がしにくい科目です。参考書や例文集に載っている英語を暗記したとしても、覚えた例文と異なる問題であったら使えません。さらに、完全に一から文章を考える自由英作文では、より一層困難になります。

そこでやるべきなのは、覚えた例文を使いつつ複数の解答を書くことです。覚えた例文をうまく適用して自分の答案にする練習をすると同時に、複数の解答を作成することにより、瞬時に解答をひねり出す練習も行えるハイレベルなノートです。

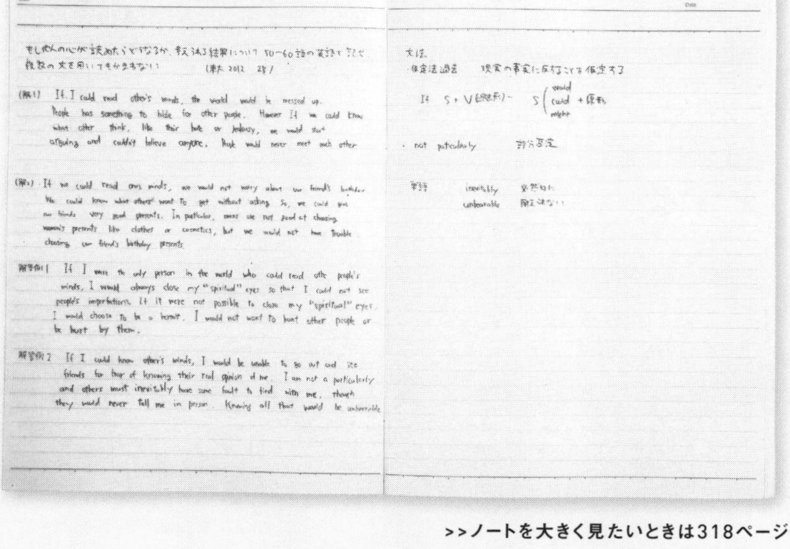

>>ノートを大きく見たいときは318ページへ

ノートの作り方

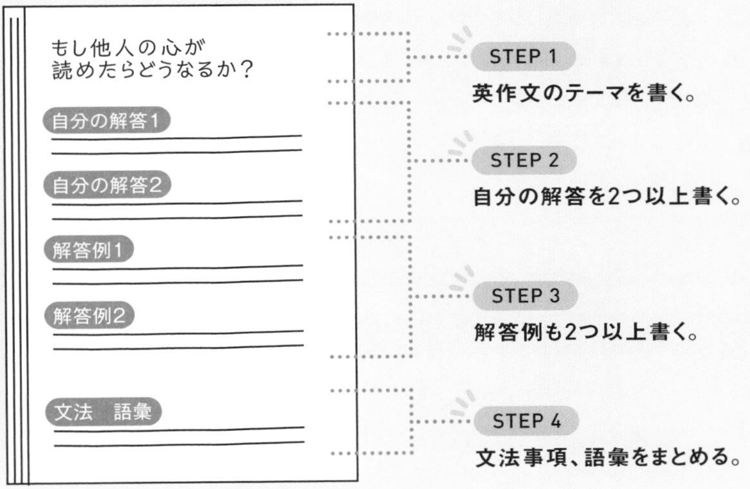

もし他人の心が
読めたらどうなるか？
自分の解答1
自分の解答2
解答例1
解答例2
文法　語彙
STEP 1
英作文のテーマを書く。
STEP 2
自分の解答を2つ以上書く。
STEP 3
解答例も2つ以上書く。
STEP 4
文法事項、語彙をまとめる。

このノートのお役立ちポイント

英作文の勉強の最初のステップは、ある程度の例文を覚えるところからスタートします。例文集をまだ暗唱できていない人は、先に参考書を使って例文を暗記しましょう。そして暗記した例文を使って解答を作成します。

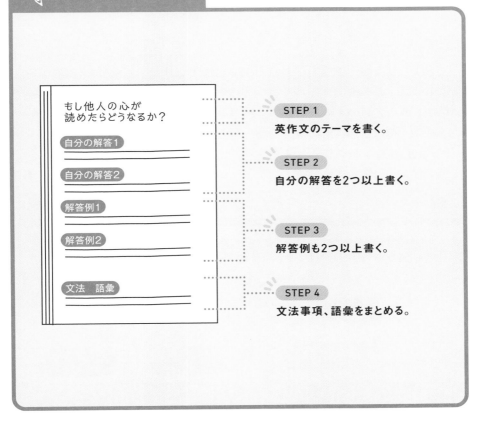

覚えた例文を思い出すポイントは2種類あり、①「内容の類似性」、

②「文法・構文の類似性」です。

①は単純に似たような内容の英文を覚えた例文の中から探す方法です。「英語教育」や「高齢化社会」などキーワードで想起すれば見つけやすいはずです。

②は同じ文法や構文が使われた例文を探す方法です。英語の試験の英作文では「この構文を使って書いてほしい」という出題者の意図をくみ取って書く必要のある問題が多く出題されます。この意図を把握するためにも、問題文からどの構文を使えばよいのかを考え、その構文が使われていた例文を思い浮かべましょう。

このノートの使い方のコツ

「ノートの作り方」のSTEP2に「解答を2つ以上書く」とありますが、これには2つの目的があります。

1つ目は、表現の幅を広げることです。たとえば、「楽しむ」を意味する一般的な表現として「enjoy」と「have a fun」の2通りがあります。英語の文章は繰り返し同じ言葉を使うことを嫌います。ですが、書く文章が長くなれば長くなるほど、どうしても似た内容を繰り返し書く必要が出てきてしまいます。そんなときに複数の表現を書く練習をしていれば、同じ単語の繰り返しを避けて別の表現で書くこと（パラフレーズ）が可能になり、上質な英文を書くことができるようになります。

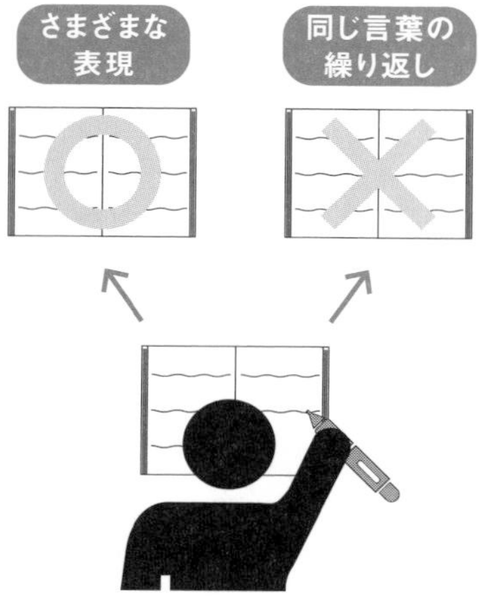

英語の文章は繰り返し同じ言葉を使うことを嫌う。このノートを使えばそれを避け、さまざまな表現を書くことができるようになる。

2つ目は、英語をひねり出す訓練をすることです。英語の試験は基本的に時間が短く、急いで問題を解く必要があります。とくに自由英作文の問題で顕著なのですが、英作文の問題は英語を書く以前に、どんな内容を書けばいいのかを考える必要があります。この内容を考えることも英作文において大切な能力の1つなのですが、なぜかないがしろにされがちです。

ただ自由に内容を思い浮かべるのではなく、自分の使える表現の範囲内で内容を考える。この練習を普段の勉強から行い、素早く内容を考えられるようになりましょう。

このノートをもっと活かすには？

ただ自分で英語の文章を書くだけではなく、模範解答がある場合は、その良い点を盗むことも非常に有効です。「この表現は使えそうだな」「この単語は便利だな」と、自分の使える表現のストックを少しずつ増やしていきましょう。こうして貯めていった英語表現のストックはあなたの貴重な財産になってくれます。

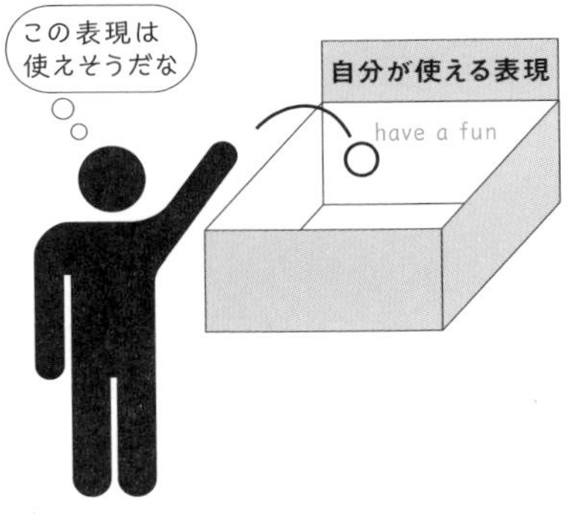

模範解答がある場合、その良い点を盗み、自分が使える表現のストックを貯めることも有効。

また、どうしても複数の解答が思いつかなかった場合は、模範解答を参考にしながら自分の解答を書いてみましょう。模範解答はあくまで補助ですから、丸写しはあまり良くありません。自分の持っているベースの英文を使って書くことに、英作文の勉強の意味があるのです。

現代文の勉強法が
わからない

現代文
段落要約ノート

＃国語の勉強のお供＃全体像をつかめる

みなさんは現代文をどう考えていますか？　現代文は勉強しなくてもできる、勉強しても伸びないなどの理由から敬遠される科目です。

しかし、現代文は正しい勉強法をすれば誰でも成績を伸ばすことが可能です。その方法は正しく文章を読む訓練をすること。当たり前のように思えますが、正しく文章を読むことこそが現代文の成績を伸ばす一番効率の良い勉強法なのです。

正しく文章を読むために役立つのは、やはり要約です。その要約を駆使した「現代文段落要約ノート」をご紹介します。

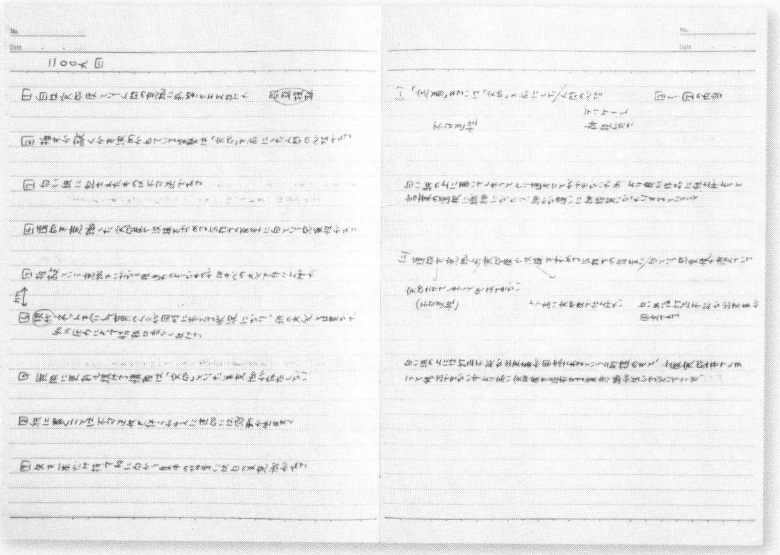

>>ノートを大きく見たいときは320ページへ

ノートの作り方

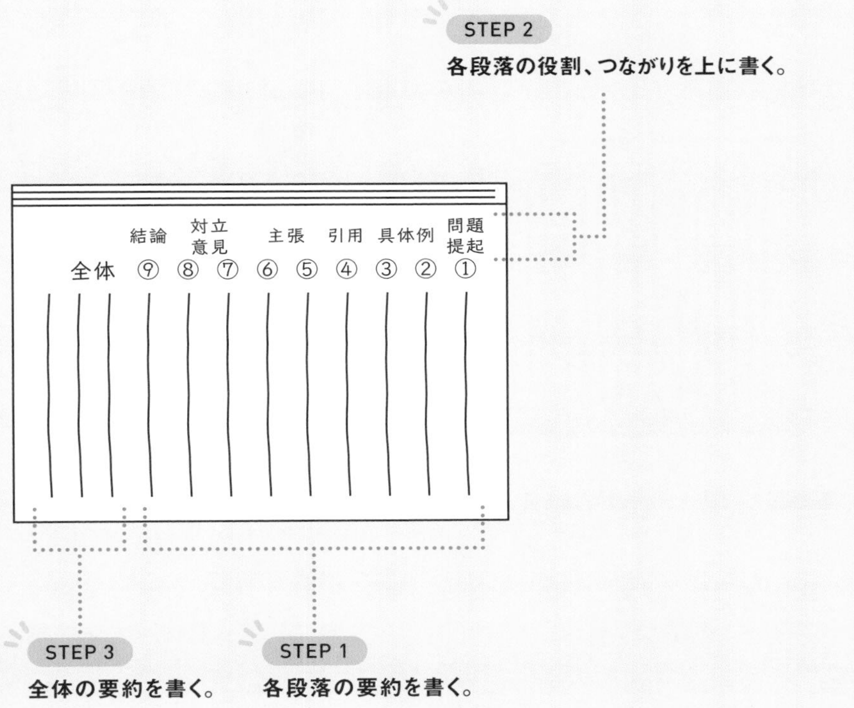

このノートのお役立ちポイント

このノートを作るときは、各段落の内容を可能な限り自分の言葉で要約することが大切です。本文中の文章をほとんどそのまま引用してしまうと、内容を自分の頭で理解しようとしなくなります。そして、なんとなく内容がわかった気になるものの、実際はあまり理解できていないといった事態が起こります。

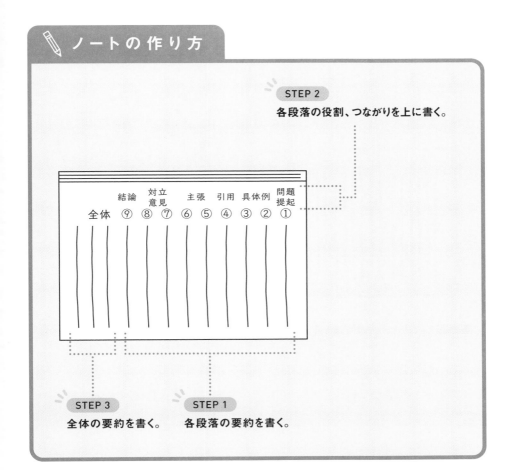

すべての言葉を書き換える必要はありませんが、可能な限り本文中の言葉を使わずに要約を書いてみましょう。

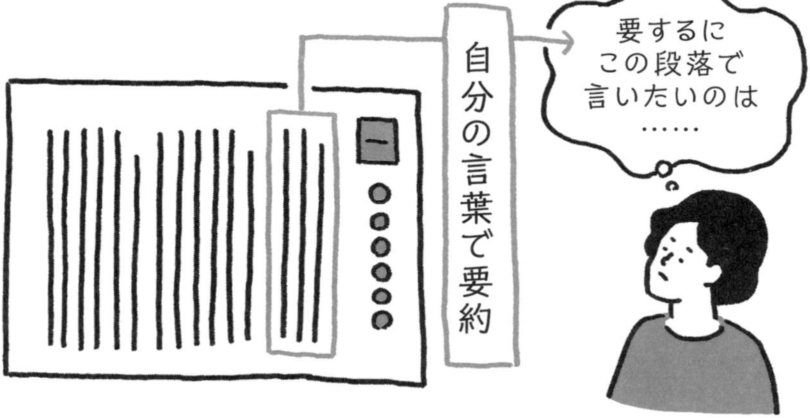

各段落の内容を自分の言葉で要約することが大切。文章をそのまま引用してしまうと、なんとなく内容がわかった気になるものの、実際はあまり理解できていない、といった事態が起こる。

このノートの使い方のコツ

ただ要約をするだけでなく、各段落のつながりを考えてみましょう。たとえば、「この段落は問題提起で、次の段落で問題の具体例を説明している」といった具合です。

段落のつながりを考える上で大切なことは、具体と抽象という軸です。「この段落は前の段落の具体例になっている」「この段落は前3つの段落をまとめて抽象化している」といった具合で段落のつながりを探していきましょう。

また、文章中に出てくる一読してもよく意味のわからない箇所は、じっくり考えることが大切です。その文がどんなことを言っているのかわかりやすく書き換えてみましょう。ポイントはいきなり文全体を理解しようとするのではなく、細かく文を区切って指示語や難しい言葉をわかりやすく言い換えることです。フランスの有名な哲学者であるデカルトも「困難は分割せよ」という名言を残している通り、難しい箇所は細かく分けて解きほぐしていきましょう。

このノートをもっと活かすには？

各段落の要約に慣れてきたら、本文全体の要約を作成するとさらに実力アップが望めるでしょう。文字数は文章量次第ですが、100字から200字程度にまとめることができれば理想的です。

また、自分が国語の先生だったらこの文章のどこに傍線を引いて問題にするかを考えてみるのも良い勉強です。現代文の問題として傍線が引かれる箇所は、たいてい解釈が難しい箇所や本文で重要な箇所です。この傍線を引きたいと思う箇所がわかることが、本文の内容をしっかり理解することと、現代文のテストで高得点をとることにつながります。より現代文で高得点を目指す意欲がある方は、自分で本文中に傍線を引いて問題と解答を作成してみましょう。

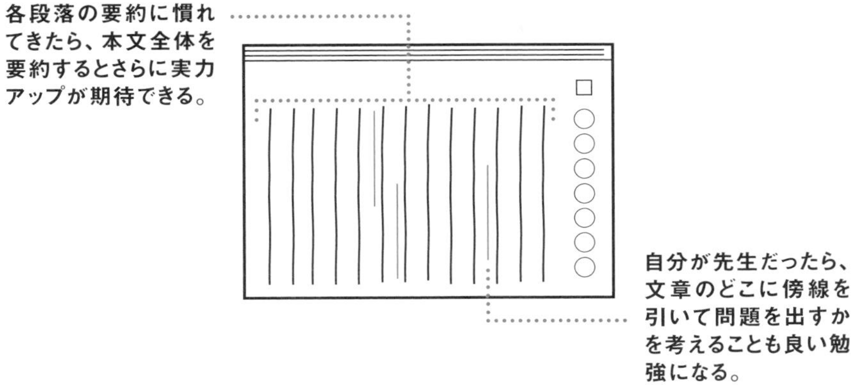

各段落の要約に慣れてきたら、本文全体を要約するとさらに実力アップが期待できる。
自分が先生だったら、文章のどこに傍線を引いて問題を出すかを考えることも良い勉強になる。

古典解釈ノート

＃国語の勉強のお供＃全体像をつかめる

古文漢文は正しく勉強すれば成績が上がる科目です。しかし、きちんとした知識、丁寧に解釈する姿勢がないと成績が伸び悩んでしまうという現実もあります。

古文漢文では、現代語訳という解釈以外に、逐語訳といわれる解釈もあります。逐語訳は単に意味をとらえるのではなく、一語一語を忠実にたどって訳す解釈法です。普段、日本語を使うときにはあまり意識されない、助詞や助動詞といった細かい部分まで注意を払って丁寧に勉強していくことが、古文漢文の成績向上の王道です。

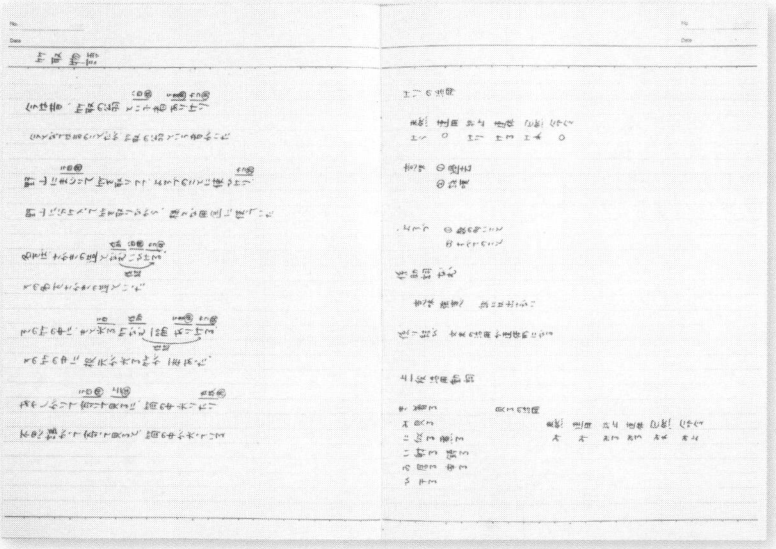

>>ノートを大きく見たいときは322ページへ

ノートの作り方

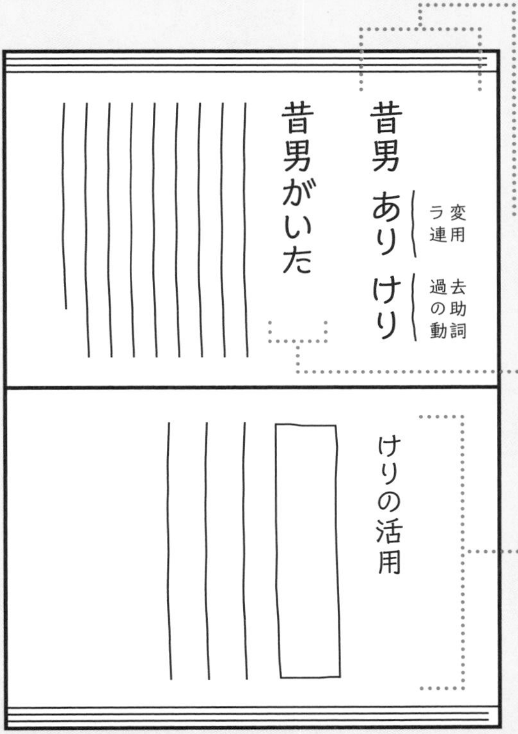

STEP 1
ノートは縦開きで使う。

STEP 2
本文を写し、文構造を丁寧に書く。

STEP 3
逐語訳を書く。

STEP 4
文法事項や重要なことをまとめる。

このノートのお役立ちポイント

このノートで一番大切なのは、逐語訳を丁寧に行うことです。今まで勉強した単語や文法の知識をフル活用して、正確に逐語訳していきましょう。

まずは品詞分解を行い、きちんとその日本語の意味と文法的役割を把握します。たとえば、同じ「なむ」というひらがなであっても係助詞の場合もありますし、助動詞の場合もあります。よくわからない場合は、文法書を参考にしながら進めていきましょう。

品詞分解が終わった後は、この作業をもとに逐語訳を行います。大まかな意味だけでなく、すべての単語のニュアンスを反映させつつ逐語訳を進めていきます。

ただ、何ページもある古文をすべて逐語訳することはとても大変です。自分が最後までやり切れる量を選択することも、継続させる上でとても大切なポイントです。

逐語訳の流れ

品詞分解を行う

日本語の意味と文法的役割を把握する。わからなければ、文法書を参考にする。

→

逐語訳を行う

大まかな意味だけでなく、すべての単語のニュアンスを反映しながら進める。
※何ページもある古文をすべて逐語訳すると労力がかかりすぎてしまう。自分がやり切れる量を選択することも、継続させる上で重要なポイントになる。

このノートの使い方のコツ

まずは自分のレベルに合った文章を選ぶことが大切です。文章を読んでもほとんど理解できない場合は、単語や文法の知識が不十分、もしくは選択した文章のレベルが高すぎると思われます。

それに逐語訳をやっても解答がなければ、自分の解釈が合っているのか判断することができません。学校の教科書に載っているような有名な文章や、逐語訳も載っている参考書の文章を扱うことをおすすめします。大学入学共通テストやセンター試験の過去問も良質な文章が多く扱いやすいと思います。

また、知らない古文単語をノートの下にまとめることは大切ですが、自分の知らない単語をすべて書いていると膨大な量になってしまい、単語を調べる作業の負担が大きくなってしまいます。下のスペースに書く古文単語は、単語帳で見かけたことがある重要な単語や、読解の上で大切になる単語に絞ったほうが、効率良くノート作成を進めることができるでしょう。

このノートをもっと活かすには？

古文の逐語訳に慣れてきたら、解釈が難解な箇所のみ逐語訳を行い、よりノート作成の効率化を図りましょう。

なお、入試において古文は、数学や英語といった科目に比べると配点が高くない場合が多いので、正直あまり重要ではありません。そのため早い段階で古文の勉強をしっかりと行い、あまり古文の勉強をしなくても十分合格点をとることができるレベルに仕上げておくことが望ましいでしょう。勉強をする時期としては、比較的時間に余裕がある中学2年生や高校1、2年生の間にこのノートを作成し、古文の実力を上げておくことを推奨します。

古典を勉強するタイミング

4月
10月～11月
3月
配点の高くない古典は、比較的時間に余裕のある早い段階で勉強しておく。
受験が迫った大切な時期は、配点が高い英語や数学などに時間を割く。
こうしたスケジュール感のほうが、志望校合格により近づくことができる。

理科の暗記事項が多くて挫折してしまう

理科図鑑ノート

＃1冊で完璧＃作っていて楽しい＃整理整頓

理科には暗記事項がたくさんあります。暗記をする際は、あらかじめ情報量を減らすことが大切です。もちろん教科書に載っている内容は大切ですが、だからといってすべての内容を暗記する必要はありません。

また、理科では図がたくさん出てくるので、それをうまく活用することが効率の良い暗記につながります。

そして何より見やすくまとめることで、暗記の効率だけでなく、勉強のモチベーションにもつながります。見た人が思わず惹かれてしまう図鑑のようなノートを作って効率良く暗記しましょう。

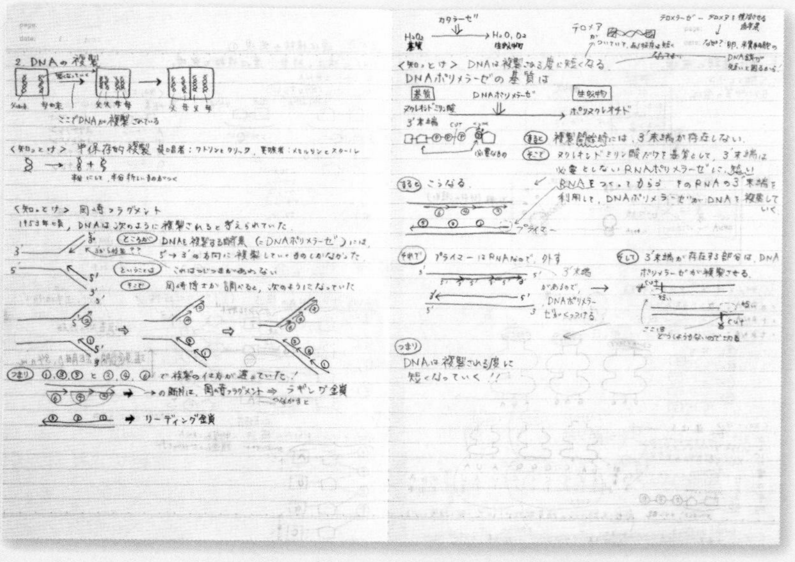

>>ノートを大きく見たいときは324ページへ

ノートの作り方

STEP 1

教科書や参考書を見て暗記すべき事項をピックアップする。

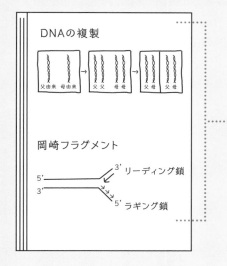

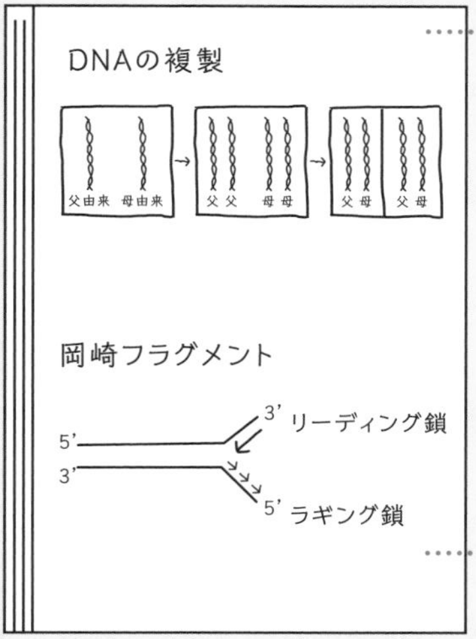

STEP 2

暗記事項をノートにまとめる。そのとき、図は大きく見やすくする（コピーでもOK）。

このノートのお役立ちポイント

まずは勉強する分野を最低限理解する必要があります。ある程度理解してからでないと、何が重要で、何が重要でないかの判断が難しくなってしまいます。

次に暗記事項のまとめ方ですが、図を必要とするものと、必要としないもので違いを持たせます。図が必要なものは、余白を使って大きく図を書き、覚えたい用語も一緒に書き込みます。図は自分で書いてもいいですが、教科書などに載っている図をコピーすると効率良くノートを作成することができます。また、直接用語を表す図でなくても、暗記や理解に役立つものであれば積極的に書き込むようにします。

図が必要でないものは、ただ用語を列挙するのではなく、自分にとって都合の良いカテゴリーごとにまとめましょう。たとえば、化学の有機物なら炭素数１の有機物、炭素数２の有機物というカテゴリーでもいいですし、アルカン、アルケン、アルキンといった区分の仕方でもいいでしょう。

暗記事項のまとめ方

図を必要とする場合

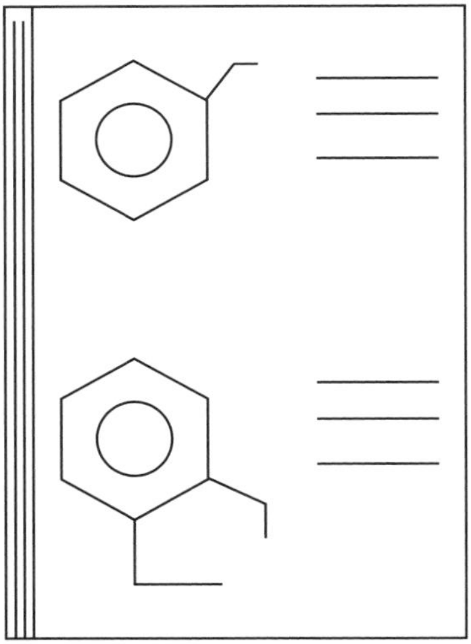

図が必要なものは、余白を使って大きく図を書き、覚えたい用語も一緒に書き込む。

図を必要としない場合

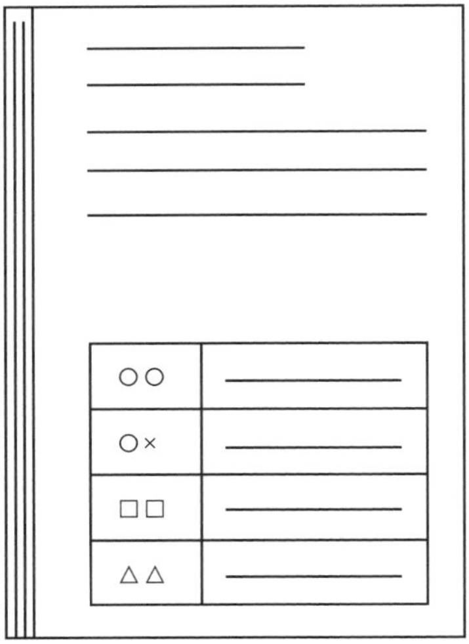

図が必要でないものは、表を活用するなど、自分にとって都合の良いカテゴリーごとにまとめる。

このノートの使い方のコツ

このノートの最優先事項は「自分が見やすいかどうか」です。暗記作業は大抵の人にとって苦しい作業です。そんな暗記の作業を少しでも楽しくするために、見やすく作ることはとても大切です。ただ、ノートの制作に何時間もかけることは本末転倒なのでやめましょう。

また、このノートを作るとき、重要な単語をオレンジペンで書けば赤シートで消すことができます。詳しくは292ページの「オレンジペン暗記ノート」に書かれていますが、このような暗記に役立つ工夫を凝らすとより完成度が高まります。

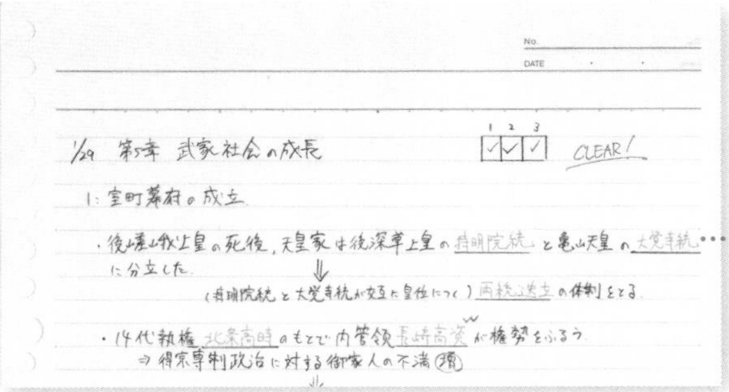

重要な単語をオレンジペンで書けば、赤シートで消すことができる。

このノートをもっと活かすには？

自分の持っている参考書で十分暗記できているものは、わざわざまとめる必要はありません。大切なのは自分が暗記したいもの、理解を深めたいものをまとめることです。うまく参考書とノートを使い分けて効率の良い勉強をしましょう。

また理科に限らず、社会など図や表が必要な科目にもこのノートは有効です。複数の科目でこのノートを作る場合は、ルーズリーフに書き込み、インデックス付きのバインダーでまとめるといいでしょう。

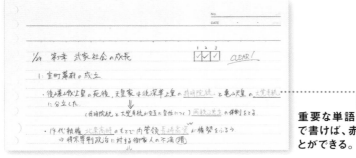

オレンジペン暗記ノート

#スピード重視#何度でも使える

歴史など流れを把握する科目で、暗記のためにノートをまとめて勉強している人がいます。それ自体は悪くないのですが、全体の流れを書いたまとめノートを作るのには時間がかかり、重要な語句の暗記がおぼつかなくなる人もいます。内容理解のためではなく、暗記をメインとしたまとめノートは、少なくとも勉強効率が良いとは言えないのです。

では、効率良く暗記系科目を攻略するにはどうすればいいのでしょうか。答えは簡単です。授業ノートを、そのまま暗記ノートとしても使えるようにしてしまえばいいのです。

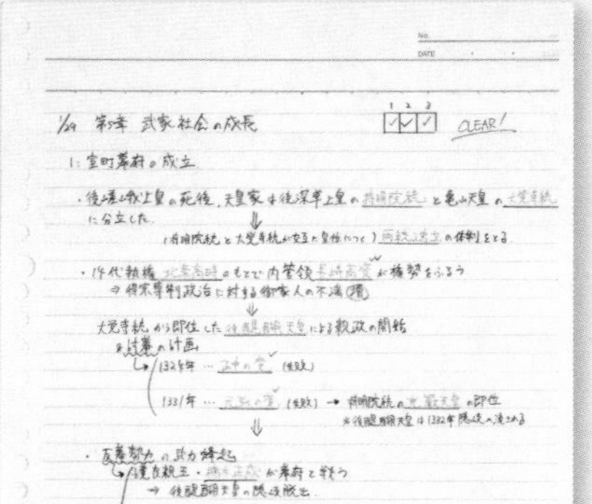

>>ノートを大きく見たいときは326ページへ

ノートの作り方

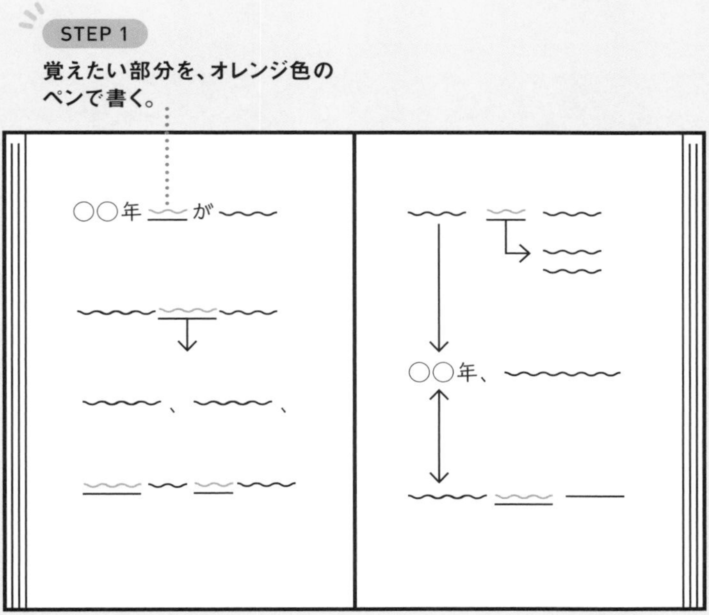
STEP 1
覚えたい部分を、オレンジ色の
ペンで書く。
○○年 が
○○年、

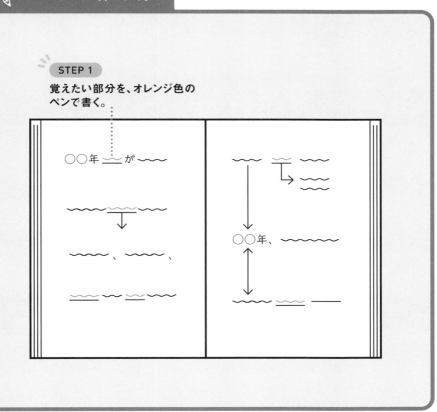

このノートのお役立ちポイント

歴史系科目で多用するテクニックです。赤ではなくオレンジのペンを使うのは、オレンジのほうが赤シートで隠したときにより消えやすいためです。そのため、消したくない情報について記入するときは赤シートで消えない青や緑のペンを使うようにします。

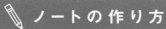

また、ノートをとるときに気をつけたいのが、「赤シートで文字を隠

したとき、見えなくなる文字が多すぎて参考にならない」という問題です。本来、暗記しなければならない内容はそこまで多くないはずです。ですから、1文あたりの空欄は2個を上限にしてノートをとるようにしましょう。

このノートの使い方のコツ

ノートを穴埋め問題集として使うとき、オレンジのペンで書いたところがわかったのかどうかを適宜記録しておきましょう。

わからなかったフレーズはオレンジペンで記入した文字の右上にチェックをつけ、2周目以降はチェックがついている箇所のみを解き直します。これを何度も繰り返し、チェックが1つもなくなったらその分野は完璧になっているはずです。

このノートをもっと活かすには?

同じように赤シートで内容を隠せる文房具として、緑色のマーカーペンを使う人がいます。「教科書やプリントにマーキングし、赤シートで隠せば穴埋め問題として解ける」という優れものですが、個人的にはあまりおすすめしません。

理由は2つあります。1つ目は文字が見えにくくなってしまうからです。赤シートで情報を隠すには、かなり濃い緑色のマーカーを使わなければいけません。そのため、赤シートで隠していないときは読みにくく、使っていてストレスがたまります。

2つ目は修正が難しいからです。オレンジペンであれば、フリクションボールペンなどを使えば加筆・修正が比較的簡単にできます。しかし、教科書やプリントに引いたマーカーペンを消そうとすると、印刷も擦れて非常に見栄えが悪くなり、やる気が下がってしまいます。

数学の記述式の問題を
解くのが苦手

すっきり2分割ノート

#数学の勉強のお供 #全体像がつかめる

「数学の問題を解くときに、どうしても計算ミスをしてしまう」「長々と横につなげて書いてしまう」「簡潔な答案を書けない」といった悩みを抱える方は多いと思います。

数学の答案は、思ったことを書き散らかすものではありません。採点者に「自分はこの問題をわかっています」とアピールするものです。ですから、ノートの真ん中に線を引いて2分割し、わかりやすい答案を書きましょう。それが、ミスが少ない、高得点をもらえる答案作成につながります。

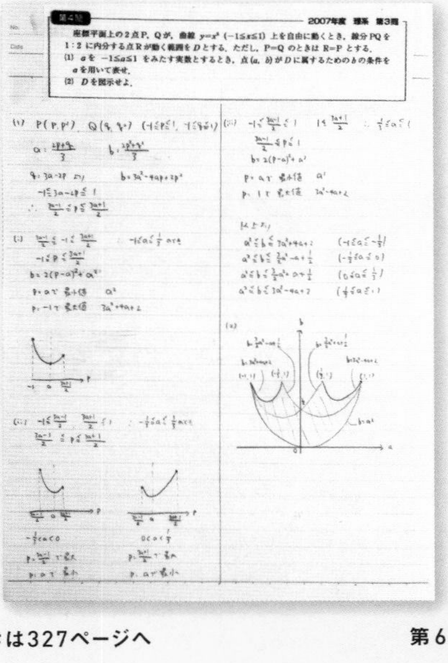

>>ノートを大きく見たいときは327ページへ

ノートの作り方

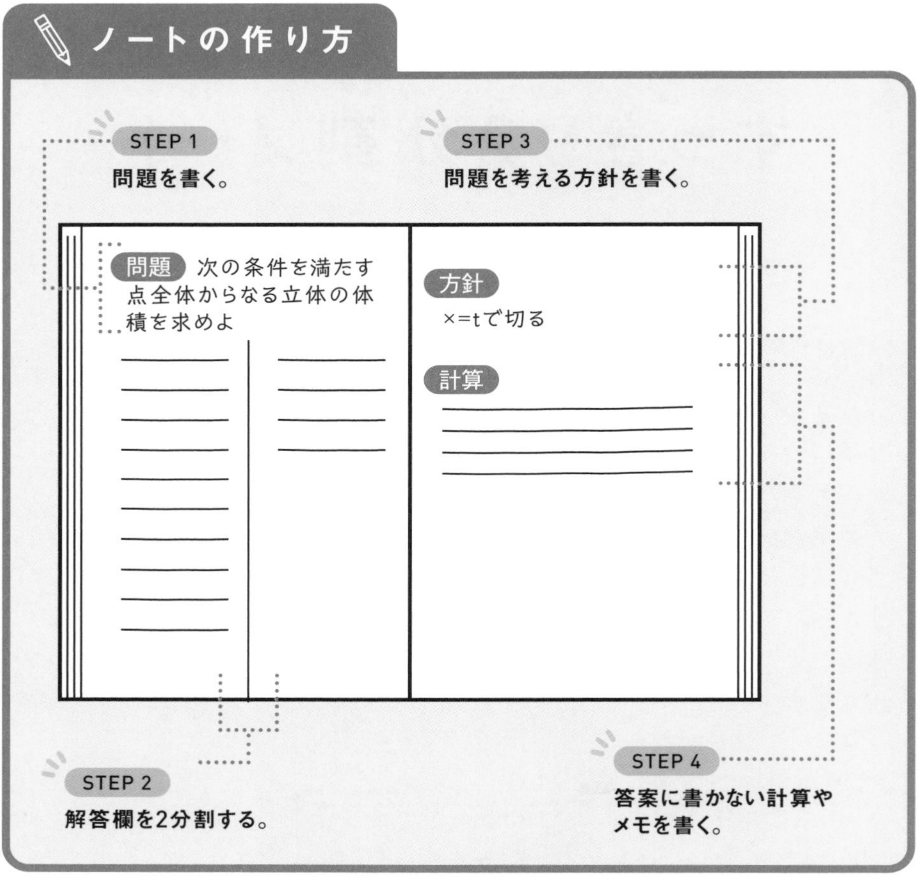

STEP 1
問題を書く。
STEP 3
問題を考える方針を書く。
問題
次の条件を満たす点全体からなる立体の体積を求めよ
方針
x=tで切る
計算
STEP 2
解答欄を2分割する。
STEP 4
答案に書かない計算やメモを書く。

このノートのお役立ちポイント

左ページの答案を作るスペースに書く内容と、右ページのメモのスペースに書く内容を上手く分けることがポイントです。

左ページのスペースは狭い分、書く内容を吟味しないといけません。一方、右ページのスペースは広々と使えるので思いついたことや使えそうなことをどんどん書き込んでいきましょう。

COLUMN 東大生のワザ 数式を縦に書く

数学が苦手な人は式を横に長く書き、数学が得意な人は縦に答案を書いていく傾向にあります。

数式が横に広がると、人間の視線は左右に動きます。右や左に視線が動いてしまうと短期記憶のすり替えが起こりやすくなり、計算ミスが増えてしまいます。

一方縦に書くと、自分が書いた式や文章を見ながら次の式を書け、「途中からうっかりマイナスをつけ忘れた」「1と7を見間違えた」といったミスは減るはずです。物理的に視線を変えることができないノートにすることで、ミスが減るという仕組みです。

このノートの使い方のコツ

問題を解いた後に、問題集の解答と自分で書いた答案を見比べてみましょう。模範解答にはどのような式や日本語が書かれているのか。また、自分の答案に足りなかった要素や、逆に長く書きすぎてしまったことなどを研究しましょう。

このノートをもっと活かすには？

数学だけでなく、物理や化学といった理科の問題を解く際にもこのノートは有効です。

また、すべて2分割にする必要はありません。たとえばグラフや図形を書き入れたいときは、その箇所だけ大きく書き、残りの答案スペースを2分割してもかまいません。自分にとって書きやすい2分割ノートを作ることができれば、さらに効果が高まります。

数学の問題集は解けても
テストになると解けない

「チャート式」型 問題演習ノート

♯数学の勉強のお供♯アウトプットの勉強

数学の勉強で一番よく聞く悩みが、「教科書や問題集の問題は解くことができるけど、テストの問題になったら何をしたらいいのかわからない」というものです。

数学の参考書でもっとも有名なのは「チャート式」です。チャート式は数学の成績を伸ばすためにさまざまな工夫がほどこされたレイアウトになっていて、実際に多くの東大生がこのチャート式を使って数学の成績を伸ばしたという実績もあります。このチャート式のレイアウトを模倣して数学のノートを作成しましょう。

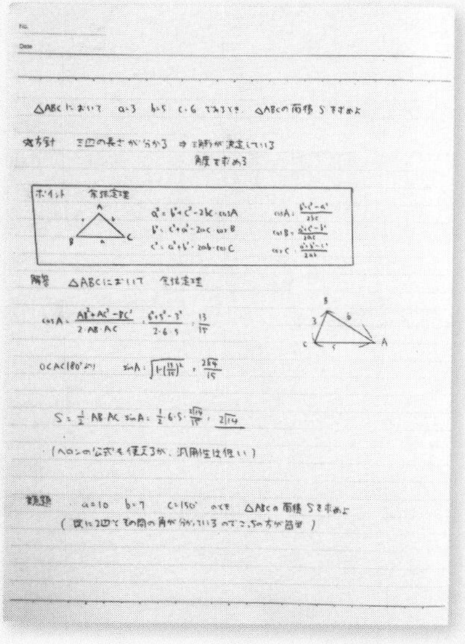

>>ノートを大きく見たいときは328ページへ

ノートの作り方

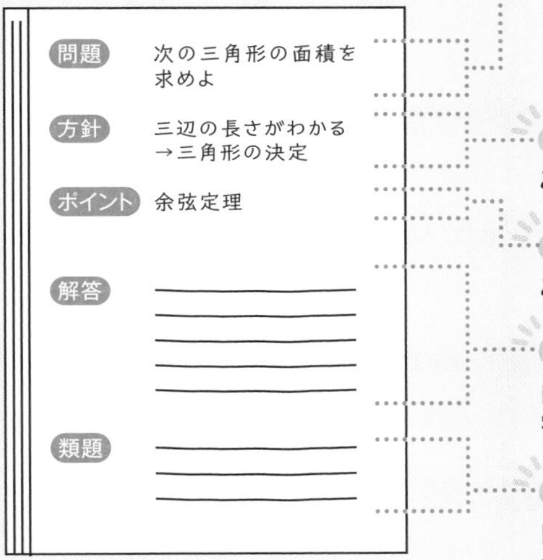

問題
次の三角形の面積を求めよ
方針
三辺の長さがわかる
→三角形の決定
ポイント
余弦定理
解答
類題

STEP 1
問題を書き写す。

STEP 2
この問題を解く方針を書く。

STEP 3
この問題のポイントを書く。

STEP 4
自分で解答を書く。間違えたら赤字で直す。

STEP 5
同じテーマの類題を書き、実際に解く。

このノートのお役立ちポイント

　このノート作りには、教科書や参考書を併用することが不可欠です。とくに方針と類題は、自分の言葉で考えることが難しいと思います。チャート式に限らず教科書や参考書を隅々まで読んでみると、意外と方針や類題を考えるのに役立つポイントが載っているはずです。

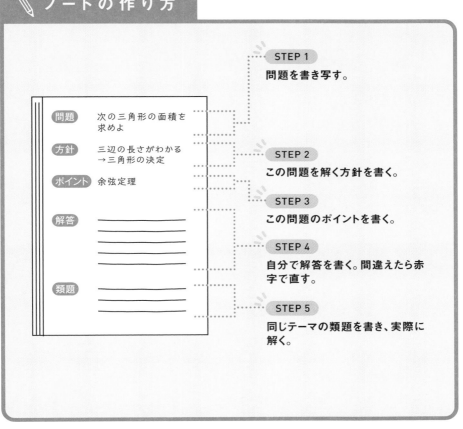

　またこのノートは、あまりにも簡単な計算問題や、公式を使えばすぐ

に解ける問題よりも、応用問題を解く際に効果を発揮します。

このノートの使い方のコツ

このノートをうまく作ることができない場合は、教科書や参考書をもう一度しっかりと読んでみましょう。教科書の隅に書かれているけれど、とても有益な情報がたくさん見つかるはずです。

また、裏を返せばこのノートをうまく作ることができないのは、問題のテーマをまだよく理解していない証拠です。もう一度基礎に立ち返る勉強をしてみましょう。

このノートをもっと活かすには？

志望校が決まり、過去問を解こうとしたときに、このノートは絶大な効果を発揮します。1つの問題からさまざまな知識を想起することで、その問題を抽象化でき、この抽象化は大学の過去問の分析につながります。「この大学は確率の問題がよく出題されているな」「整数問題は毎年難しいな」といったことを、ノート作りの中で自然と分析できてしまうのです。

ただ過去問を解いて丸つけをするだけでなく、1つの問題をじっくり分析することで、志望する大学の対策を自分で作り上げることができるというわけです。

このノートを作ると、志望大学の過去問の分析が自然とできてしまうことになる。

グラフ読解ノート

#情報の可視化#自己分析

数学や理科でグラフを書くのは、数値だけでは読み取れない情報を、図によって視覚化することで理解しやすくするためです。

たとえば、今まで受けた英語のテストの点数を文字や数字で並べてもわかりにくいですよね。ですがグラフにすると、「いつ受けたテストが最高点なのか？」「平均点はどのくらいか？」と、その数字に注目しているだけでは気がつかなかった情報が見えるようになります。このグラフの読み取りが得意になると、表面化されていないより多くの情報がわかるようになります。

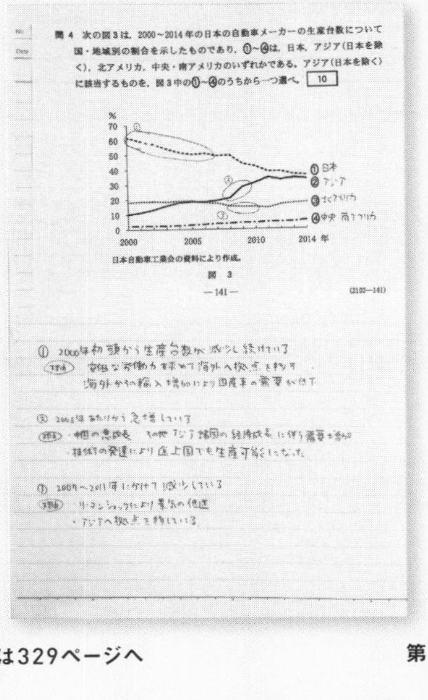

>>ノートを大きく見たいときは329ページへ

ノートの作り方

STEP 1

グラフにしたい題材を見つける（すでにグラフになっているものでもOK）。

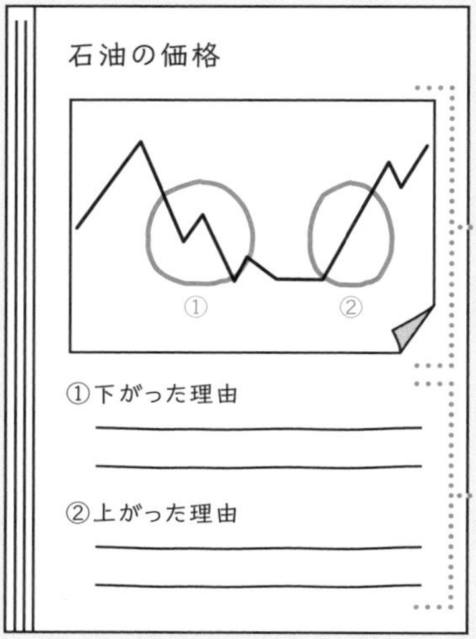

STEP 2

考察したいグラフを書く（コピーを貼ってもOK）。

STEP 3

グラフについて考察したことを書く。

このノートのお役立ちポイント

たいていのグラフには軸があります。この軸に何をとるかでグラフは大きく変わってしまいます。

たとえば「時間」という軸をとれば、時間の経過に伴う変化を追跡できます。今扱いたい題材は何を軸にとればいいのかを考えてグラフを書いてみましょう。

またグラフの読み取りの際は、グラフの特徴的な形に注目することがポイントです。急に値が変化している箇所や突出した値をとっている箇所などに着目し、「どうしてそのような形になったのか？」といった疑問を持って観察します。

このノートの使い方のコツ

理系科目と文系科目でうまく使い分けることが必要です。

理系科目の場合は、グラフの値や形にとどまらず、グラフの意味まで考えることが非常に有効です。たとえば、「グラフの傾きが加速度を表している」といったように、グラフから重要な意味が見出せることがあります。

文系科目の場合は、変化の原因を考えることが大切です。「どうして1970年代に急激に石油の値段が高騰したのか？」「なぜ地方の人口の流出が続いているのか？」……このようにグラフを通して社会の変化の原因を考察することで、今まで見えなかったことに気づくことができるでしょう。

このノートをもっと活かすには？

学校の勉強だけでなく、現状分析をするときにもこのノートは役に立ちます。

たとえば、今まで受けた英語の小テストの点数や、1週間の勉強時間をグラフにしてみましょう。「どうしてこのときの点数は悪かったのか？」「どうして水曜日はあまり勉強ができなかったのか？」——このような分析は「現状把握」→「原因分析」の順番で行いますが、グラフにすることでこの現状分析が明確になり、今までに気がつかなかったことにも気づけるようになります。

数学の公式が覚えられない

数学公式言語化ノート

＃数学の勉強のお供＃弱点補強

数学が得意な人と苦手な人では式の見え方が異なります。得意な人は、数学の公式を見たら「この式はこういう意味だからこのような形になっているんだな」と原理と根拠が見えます。一方、苦手な人は、ただの抽象的な文字や数式の羅列としか見えません。

この数学が得意な人の見え方を苦手な人にインストールするノートテクニックが「数学公式言語化ノート」です。数学は科学の言語だと言われる通り、「言葉」なのです。つまり、英語やフランス語を理解するように、日本語に変えてしまえば理解しやすくなるというわけです。

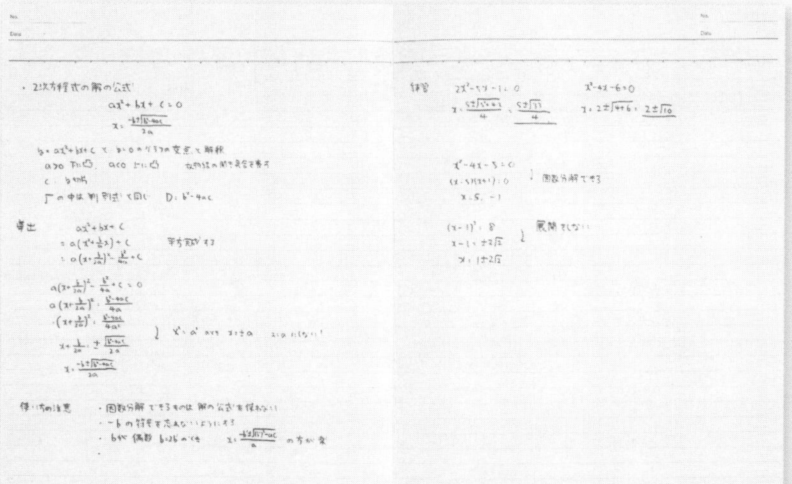

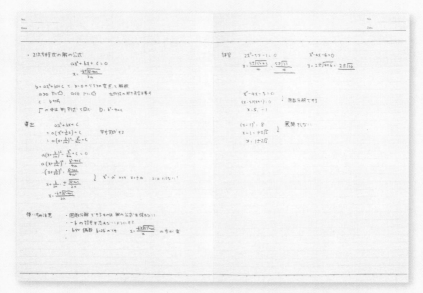

>>ノートを大きく見たいときは330ページへ

ノートの作り方

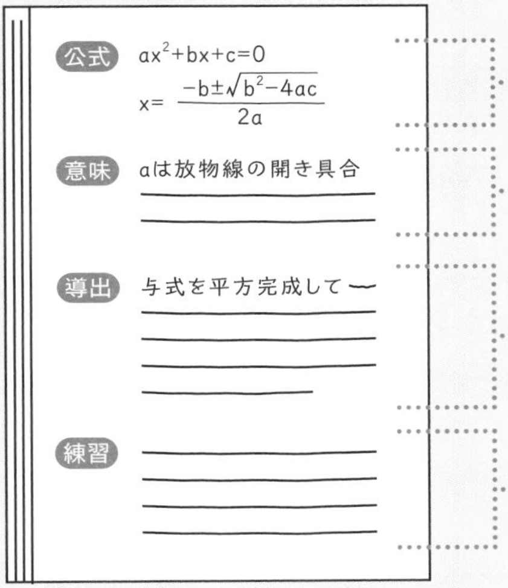

公式
$ax^2+bx+c=0$
$x=\dfrac{-b\pm\sqrt{b^2-4ac}}{2a}$
意味
aは放物線の開き具合
導出
与式を平方完成して～
練習

STEP 1
暗記したい公式を上に書く。

STEP 2
公式に表れる文字や公式自体の意味を書く。

STEP 3
公式の導出や証明を書く。

STEP 4
練習問題を解いて、公式を使ってみる。

このノートのお役立ちポイント

はじめは数式の意味を日本語で書くことがなかなか難しいと思います。その場合は、説明をすべて日本語で書くのではなく、状況に応じて図を使うと見やすくなるでしょう。それでも説明が書けなければ、初学者向けの説明がわかりやすく丁寧に書いている参考書を用いるといいでしょう。

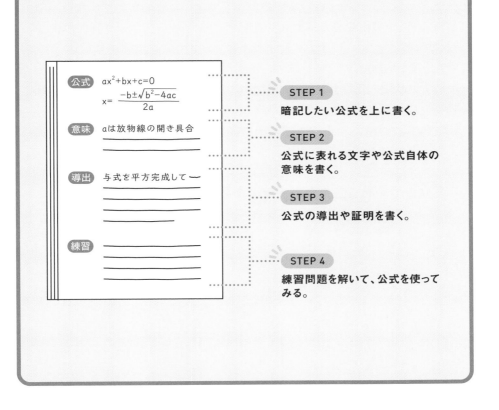

また、数式の意味だけでなく、使える状況を書くことも公式を使いこなす上でとても大切になります。仮に公式を知っていても、どのような状況でその公式が使えるのかがわかっていないと意味がありません。だからこそ、「答えを見ればわかるのに解けなかった」という状況が生じるのです。

たとえば三角形の面積を求める公式はいくつかありますが、公式ごとに使える状況が異なります。小学校で習う三角形の面積の公式は、三角形の底辺の長さと高さがわかっている状況で使えます。一方、高校で習う三角形の面積の公式は、2辺とその間の角度がわかっている状況で使える、といった具合です。

状況で変わる三角形の面積の求め方

小学校の場合

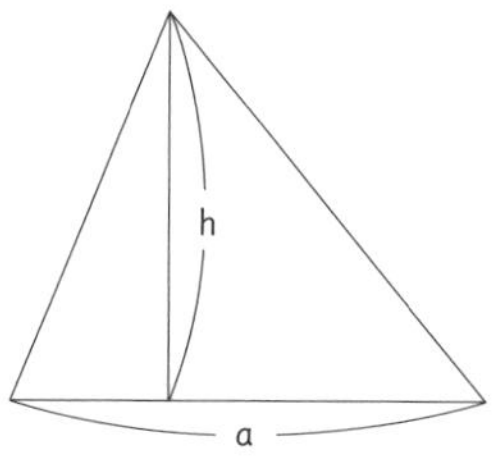

$S=\frac{1}{2}\times a\times h$

・使える状況

・________

・________

・________

・________

高校の場合

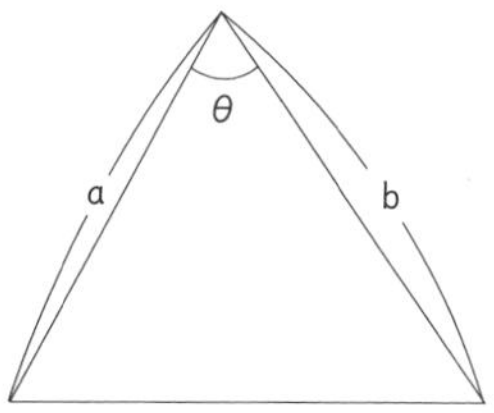

$S=\frac{1}{2}ab\ \sin\theta$

・使える状況

・________

・________

・________

・________

このノートの使い方のコツ

数学という科目の性質上、いくら丁寧に説明を書いて理解しても、実際に使う練習をしないとなかなか身につきません。一通り公式の説明が完成したら教科書や問題集に載っている練習問題を解いてみましょう。その際にただ問題を解くのではなく、自分で書いた公式の説明を思い浮かべながら使ってみましょう。

問題が解けなかったら再度公式の説明の復習を行うだけでなく、自分の書いた説明や解答を見ながら問題を解く練習をすると有効です。その際、ただ写すのではなく、今自分が書いている公式や式変形がどういうものなのかをしっかりと確認した上で書くようにしましょう。

このノートをもっと活かすには？

学年が上がるにつれて公式の抽象度が上がり、公式の説明を詳しく書くことが難しくなります。そのように抽象度が高い場合は、具体例をたくさん利用して説明を書いていきましょう。

また、公式に限らず解法も詳しい説明と使える状況を書くと、とても効果のある勉強になります。自分の言葉で説明した公式や解法のストックを貯めていくことは、あなた専用の公式集ができるということです。人によって難しいと感じる公式は異なりますし、参考書にある公式集はまとまりすぎていて数学が苦手な人にとってわかりにくいものが多いと思います。そんな場合でも、このオリジナルの数学公式集を使えば無理なく勉強ができ、数学の苦手意識を取り払うことができるでしょう。

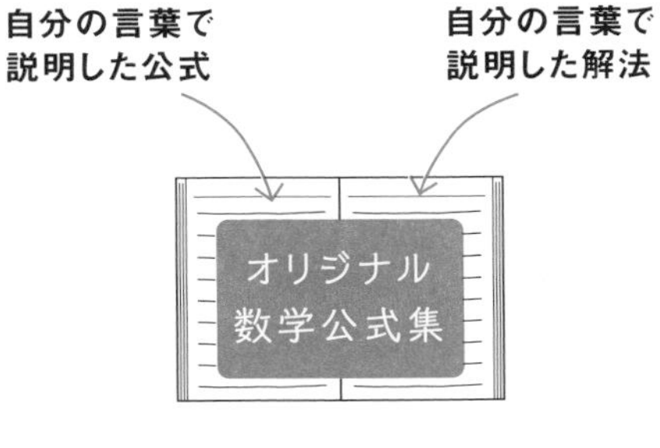

歴史の横の流れが
わからない

歴史横つながりノート

＃情報の可視化＃全体像をつかめる

大学入学共通テストをはじめとして多くの大学の世界史の入試問題では、同時代に異なる地域で起こった出来事について問う問題が出題されます。そのため、それぞれの地域の歴史という「縦」の理解に加えて、同時代の世界の動向という「横」の理解が重要になります。

しかし、この「横」の理解は、東アジア史をやったら同時期の西アジア史をやり、次に同時期のヨーロッパ史をやる……といった教科書に準拠した勉強だけをしていては習得しづらい視点です。ではどうすべきでしょうか。それは、年表を自分で書いてしまうことです。

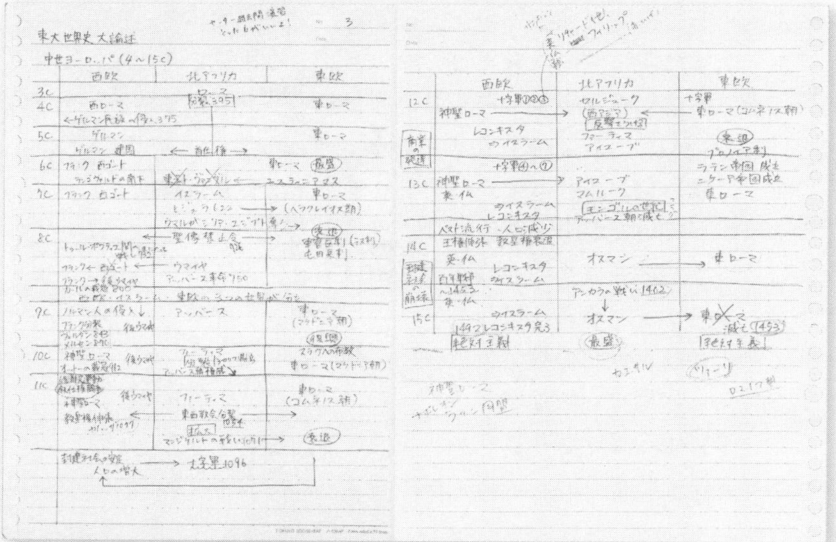

>>ノートを大きく見たいときは332ページへ

ノートの作り方

STEP 1

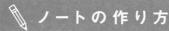

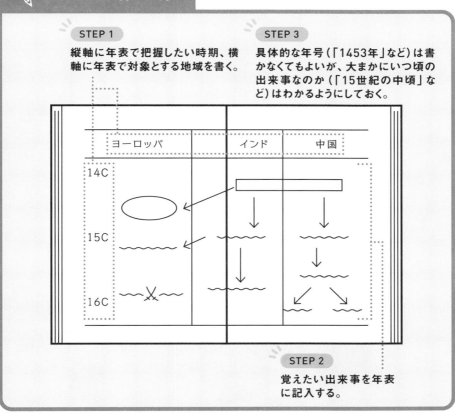

縦軸に年表で把握したい時期、横軸に年表で対象とする地域を書く。

STEP 3

具体的な年号(「1453年」など)は書かなくてもよいが、大まかにいつ頃の出来事なのか(「15世紀の中頃」など)はわかるようにしておく。

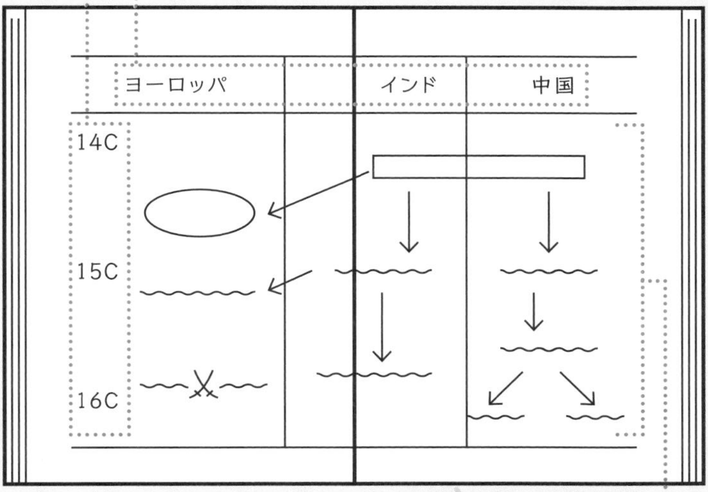

STEP 2

覚えたい出来事を年表に記入する。

このノートのお役立ちポイント

年表を作る目的は同時代の視点を養うことなので、必然的にすべての情報を見開き1ページの紙にまとめなければなりません。そのため、書き込む内容は教科書で太字になっているような重要な出来事にとどめ、不必要な情報まで書き込みすぎないようにしましょう。

また、横軸に書く地域の順番にも注意が必要です。東アジアの左隣に中央アジアか東南アジア、その左に西アジア、その左にヨーロッパ……と、地図と同じ並びで書くと横のつながりを図示しやすくなります。

このノートの使い方のコツ

ほかの地域の年表を隠して、「この地域でこの出来事があったとき、ほかの地域では何があったか」を思い出す。年代以外の部分をすべて隠して、「○世紀に世界では何があったか」を思い出す。こうした勉強をすると「横」の感覚を養う上で良い復習になります。

18世紀後半に世界で何があったか

このノートをもっと活かすには？

「東南アジアの王朝興亡史」「19世紀ヨーロッパの地域別文化史」のように、特定の時期や地域にフォーカスした年表を作るのもおすすめです。年表作りには時間がかかるので、ある程度世界史に自信がある人は、自分の苦手な分野だけを年表形式でまとめるのも1つのやり方です。

歴史上の人物が
こんがらがってしまう

歴史上の人物吹き出しノート

#作っていて楽しい #インプットに最適

歴史系科目が苦手な人の中には、「人間関係が複雑すぎて、誰が何をしたのかわからなくなる」という悩みを持つ人がいます。そして、意味を理解しないまま丸暗記でテストを乗り切ろうとしても思うように点数に表れず、苦手な歴史が嫌いになってしまうことがあります。

一方、歴史系科目が得意な人は、歴史の流れをイメージでつかむ能力が非常に高いという点で共通しています。このように歴史に対するイメージをつかみ、ただの暗記科目としての歴史から脱出するために、「歴史上の人物吹き出しノート」を使いこなせるようになりましょう。

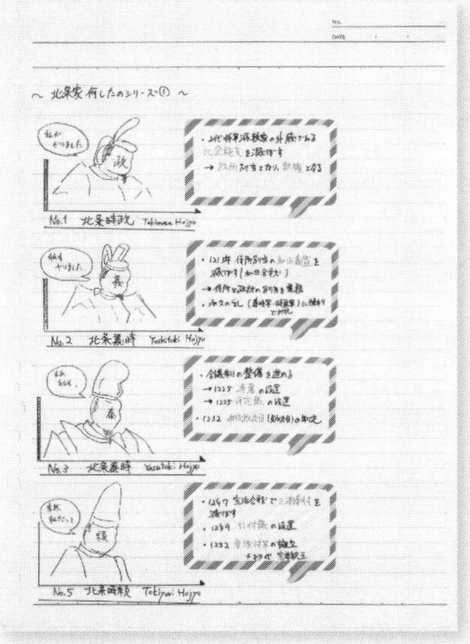

>>ノートを大きく見たいときは334ページへ

ノートの作り方

STEP 1

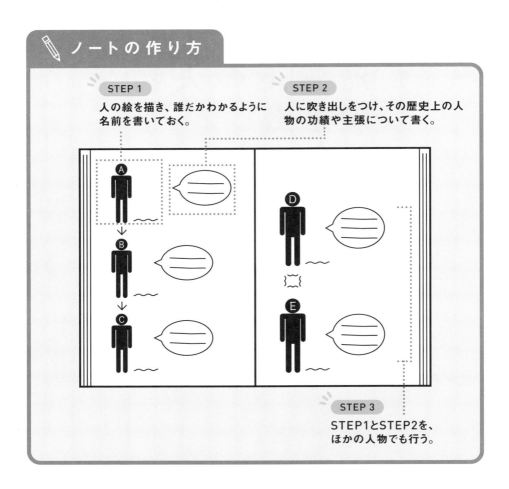

人の絵を描き、誰だかわかるように名前を書いておく。

STEP 2

人に吹き出しをつけ、その歴史上の人物の功績や主張について書く。

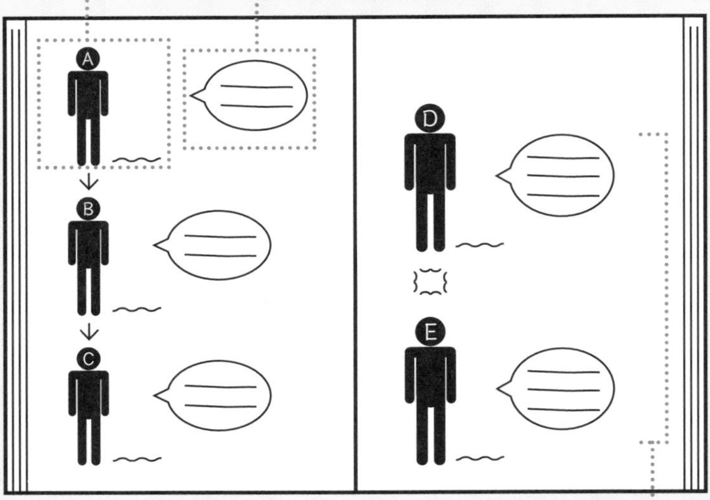

STEP 3

STEP1とSTEP2を、ほかの人物でも行う。

このノートのお役立ちポイント

歴史系科目の理解を深める上で便利なテクニックです。また、国語の物語文の読解など、人物同士の関係性が重要な勉強でも使えます。

しかし、上記以外の科目では正直な話、おすすめできません。「人と吹き出しを書くこと」が目的になってしまい、理解を深めるという本来の目的が失われてしまいがちなのです。ただの自己満足なのか、そうではなくて理解を深めるためにやっているのか――その違いをつねに意識しながら実践するようにしましょう。

このノートの使い方のコツ

歴史の授業で、すべての人物の絵と吹き出しを書いていては時間がいくらあっても足りません。たとえば、弥生時代の前半は特徴的な人物があまり出てこないので時間をかけて書く重要性は低いですし、平安時代の天皇を順番に書いても理解が追いつきません。この吹き出しは時代の流れをつかむのに有効なので、平安時代では天皇と摂関政治下の藤原家、鎌倉時代では北条家と京都の後醍醐天皇といった横のつながりを意識し、対立関係や協力関係などに注目してその時々で歴史はどう動いたかをさまざまな面から理解しましょう。

人物の絵は資料集を見て書くと、視覚的な印象を脳に残すことができるので、ただ名前の羅列で覚えるよりも記憶の定着につながります。

このノートをもっと活かすには？

このテクニックはとくに世界史で使えるのですが、家系図と合わせて使うとさらに理解が深まります。世界史で多くの人がつまずくのがヨーロッパの王朝です。各国の王家は複雑な血縁関係を持っていますし、名前も似通っているので、先週の授業までついていけたのに気づいたら理解できなくなっている……ということがザラにあります。

そこで家系図の出番です。もちろん全員の名前を覚えようとするとキリがないので、有名な国王だけ吹き出し付きで書き、資料集を参考にある程度省略した家系図を書いてみましょう。「あの国王とあの国王が血縁関係にある」という知識を得るだけで、グッと理解が深まること間違いなしです。

No.

Date

26 6 教育・学校(1)

2 【アメリカの大学生気質】

〈桜美林大〉

1 The compulsory education in most American states is twelve years, so the children live at home with their parents during this period. However, when they finish high school and find employment, or when they go on to college, many take (イ) that as an opportune time to spread their wings of freedom.

2 Many American students who work their way through college run out of funds in their later school years, necessitating them to leave school and find work. Often, in such a case, the parents can afford to *subsidize the children's tuition without too much hardship. It would seem reasonable for this student to seek his parents' help ❶ so that he could continue his education without disruption. Nevertheless, his independent spirit would not allow this; even if he has to drop out for a year to work, he ❷ would rather do this than be dependent on his parents. A majority of American students are involved in part-time jobs and they try to keep parental financial assistance to a minimum.

3 Incidentally, when students finance their own education, they show more interest in what they are paying for at school, and they demand more. Faculty evaluation by students is indeed *rigorous. Professors who skip classes often, or those who give (ロ) pedestrian lectures, would be boycotted by students. In this way, American students show *resolute attitudes toward education, but at the same time they have become cost conscious to the point that learning becomes a commodity to be bought and sold. The spirit of learning for the sake of learning is becoming rare.

4 It is regrettable that American higher education is digressing from its main goal of educating (ハ) a well-rounded individual who has an understanding of the society he lives in, and his relationships with his fellow man. Instead, the orientation is more toward training people with highly specialized, narrow goals. There should be more to life than simply making money. A person with a beautiful spirit will be richer than the one with great accumulation of material wealth.

(Adapted from *The Japanese and the Americans* by Noby Inamoto, Kinseido)

注 subsidize ～に補助金を与える　rigorous 厳しい　resolute 断固とした

No.

Date

アメリカの12年の義務教育期間は家族と住むが、卒業後は巣立っていく

compulsory 義務の〜

アメリカの学生の大半は親からの経済的援助を最小限に抑え、
アルバイトをして稼ごうとする

tution 授業料　① so that 構文　目的 〜するように
disruption 妨害　結果 〜なので

② would rather 〜 than… …よりはむしろ〜

学費を自分で払っている学生は学費がどのように使われているのかの関心が高く、
学問が商品と化してしまっている

for the sake of 〜　〜の目的で

幅広い知識を持った人間の育成という目的から専門の知識を
持った人間を育てることにアメリカの高等教育は変わってきている

rich の訳　△金持ち　○(心が)豊か
rich には (物質的豊かさ / 精神的豊かさ) 両方の意味がある

No.

Date

3

2011〔3〕−C

A3 ×2

これから放送するのは，2 に続く，先生と学生二人（Lisa と Hector）の討論の模様である。これを聞き，(1)〜(5)の各文が放送の内容と一致するように，それぞれ正しいものを一つ選び，その記号を記せ。

(1) Lisa thinks that many societies today are similar to the Brook Farm experiment in that

ア old people are supported by society.

イ all children are required to go to school.

ウ people have the freedom to live their lives as they choose.

エ women and men are paid the same amount for the same work.

(2) Lisa says that company presidents

ア earn more than store clerks.

イ produce more than store clerks.

ウ work longer hours than store clerks.

エ are more highly educated than store clerks.

(3) Hector would probably agree that a farmer who can grow better vegetables should earn

ア an amount based on the price of his vegetables.

イ an amount based on the quantity of vegetables he grows.

ウ more than other farmers because of his special knowledge.

エ the same amount as other farmers because all people are equal.

(4) Lisa believes that human beings are naturally competitive,

ア but she also thinks that they are capable of change.

イ but she also recognizes the importance of cooperation.

ウ and she thinks that competition can lead to new ideas.

エ and she does not think that society can be based on cooperation.

(5) The experiment at Brook Farm ended because

ア the members started to disagree.

イ the Association suffered financial losses.

ウ the number of members gradually declined.

エ members started moving to other experimental communities.

No.

Date

析>

聞こえなかった -> それらしいものを選んだ
答えの"Supported by society"は直接いってなかったが、
"old people receive pensions"は、きこえた -> 解答は具体的 -> 抽象化していることに気づく!

"make"がきこえたから produceだと思って選んだが、選択肢の内容で
store clerks より presidents がなぜ"produce"するか疑問だった。
答えは文頭に"How much"といっていたので聞きのがしのないようにする
あやしい選択肢は2回目でしっかり聞き直す

isaの考えから、Hectorは資本主義の考え方と勝手に思いこんで、
題をみてきこえていない選択肢を選んでしまった。
よくきけば、Hectorは平等が大切でLisaとは異なる考えだった。
人物がかわった時に意識しておくようにする。 思いこみ禁止!!

No.

Date

もし他人の心が読めたらどうなるか。考えられる結果について50〜60語の英語で記せ。複数の文を用いてもかまわない　(東大 2012　2B)

(解1)　If I could read other's minds, the world would be messed up. People has something to hide for other people. However If we could know what other think, like their hate or jealousy, we would start arguing and couldn't believe anyone. People would never meet each other

(解2)　If we could read one's minds, we would not worry about our friend's birthday We could know what others' want to get without asking. So, we could give our friends very good presents. In particular, mens are not good at choosing women's presents like clothes or cosmetics, but we would not have trouble choosing our friend's birthday presents.

解答例1　If I were the only person in the world who could read other people's minds, I would always close my "spiritual" eyes so that I could not se people's imperfections. If it were not possible to close my "spiritual" ey I would choose to be a hermit. I would not want to hurt other people be hurt by them.

解答例2　If I could know other's minds, I would be unable to go out and see friends for fear of knowing their real opinion of me. I am not a particula and others must inevitably have some fault to find with me, though they would never tell me in person. Knowing all that would be unbe

No.

Date

法

定法過去　現実の事実に反することを仮定する

If　S + V (過去形) ~　S (would / could / might) + 原形

not particularly　部分否定

語　inevitably　必然的に

unbearable　耐え切れない

No.

Date

二〇〇九 回

1 白は完成度という人間の意識に影響を与え続けた　（問題提起）

2 推すか敲くかを決めかねている姿勢は「完成」を前にした人間の心理である

3 白い紙に記されたものは不可逆である

4 画的を意識した完成度や洗練を求める気持ちの背景に白という感受性がある

5 推敲という意識をいざなう推力のようなものが紙中心の文化を作り上げた

対比 ↔

6 （現代）ネットを介して世界の人々が同時に考える状況になり、紙の文化とは異なった知の圧力によって情報は変化し続ける

7 無限に更新し続ける情報は「完成」といった美意識が存在しない！

8 紙に書くことは不可逆性を伴うがゆえに達成には感動が生まれる

9 矢を一本だけ持って的に向かう集中の切実さには白の美意識がある

No.

Date

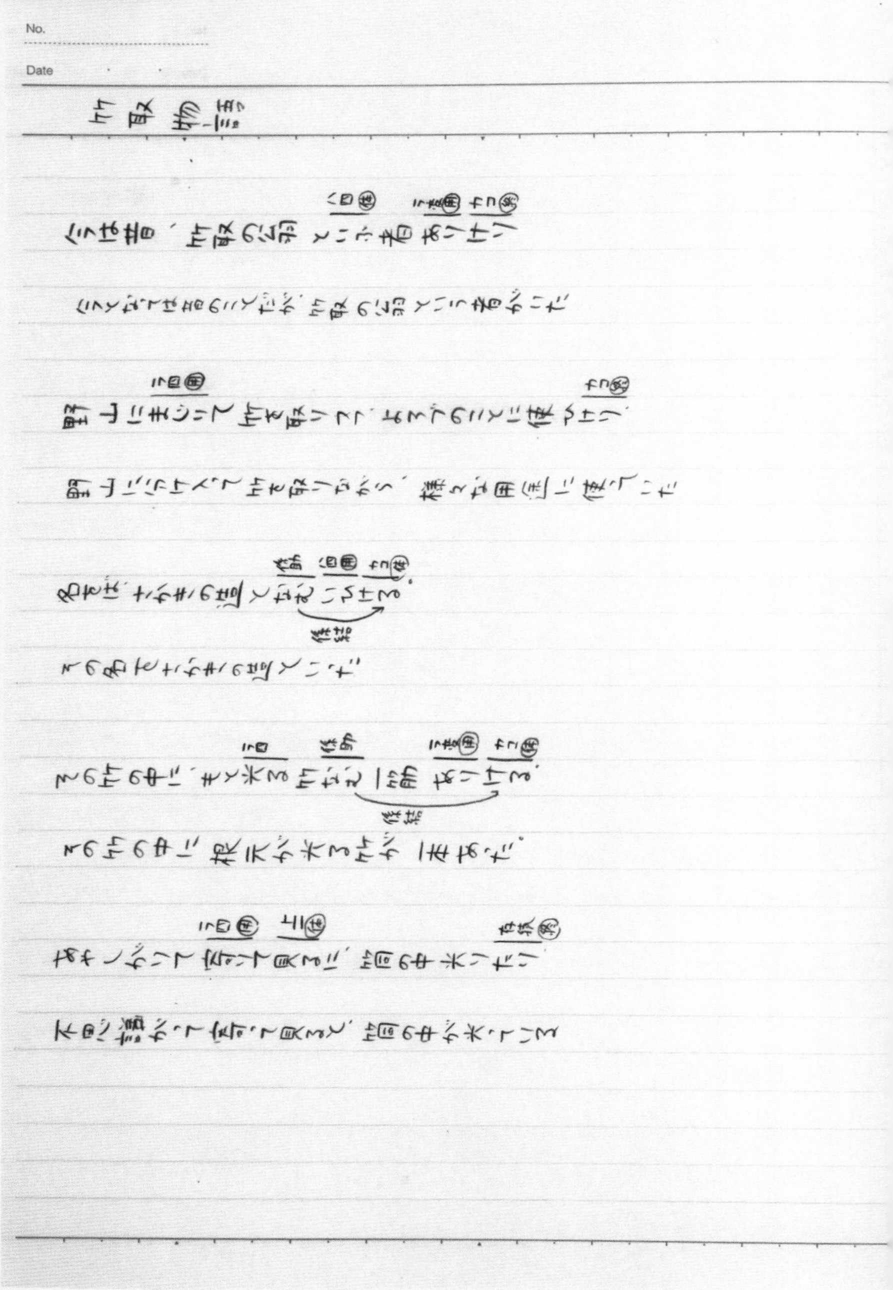

No.

Date

竹取物語

今は昔、竹取の翁といふ者ありけり。

今となっては昔のことだが、竹取の翁という者がいた。

野山にまじりて竹を取りつつ、よろづのことに使ひけり。

野山に分け入って竹を取っては、様々な用途に使った。

名をば、さかきの造となむいひける。

名をさかきの造といった。

その竹の中に、もと光る竹なむ一筋ありける。

その竹の中に、根元が光る竹が一本あった。

あやしがりて、寄りて見るに、筒の中光りたり。

不思議に思って、近寄って見ると、筒の中が光っている。

No.

Date

けりの活用

未然	連用	終止	連体	已然	命令
けら	○	けり	ける	けれ	○

意味 ①過去

②詠嘆

[illegible] ①[illegible]

②[illegible]

[illegible] けり

接続 連用形 [illegible]

[illegible] 文末の活用を連体形にする

上一段活用動詞

着る　　　見るの活用

見る

未然	連用	終止	連体	已然	命令
み	み	みる	みる	みれ	みよ

似る 煮る

射る 鋳る

居る 率る

干る

page:

date: / /

2. DNAの複製

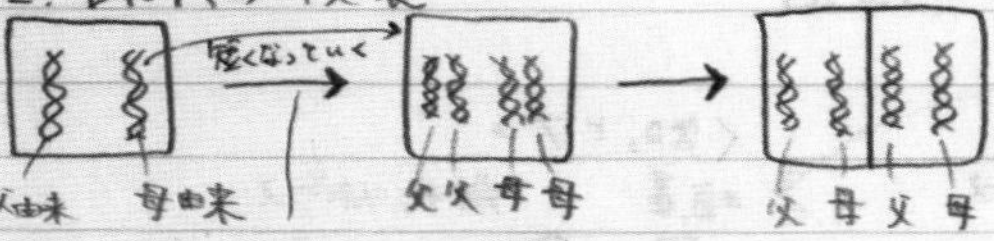

<知っとけ> 半保存的複製 提唱者：ワトソンとクリック，実験者：メセルソンとスタール

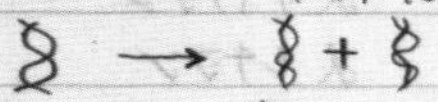

半分にして，半分新しいものがつく

<知っとけ> 岡崎フラグメント

1953年頃，DNAは次のように複製されると考えられていた．

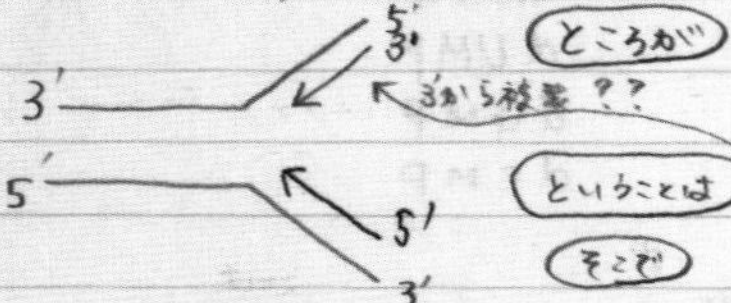

ところが DNAを複製する酵素（＝DNAポリメラーゼ）には，5'→3'の方向に複製していくものしかなかった．

ということは これはつじつまがあわない

そこで 岡崎博士が調べると，次のようになっていた

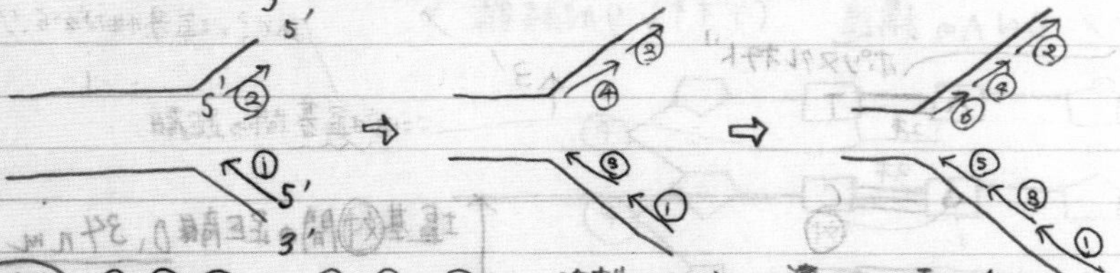

つまり ①，③，⑤ と ②，④，⑥ で複製の仕方が違っていた！

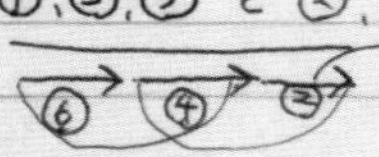

➡ →の断片は，岡崎フラグメント ⇒ ラギング鎖
つながると

➡ リーディング鎖

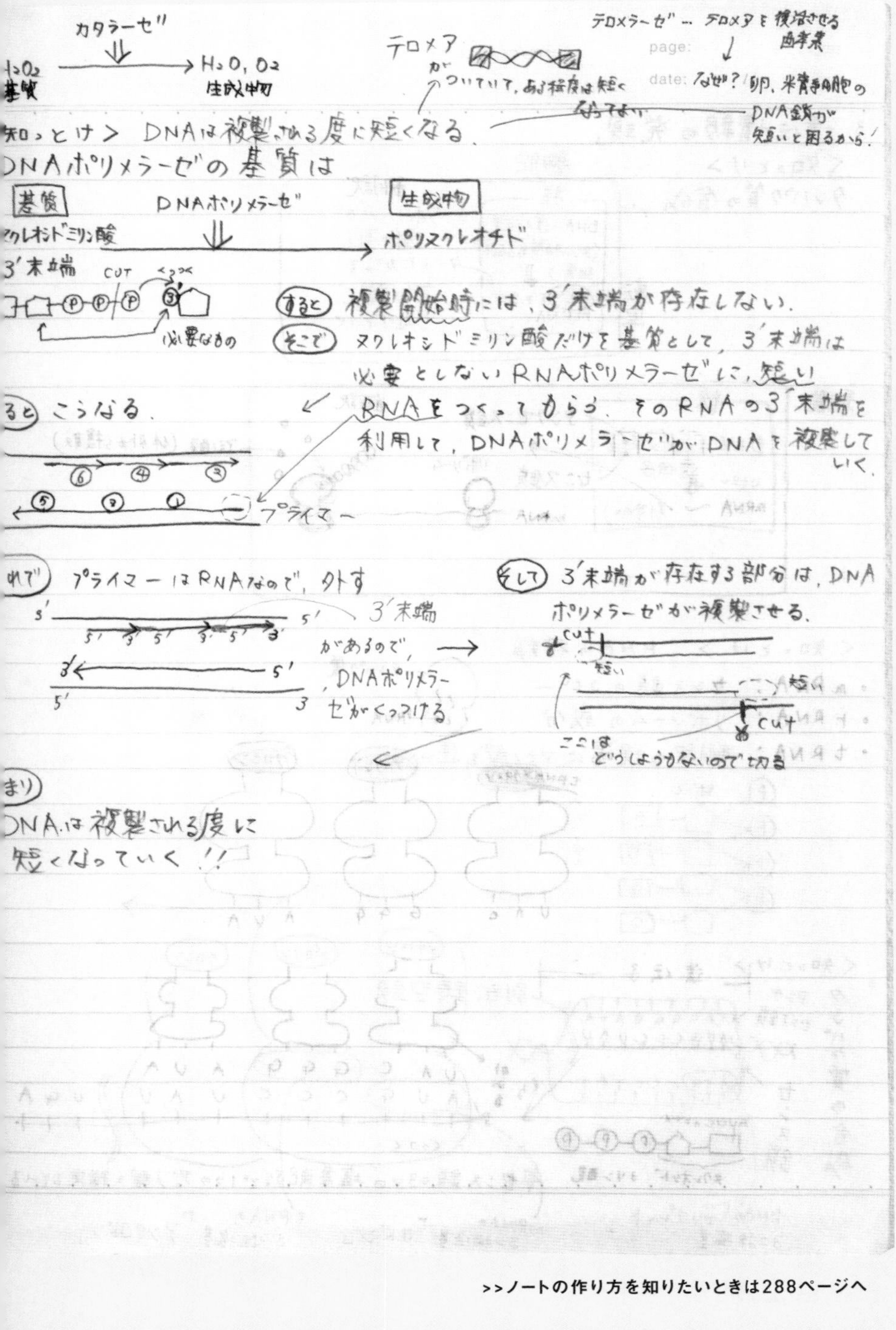
カタラーゼ
H_2O_2 基質 → H_2O, O_2 生成物

テロメア が ついていて、ある程度は短くなってよい

テロメラーゼ… テロメアを複活させる酵素
なぜ？ 卵、精細胞の DNA鎖が短いと困るから！

知っとけ＞ DNAは複製される度に短くなる。

DNAポリメラーゼの基質は

基質 ヌクレオシドミリン酸 → DNAポリメラーゼ → 生成物 ポリヌクレオチド

3′末端

CUT くっつく 必要なもの

すると 複製開始時には、3′末端が存在しない。

そこで ヌクレオシドミリン酸だけを基質として、3′末端は必要としないRNAポリメラーゼに、短いRNAをつくってもらう。そのRNAの3′末端を利用して、DNAポリメラーゼがDNAを複製していく。

すると こうなる。

プライマー

そして プライマーはRNAなので、外す

3′末端があるので、DNAポリメラーゼがくっつける

そして 3′末端が存在する部分は、DNAポリメラーゼが複製させる。

cut 短い

ここは どうしようもないので切る

つまり DNAは複製される度に短くなっていく！！

No.

DATE

1/29 第5章 武家社会の成長

1 2 3 ✓✓✓ CLEAR!

1: 室町幕府の成立

・後嵯峨上皇の死後、天皇家は後深草上皇の持明院統と亀山天皇の大覚寺統に分立した。

⇓

(持明院統と大覚寺統が交互に皇位につく)両統迭立の体制をとる。

・14代執権北条高時のもとで内管領長崎高資が権勢をふるう。

⇒ 得宗専制政治に対する御家人の不満(増)

⇓

大覚寺統から即位した後醍醐天皇による親政の開始
＆討幕の計画

→ 1324年 … 正中の変 (失敗)

1331年 … 元弘の変 (失敗) → 持明院統の光厳天皇の即位

※後醍醐天皇は1332年隠岐へ流される

⇓

・反幕勢力の武力蜂起

→ 護良親王・楠木正成が幕府と戦う。

⇒ 後醍醐天皇の隠岐脱出。

・足利高氏が六波羅探題(京都)を攻め落とす。

・新田義貞が鎌倉を占領 → 1333年 鎌倉幕府滅亡。

・後醍醐天皇の親政(1333年～36年)

建武の新政 … 主要政務機関である記録所

所領関係の訴訟を担当する雑訴決断所

諸国に国司と守護を併置

＊すべての土地所有権の確認は天皇の綸旨を必要とする。

⇒ 天皇への権力集中を図る

No.

Date

第4問　　　　**2007年度　理系　第3問**

座標平面上の２点P，Qが，曲線 $y=x^2$ $(-1\leqq x\leqq 1)$ 上を自由に動くとき，線分PQを $1:2$ に内分する点Rが動く範囲を D とする．ただし，P=Q のときは R=P とする．

(1) a を $-1\leqq a\leqq 1$ をみたす実数とするとき，点 $(a,\ b)$ が D に属するための b の条件を a を用いて表せ．

(2) D を図示せよ．

(1) $P(p,p^2)$, $Q(q,q^2)$ $(-1\leqq p\leqq 1,\ -1\leqq q\leqq 1)$

$a=\frac{2p+q}{3}$　　$b=\frac{2p^2+q^2}{3}$

$q=3a-2p$ より　　$b=3a^2-4ap+2p^2$

$-1\leqq 3a-2p\leqq 1$

$\therefore\ \frac{3a-1}{2}\leqq p\leqq\frac{3a+1}{2}$

(i) $\frac{3a-1}{2}\leqq -1\leqq\frac{3a+1}{2}$　∴ $-1\leqq a\leqq -\frac{1}{3}$ のとき

$-1\leqq p\leqq\frac{3a+1}{2}$

$b=2(p-a)^2+a^2$

$p=a$ で 最小値　a^2

$p=-1$ で 最大値　$3a^2+4a+2$

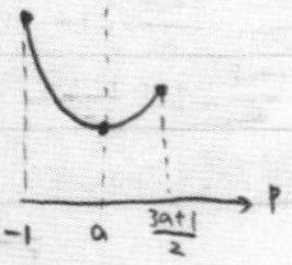

(ii) $-1\leqq\frac{3a-1}{2}$，$\frac{3a+1}{2}\leqq 1$　∴ $-\frac{1}{3}\leqq a\leqq\frac{1}{3}$ のとき

$\frac{3a-1}{2}\leqq p\leqq\frac{3a+1}{2}$

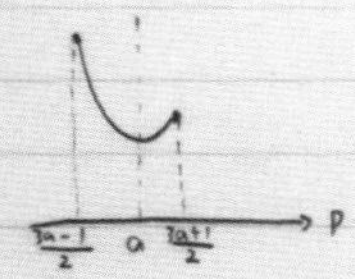

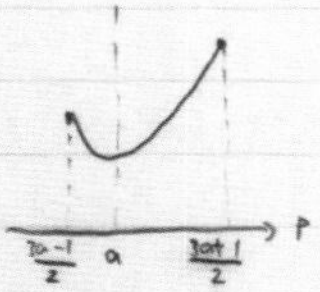

$-\frac{1}{3}<a<0$　　　　$0<a<\frac{1}{3}$

$p=\frac{3a-1}{2}$ で最大　　$p=\frac{3a+1}{2}$ で最大

$p=a$ で最小　　　　$p=a$ で最小

(iii) $-1\leqq\frac{3a-1}{2}\leqq 1$　$1\leqq\frac{3a+1}{2}$　∴ $\frac{1}{3}\leqq a\leqq 1$

$\frac{3a-1}{2}\leqq p\leqq 1$

$b=2(p-a)^2+a^2$

$p=a$ で 最小値　a^2

$p=1$ で 最大値　$3a^2-4a+2$

以上より

$a^2\leqq b\leqq 3a^2+4a+2$　$(-1\leqq a\leqq -\frac{1}{3})$

$a^2\leqq b\leqq\frac{3}{2}a^2-a+\frac{1}{2}$　$(-\frac{1}{3}\leqq a\leqq 0)$

$a^2\leqq b\leqq\frac{3}{2}a^2+a+\frac{1}{2}$　$(0\leqq a\leqq\frac{1}{3})$

$a^2\leqq b\leqq 3a^2-4a+2$　$(\frac{1}{3}\leqq a\leqq 1)$

(2)

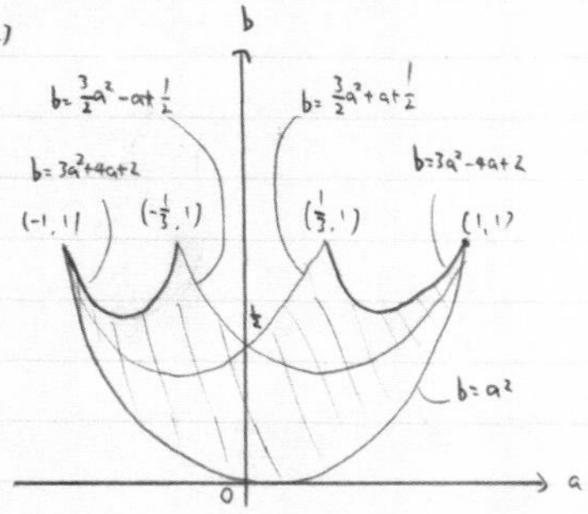

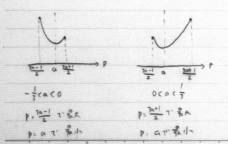

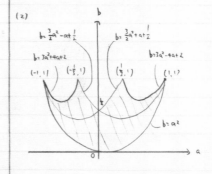

No.

Date

△ABCにおいて　$a=3$　$b=5$　$c=6$ であるとき、△ABCの面積 S を求めよ

☆方針　三辺の長さが分かる ⇒ 三角形が決定している
角度を求める

ポイント　余弦定理

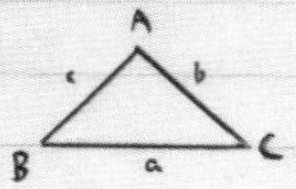

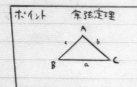

$a^2 = b^2 + c^2 - 2bc \cdot \cos A$　　$\cos A = \dfrac{b^2+c^2-a^2}{2bc}$

$b^2 = c^2 + a^2 - 2ac \cdot \cos B$　　$\cos B = \dfrac{a^2+c^2-b^2}{2ac}$

$c^2 = a^2 + b^2 - 2ab \cdot \cos C$　　$\cos C = \dfrac{a^2+b^2-c^2}{2ab}$

解答　△ABCにおいて　余弦定理

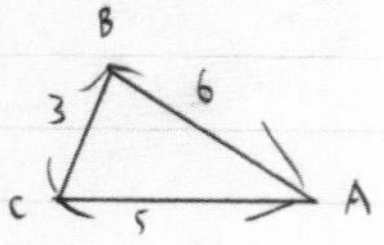

$$\cos A = \frac{AB^2 + AC^2 - BC^2}{2 \cdot AB \cdot AC} = \frac{6^2+5^2-3^2}{2 \cdot 6 \cdot 5} = \frac{13}{15}$$

$0 < A < 180°$ より　$\sin A = \sqrt{1-\left(\frac{13}{15}\right)^2} = \dfrac{2\sqrt{14}}{15}$

$$S = \frac{1}{2} \cdot AB \cdot AC \sin A = \frac{1}{2} \cdot 6 \cdot 5 \cdot \frac{2\sqrt{14}}{15} = \underline{2\sqrt{14}}$$

(ヘロンの公式も使えるが、汎用性は低い)

類題　$a=10$　$b=7$　$C=150°$　のとき　△ABCの面積 S を求めよ
(既に2辺とその間の角が分かっているのでこっちの方が簡単)

No.

Date

問 4　次の図 3 は，2000～2014 年の日本の自動車メーカーの生産台数について国・地域別の割合を示したものであり，①～④は，日本，アジア(日本を除く)，北アメリカ，中央・南アメリカのいずれかである。アジア(日本を除く)に該当するものを，図 3 中の①～④のうちから一つ選べ。 10

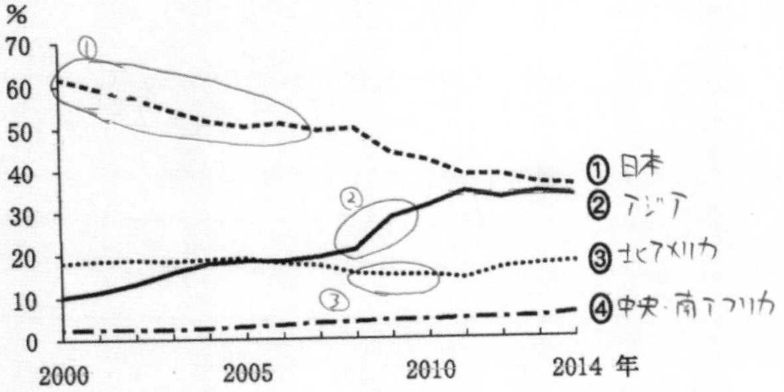

日本自動車工業会の資料により作成。

図　3

① 2000年初頭から生産台数が減少し続けている

(理由) 安価な労働力を求めて海外へ拠点を移す

海外からの輸入増加により国産車の需要が低下

② 2008年あたりから急増している

(理由) ・中国の急成長　その他アジア諸国の経済成長に伴う需要増加

・技術の発達により途上国でも生産可能になった

③ 2007～2011年にかけて減少している

(理由) ・リーマンショックにより景気の低迷

・アジアへ拠点を移している。

>>ノートの作り方を知りたいときは301ページへ

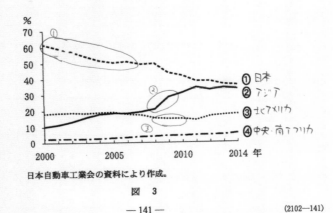

No.

Date

・2次方程式の解の公式

$$ax^2+bx+c=0$$

$$x=\frac{-b\pm\sqrt{b^2-4ac}}{2a}$$

$y=ax^2+bx+c$ と $y=0$ のグラフの交点と解釈

$a>0$ 下に凸, $a<0$ 上に凸　　放物線の開き具合を表す

c: y切片

√の中は判別式と同じ　$D=b^2-4ac$

導出

$$ax^2+bx+c$$

$$=a\left(x^2+\frac{b}{a}x\right)+c \quad \text{平方完成する}$$

$$=a\left(x+\frac{b}{2a}\right)^2-\frac{b^2}{4a}+c$$

$$a\left(x+\frac{b}{2a}\right)^2-\frac{b^2}{4a}+c=0$$

$$a\left(x+\frac{b}{2a}\right)^2=\frac{b^2-4ac}{4a}$$

$$\left(x+\frac{b}{2a}\right)^2=\frac{b^2-4ac}{4a^2}$$

↓　$x^2=a^2$ のとき $x=\pm a$　$x=a$ にならない!

$$x+\frac{b}{2a}=\pm\frac{\sqrt{b^2-4ac}}{2a}$$

$$x=\frac{-b\pm\sqrt{b^2-4ac}}{2a}$$

使い方の注意
- 因数分解できるものは解の公式を使わない
- $-b$ の符号を忘れないようにする
- bが偶数 $b=2b'$ のとき $x=\frac{-b'\pm\sqrt{(b')^2-ac}}{a}$ の方が楽
-

No.

Date

習

$2x^2-5x-1=0$

$x=\frac{5\pm\sqrt{5^2+4\cdot2}}{4}=\frac{5\pm\sqrt{33}}{4}$

$x^2-4x-6=0$

$x=2\pm\sqrt{4+6}=2\pm\sqrt{10}$

$x^2-4x-5=0$

$(x-5)(x+1)=0$

$x=5,\ -1$

↓ 因数分解できる

$(x-1)^2=8$

$x-1=\pm2\sqrt{2}$

$x=1\pm2\sqrt{2}$

↓ 展開をしない。

センター過去問演習
とった方がいいよ！

No. 3

Date

東大世界史 大論述

中世ヨーロッパ（4～15c）

	西欧	北アフリカ	東欧
3.C		ローマ	
4.C	西ローマ ←ゲルマン民族の侵入375	分裂395	東ローマ
5.C	ゲルマン ゲルマン 建国	←首位権→	東ローマ
6.C	フランク 西ゴート ランゴヴァルドの南下	~~東ゴート~~・~~ヴァンダル~~←	東ローマ 最盛 ユスティニアヌス
7.C	フランク 西ゴート	イスラーム ヒジュラ622→ ウマルがシリア・エジプト奪う→	（ヘラクレイオス朝） 衰退
8.C	トゥール・ポワティエ間の戦いによって戦い732 フランク← 西~~ゴート~~← フランク→後ウマイヤ カールの戴冠800	←聖像禁止令726→ ウマイヤ アッバース革命750	軍管区制（テマ制） 屯田兵制
	西欧・イスラーム・東欧の3つの世界が分立		
9.C	ノルマン人の侵入↓ フランク分裂 ヴェルダン843 メルセン870 後ウマイヤ	アッバース	東ローマ （マケドニア朝） 復興
10.C	神聖ローマ オットーの戴冠962 後ウマイヤ	ファーティマ 分裂 3カリフ鼎立 アッバース朝権威↘	スラヴへの布教 東ローマ（マケドニア朝）
11.C	修道院運動 叙任権闘争 神聖ローマ 後ウマイヤ 教皇権伸張← カノッサ1077	ファーティマ 東西教会分裂1054→ 拡大 マンジケルトの戦い1071→	東ローマ （コムネノス朝） 衰退

封建社会の安定
人口の増大 → 十字軍1096

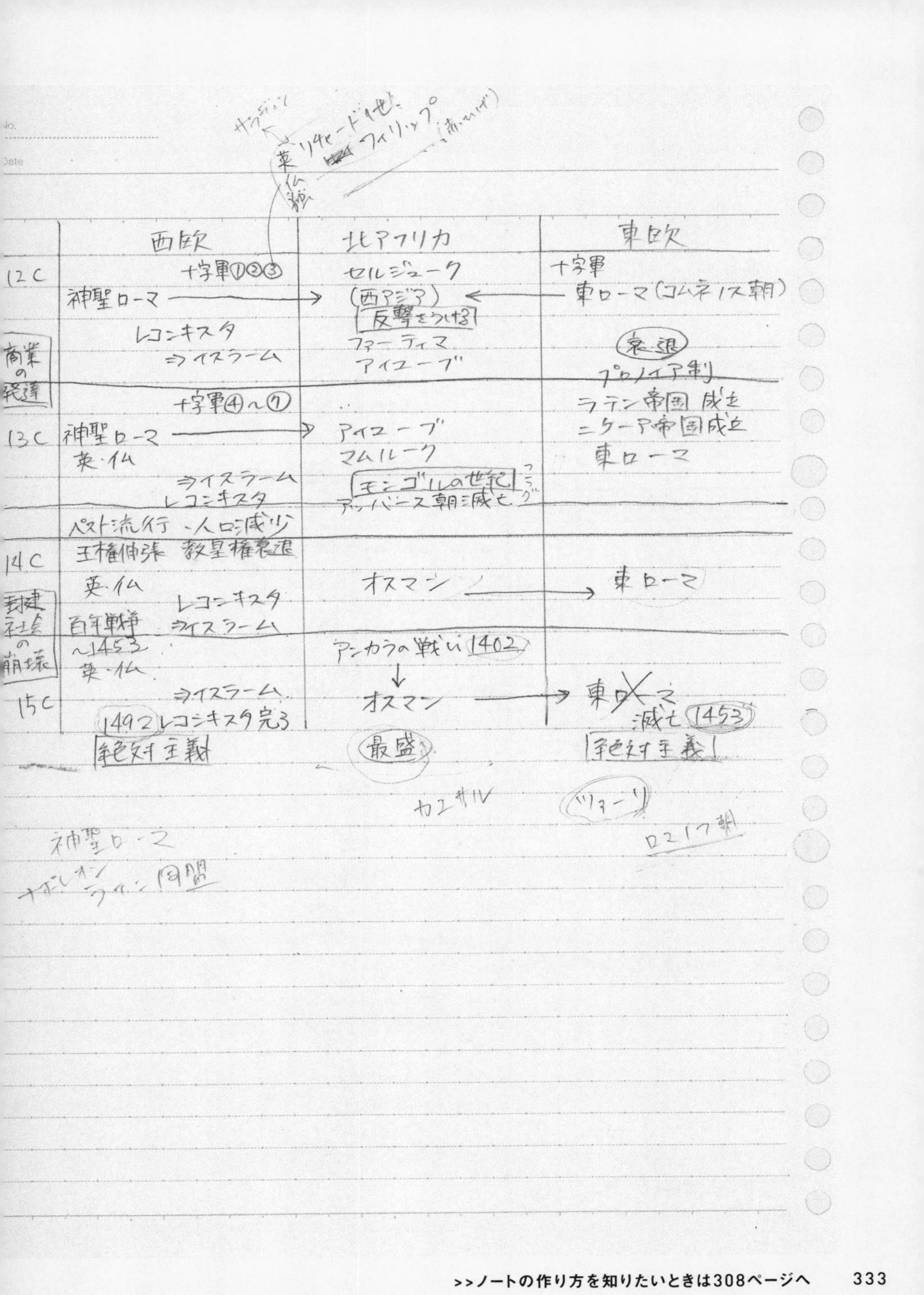
英 リチャード1世 ← サラディン
仏 フィリップ（赤ひげ）

	西欧	北アフリカ	東欧
12C 商業の発達	十字軍①②③ 神聖ローマ → レコンキスタ ⇒イスラーム	セルジューク（西アジア） 反撃をうける ファーティマ アイユーブ	十字軍 ← 東ローマ（コムネノス朝） 衰退 プロノイア制
13C	十字軍④〜⑦ 神聖ローマ → 英・仏 ⇒イスラーム レコンキスタ	アイユーブ マムルーク モンゴルの世紀 フラグ アッバース朝滅亡	ラテン帝国成立 ニケーア帝国成立 東ローマ
14C 封建社会の崩壊	ペスト流行・人口減少 王権伸張 教皇権衰退 英・仏 レコンキスタ ⇒イスラーム 百年戦争 〜1453	オスマン →	東ローマ
15C	英・仏 ⇒イスラーム 1492 レコンキスタ完了	アンカラの戦い 1402 ↓ オスマン →	東ローマ 滅亡 1453
	絶対主義	最盛	絶対主義

カエサル
ツァーリ
ロマノフ朝
神聖ローマ
ナポレオン

>>ノートの作り方を知りたいときは308ページへ

No.

DATE

〜 北条家 何したのシリーズ① 〜

No.1 北条時政 Tokimasa Hojyo

- 2代将軍源頼家の外戚である比企能員を滅ぼす
- → 政所別当となり、執権となる

No.2 北条義時 Yoshitoki Hojyo

- 1213年 侍所別当の和田義盛を滅ぼす（和田合戦）
- → 侍所と政所の別当を兼務
- 承久の乱（泰時軍・時房軍で対抗）に勝利

No.3 北条泰時 Yasutoki Hojyo

- 合議制の整備を進める
  - → 1225 連署の設置
  - → 1225 評定衆の設置
- 1232 御成敗式目（貞永式目）の制定

No.5 北条時頼 Tokiyori Hojyo

- 1247 宝治合戦で三浦泰村を滅ぼす
- 1249 引付衆の設置
- 1252 皇族将軍の擁立
  ※初代 宗尊親王

著者紹介

片山湧斗 Yuto Katayama

岡山県出身。自然豊かな地域で生まれ育つ。中学生のときに黒板をただ写すというノート作業に疑問を感じ、成績も下がってきたことから、意味のあるノート作りを考え始める。その後数年間の試行錯誤の結果、思考の可視化、記憶定着、理解の深化、目標管理のためのノート術を自ら生み出す。それからは学校の成績が予想できないほど向上し、国立大学医学部に合格する。18歳で上京後、家庭の事情で大学を休学し、ホテルマン、通訳ガイド、予備校講師、関西、関東でのプロ家庭教師などさまざまな社会経験を積む。その間も日常生活で有効的にノートを活用し、自らのノート術でさらなる学力の向上を計画、実行した結果、働きながら日本最高峰の東京大学理科三類（医学部医学科）に合格する。

現在は東大生でありながら、医学部予備校、宿泊施設、観光ガイド業などを経営する。自身の医学部予備校レユシールでは自ら発案したノート術を生徒に実践させ、数々の生徒を医学部へ合格させている。さらに、「リアルドラゴン桜プロジェクト」のメンバーとして、全国の高校生に独自のノート術を普及させる授業を行い、八面六臂の活躍をしている。

東大生のノートから学ぶ

天才の思考回路をコピーする方法

2021年4月30日　初版第1刷発行

2021年5月30日　　　第2刷発行

著　者――片山湧斗　© 2021 Yuto Katayama

発行者――張　士洛

発行所――日本能率協会マネジメントセンター

〒103-6009 東京都中央区日本橋2-7-1 東京日本橋タワー

TEL 03(6362)4339(編集)／03(6362)4558(販売)

FAX 03(3272)8128(編集)／03(3272)8127(販売)

https://www.jmam.co.jp/

装　丁――山之口正和＋沢田幸平（OKIKATA）

イラスト――ぷーたく

撮　影――近藤みどり

本文DTP――株式会社RUHIA

印刷所――シナノ書籍印刷株式会社

製本所――株式会社三森製本所

ISBN 978-4-8207-2888-7　C2034

落丁・乱丁はおとりかえします。

PRINTED IN JAPAN